U0885331

南京统计年鉴

NANJING STATISTICAL YEARBOOK

2020

南　京　市　统　计　局
国家统计局南京调查队　　编

中国统计出版社
China Statistics Press

©中国统计出版社有限公司 2020
版权所有。未经许可，本书的任何部分不得以任何方式在世界任何地区以任何文字翻印、拷贝、仿制或转载。

©2020 China Statistics Press Co.,Ltd.
All rights reserved. No part of the publication may be reproduced or transmitted in any form or by any means, electronic or mechanical, including photocopying, recording, or any information storage and retrieval system, without written permission from the publisher.

图书在版编目（ＣＩＰ）数据

南京统计年鉴. 2020 = Nanjing Statistical Yearbook 2020 / 南京市统计局，国家统计局南京调查队编. -- 北京 : 中国统计出版社，2020.7
ISBN 978-7-5037-9192-5

Ⅰ. ①南… Ⅱ. ①南… ②国… Ⅲ. ①统计资料—南京—2020—年鉴 Ⅳ. ①C832.531-54

中国版本图书馆CIP数据核字(2020)第112435号

南京统计年鉴-2020

作　者	南京市统计局　国家统计局南京调查队
责任编辑	钟钰
装帧设计	周荣美
出版发行	中国统计出版社有限公司
地　址	北京市丰台区西三环南路甲6号
邮政编码	100073
电　话	邮购（010）63376909　书店（010）68783171
网　址	http://www.zgtjcbs.com
印　刷	南京茂华彩色印务有限公司
经　销	新华书店
开　本	890mm×1240mm　1/16
字　数	686千字
印　张	28
版　别	2020年7月第1版
版　次	2020年7月第1次印刷
定　价	380.00元

如有印装差错，由本社发行部调换。

《南京统计年鉴》（2020）编委会和编辑人员

编辑委员会

主　任：王国钧　张晓卫

副主任：仲玉琪　陈锡文　方爱军　史　明　杨晓燕　江　波　刘延胜　汪　萌　张小良　陈千茂　张新纪　罗　文　刘兴业

编　委：（按姓氏笔画为序）

马　丽　王　科　刘　宏　刘　波　刘文勇　刘冰冰　刘安平　杜凌飞　张苏滨　陈美华　郑　菲　查莉华　洪凌云　骆立宇　徐年舫　郭家欣　唐　昆　唐　俊　蒋宗跃　韩厚盾　雷晓萍　裴晓华　戴苏林　魏　炜

编辑部

主　　编：王国钧

副 主 编：仲玉琪

执行编辑：李　昂　夏　俊

编　　辑：郑　菲　杜凌飞　常晓军　沈爱民　程　雨

资料提供人员：（按姓氏笔画为序）

卜成君　王淳宇　毛　森　冯　波　毕发萍　朱　真　朱国梁　刘杰杰　刘婷婷　江　滢　汤　健　李　园　李丹丹　李函育　何　政　何仰顺　何全方　张孝伟　张晓燕　张铭园　陈明星　侍　玉　周经学　周雪菲　居军荣　赵　妮　查　雯　俞　润　姚　彤　耿延武　夏　婕　夏恒岗　徐颖舟　龚　锐　章　瑜　蒋媛媛　韩露熳　戴秀艳　魏　强

编 者 说 明

一、《南京统计年鉴》（2020）以大量的统计数据，全面、系统地反映了2019年南京经济和社会等各方面的发展情况，是一本数据信息密集、内容广泛的资料性工具书。

二、全书内容分为17个篇目，即：1. 综合；2. 国民经济核算；3. 人口和就业；4. 人民生活；5. 价格指数；6. 农业；7. 工业和能源；8. 交通运输和邮电通迅业；9. 固定资产投资和建筑业；10. 批发和零售业、住宿和餐饮业；11. 对外经济贸易和旅游业；12. 财政、金融和保险；13. 科技和教育；14. 文化、卫生和体育；15. 司法、社会福利与其他社会活动；16. 城市建设与环境保护；17. 分区社会经济。为便于读者正确地使用资料，各篇目还附有主要统计指标解释。

三、本年鉴国民经济行业分类启用新标准（GB/T 4754-2011）。

四、本年鉴部分统计数据来源于有关主管部门，对此我们分别予以注明。如使用者在使用该资料时认为有必要，可与该部门直接联系。

除部门统计数据外，本年鉴的统计资料，由南京市统计局、国家统计局南京调查队依法通过统计调查，汇总、加工取得，并对统计资料的质量负责。请使用者客观、科学、合理的依法使用，对使用本年鉴统计数据所产生的法律争议由使用者自行解决。

五、本年鉴部分数据合计数或相对数由于单位取舍不同产生的计算误差均未作机械调整。

六、读者在使月统计资料时，凡与本年鉴有出入的，均以本年鉴为准。

七、本年鉴中符号使用说明："一"或"空格"表示数据不详或无该项数据；

"#"表示其中的主要项；

"★"表示另有注解。

八、《南京统计年鉴》公开出版以来，受到社会各界的关注和支持，对年鉴的内容和编辑工作提出了许多宝贵的意见，对此，我们深表谢意。欢迎读者继续对年鉴的不足之处给予批评指正，帮助我们进一步提高编辑水平，以期更好地为广大读者服务。

《南京统计年鉴》编辑部

2020年7月

南京市户籍人口总数示意图

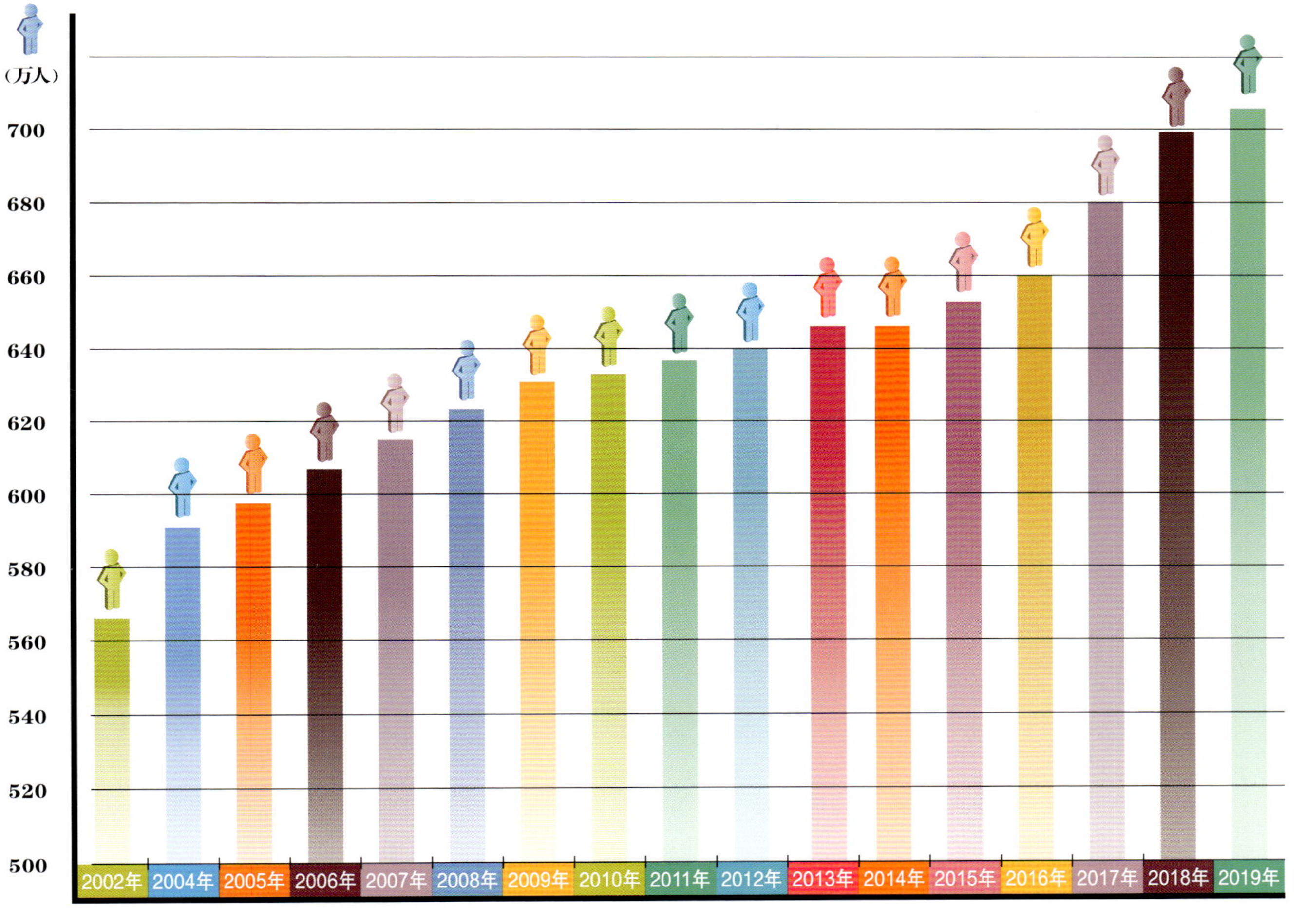

南京市地区生产总值示意图

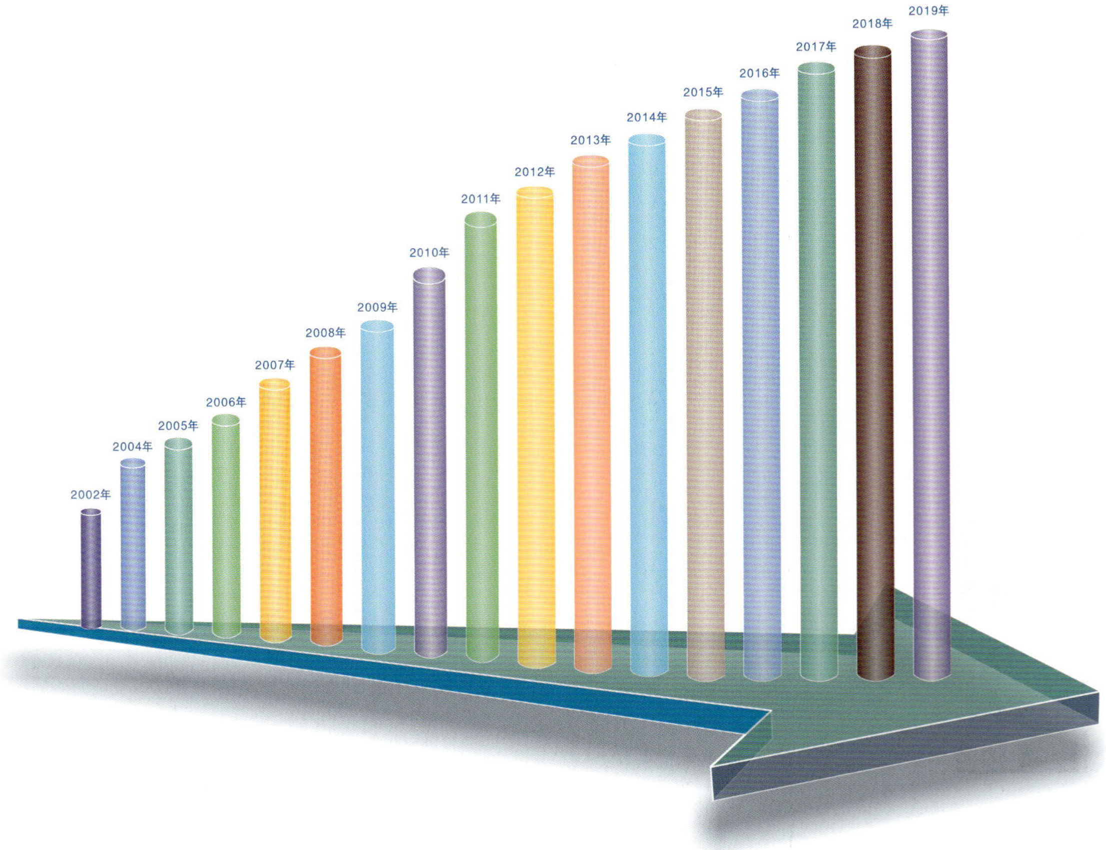

南京市人均地区生产总值（按常住人口计算）示意图

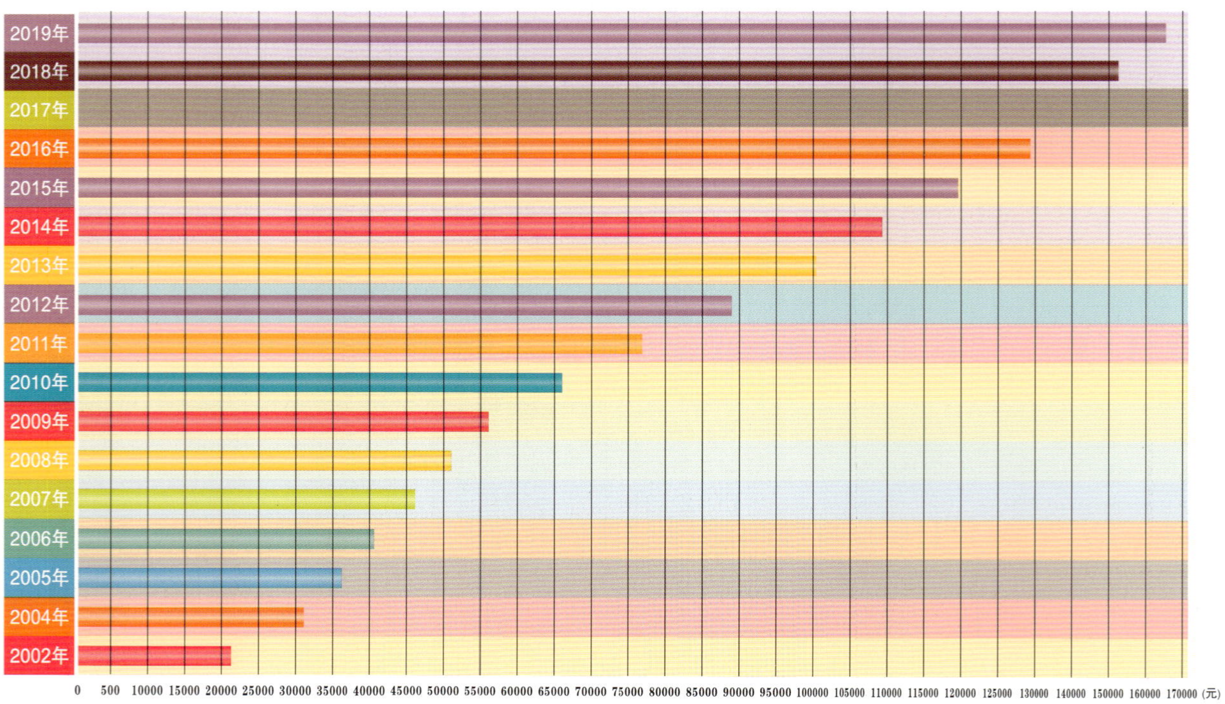

南京市第三产业占地区生产总值比重示意图

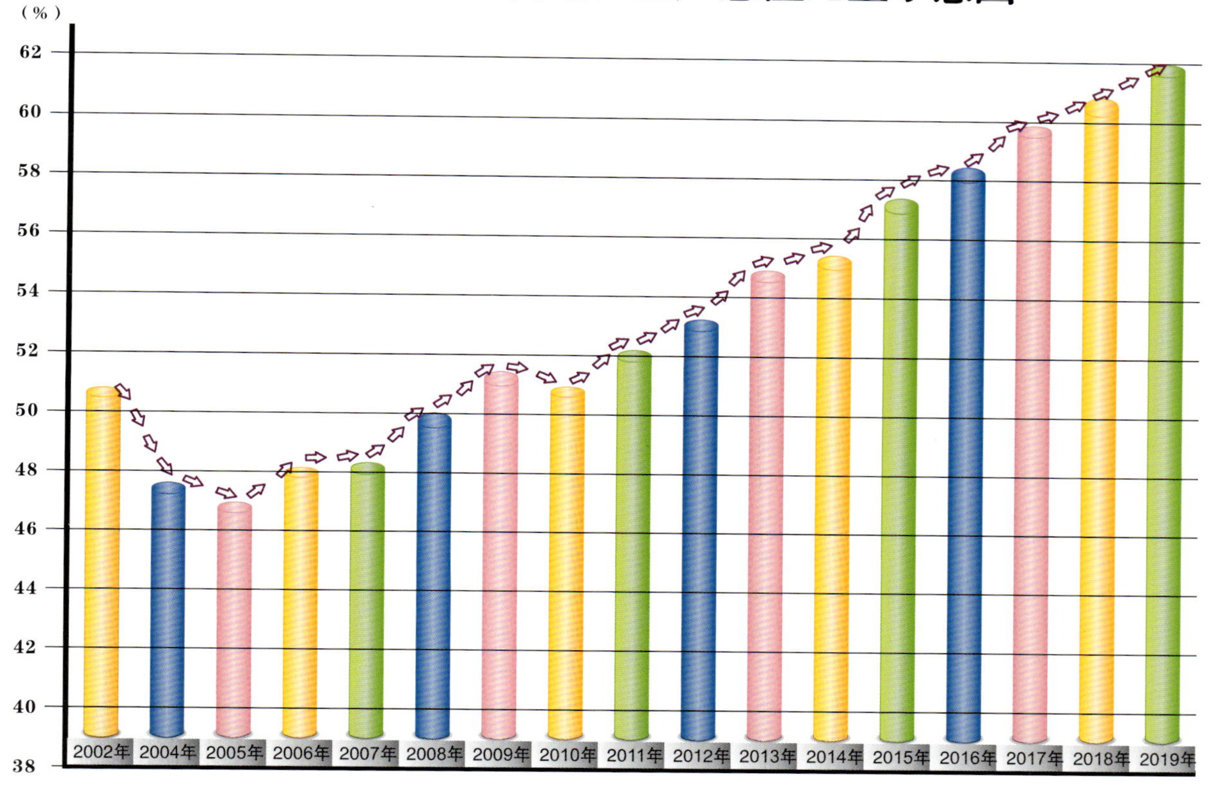

南京市财政收入示意图

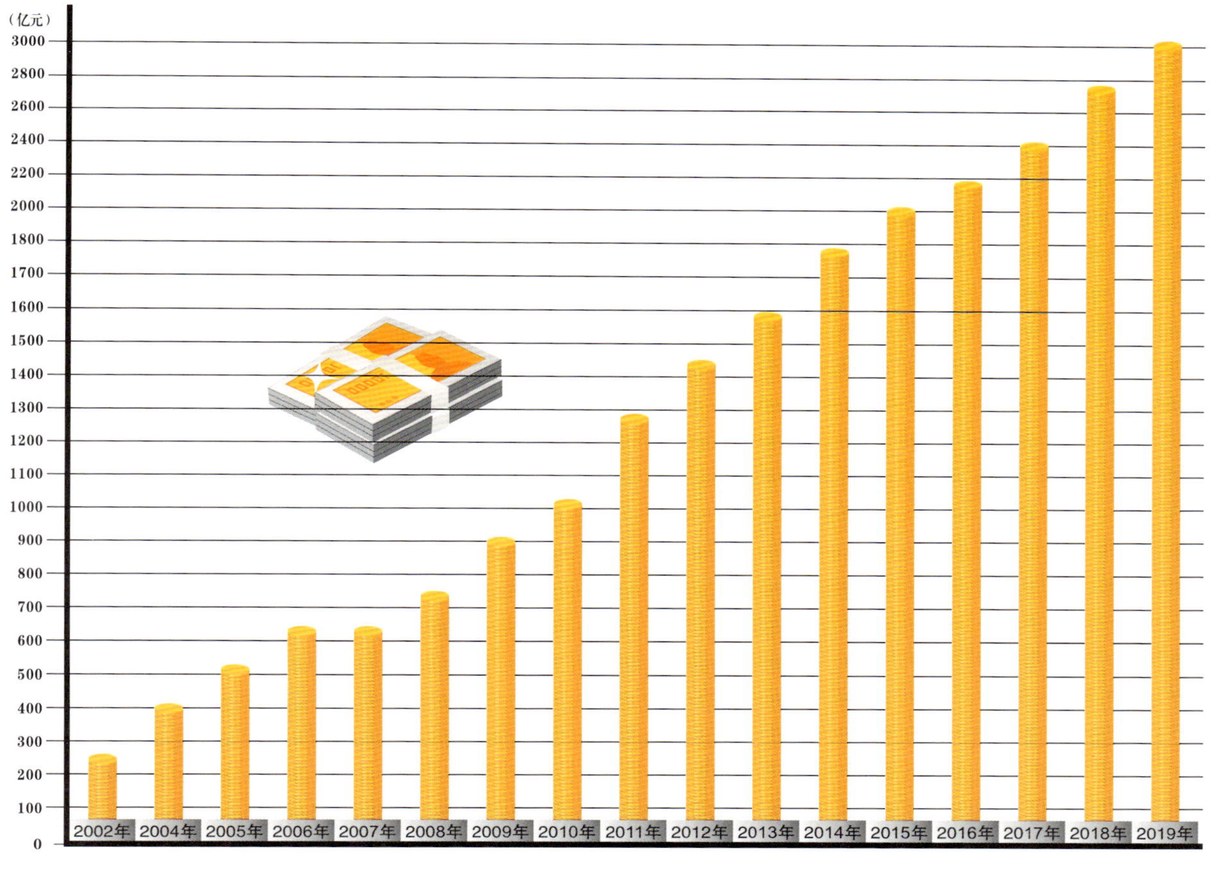

南京市社会消费品零售总额示意图

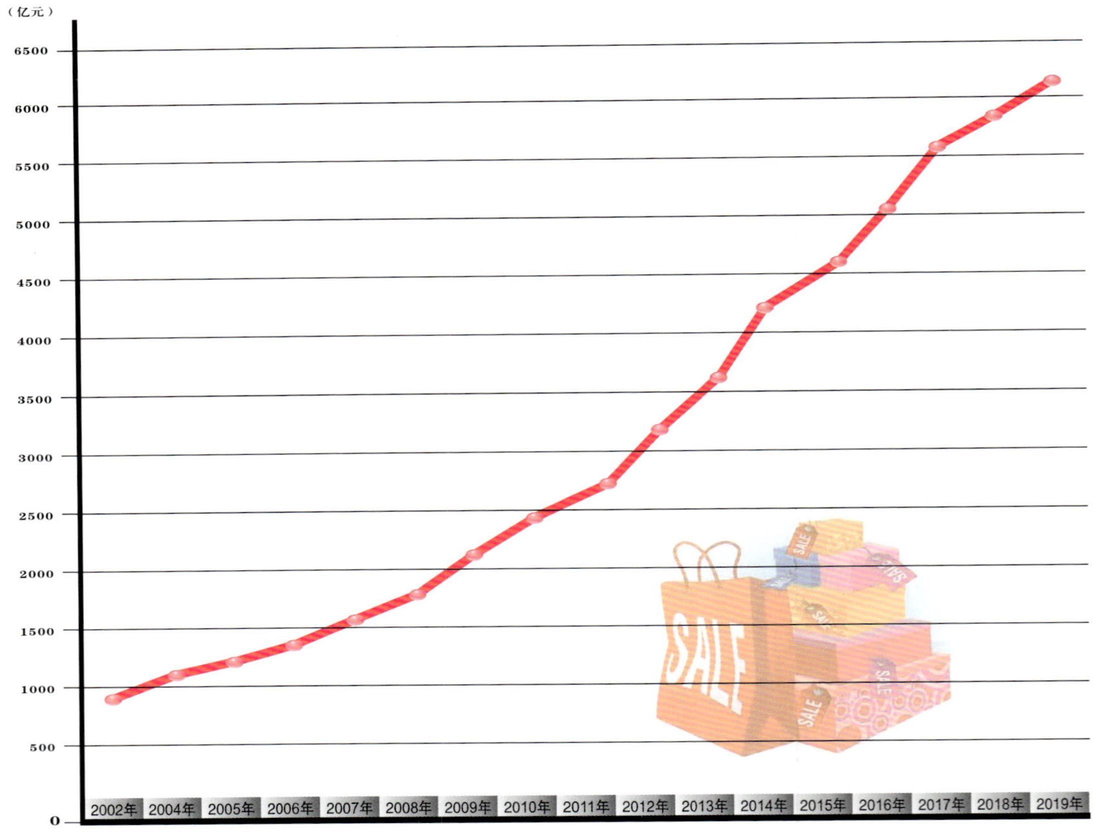

南京市外贸出口总额示意图

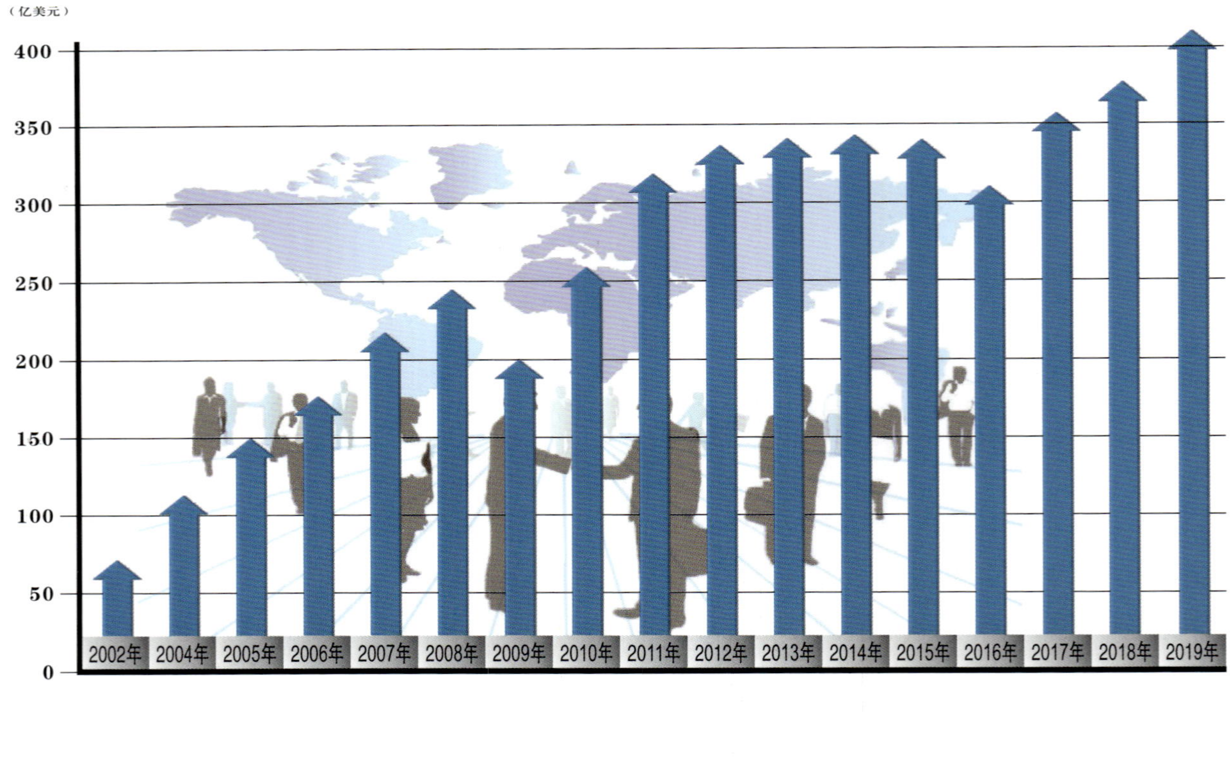

南京市工业增加值示意图

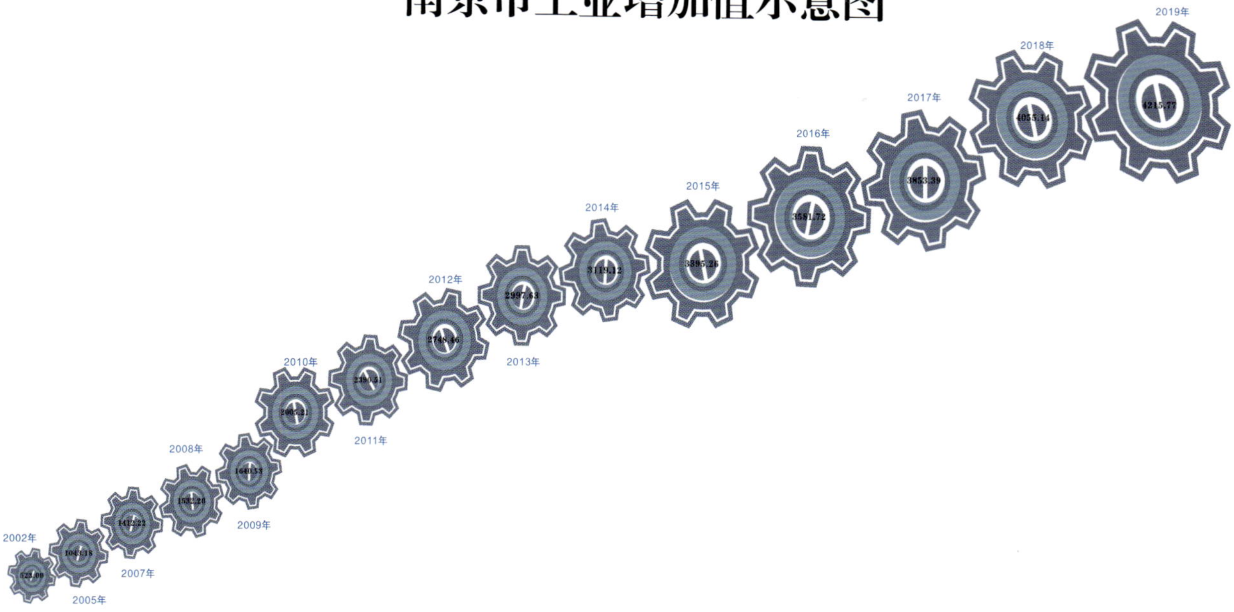

南京市规模以上工业企业利税总额示意图

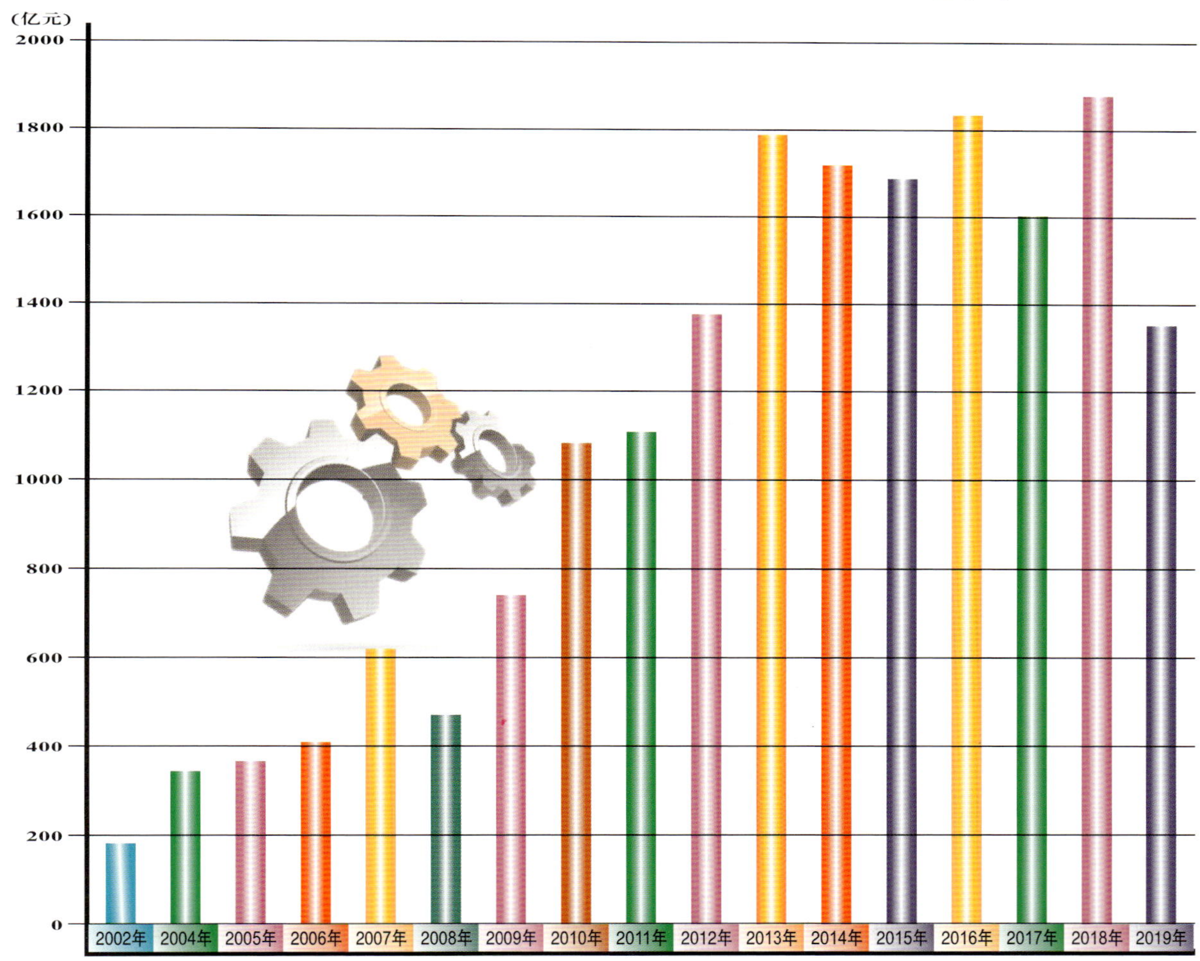

南京市农林牧渔总产值（现价）示意图

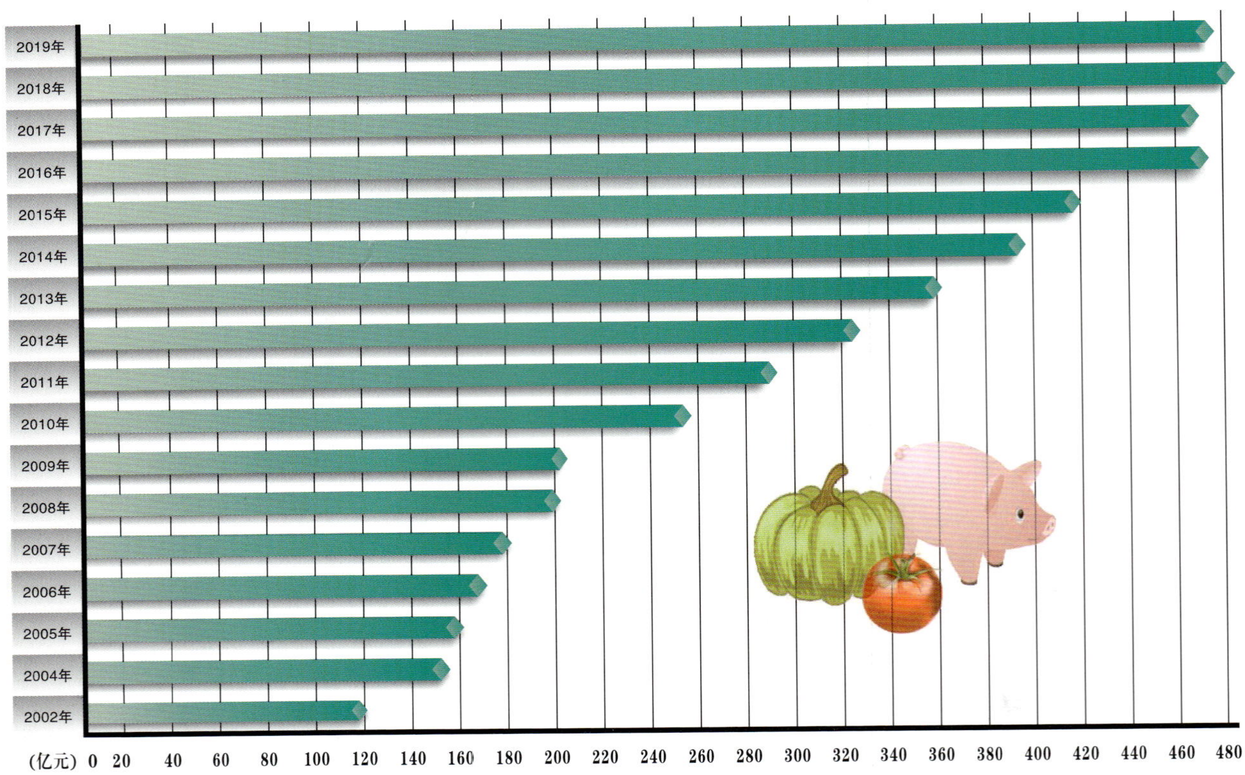

南京市人均公园绿地面积示意图

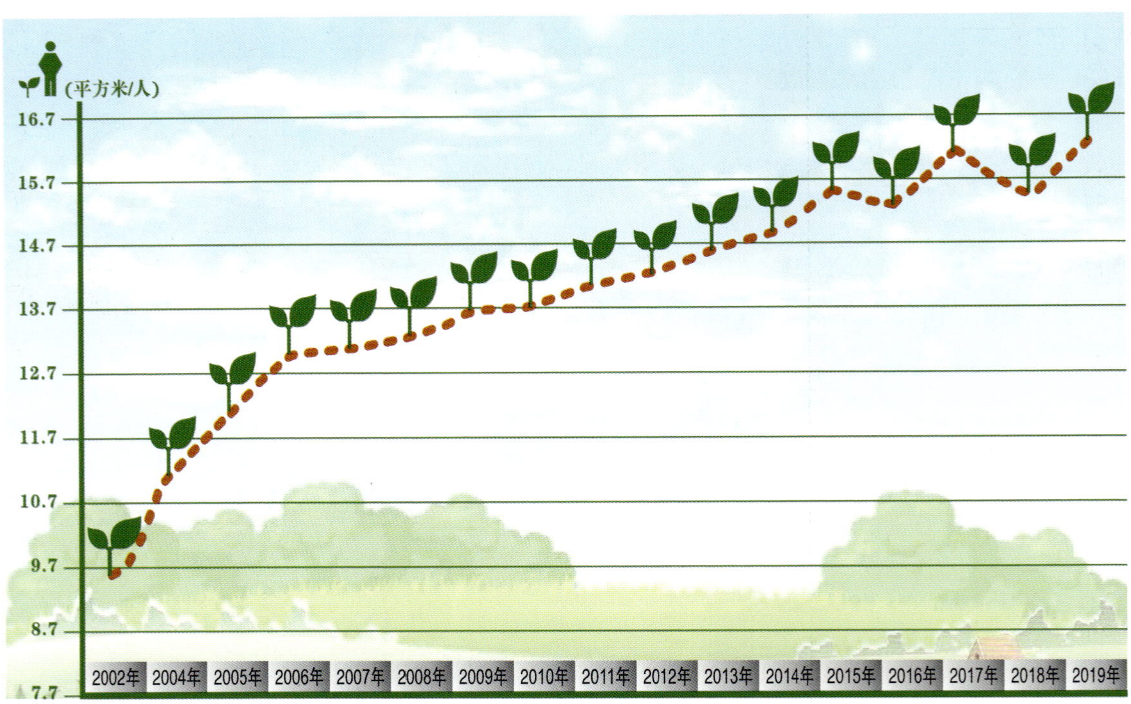

南京市普通高校在校学生人数示意图

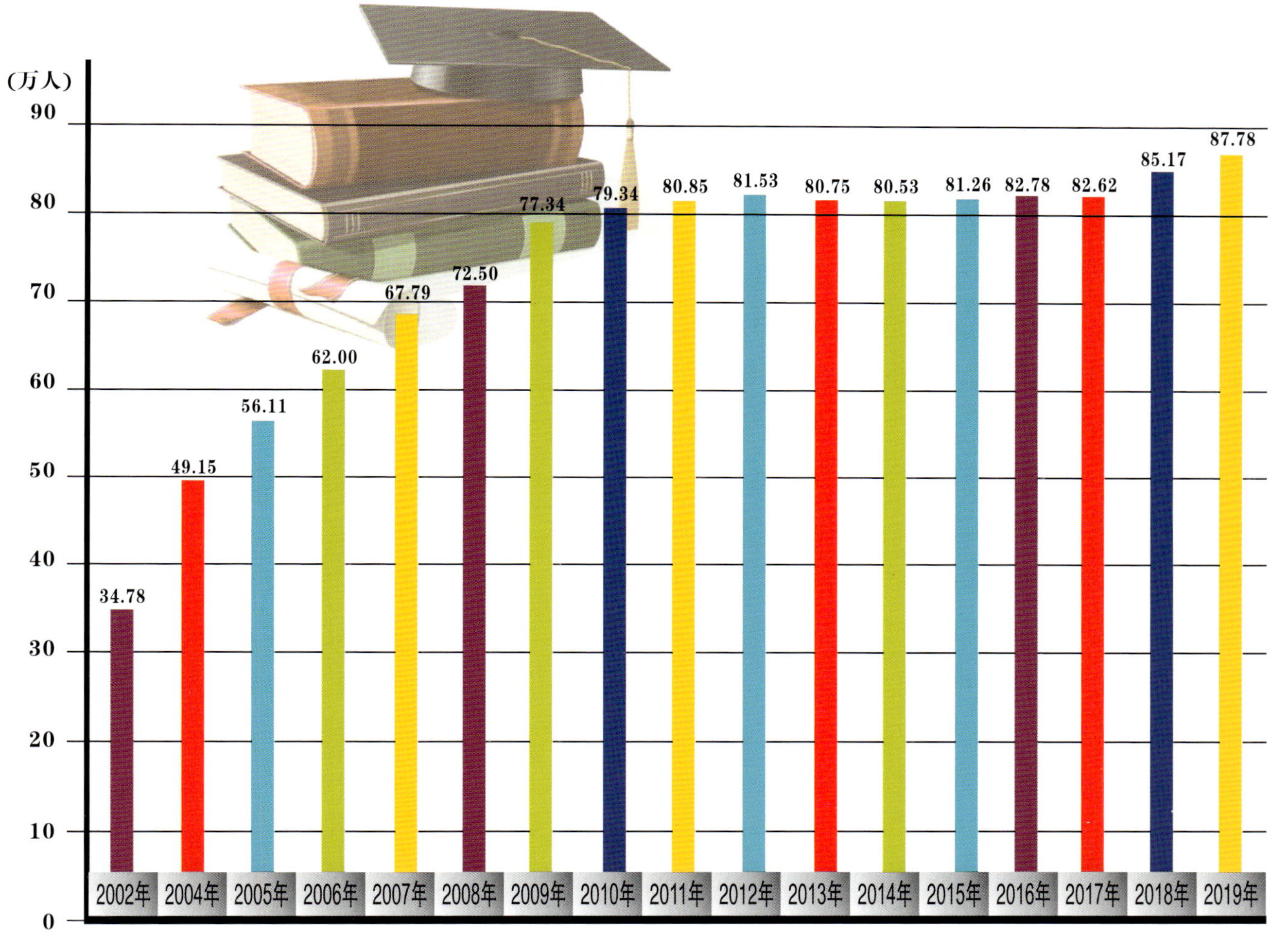

南京市城市居民人均可支配收入示意图

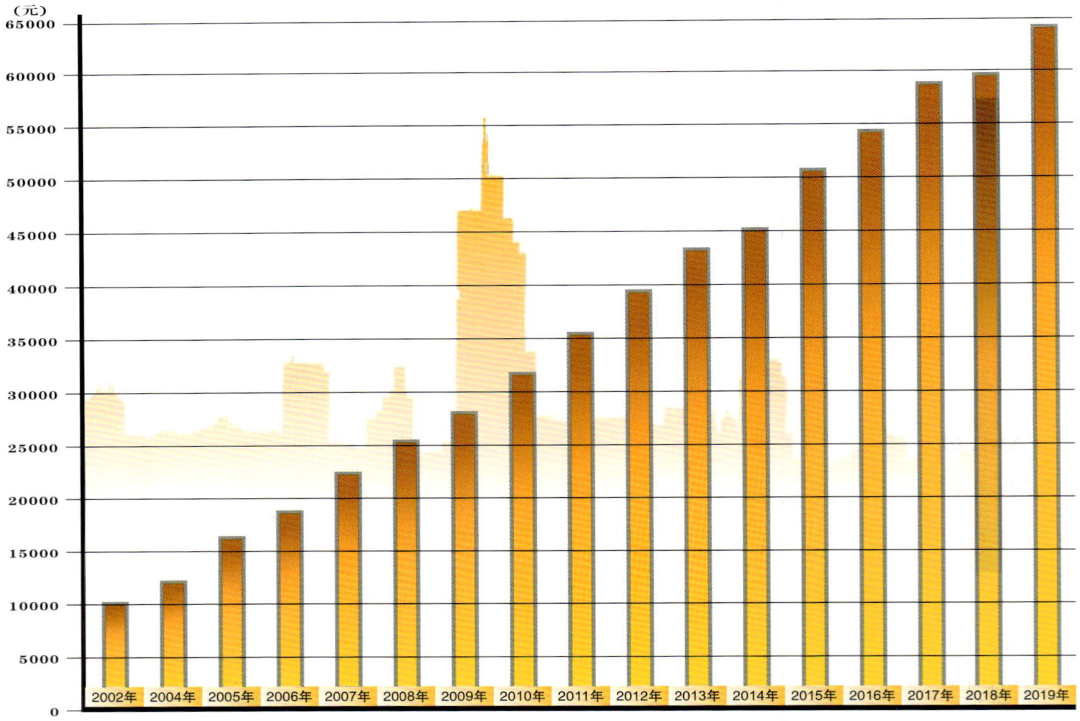

南京市农村居民人均可支配收入示意图

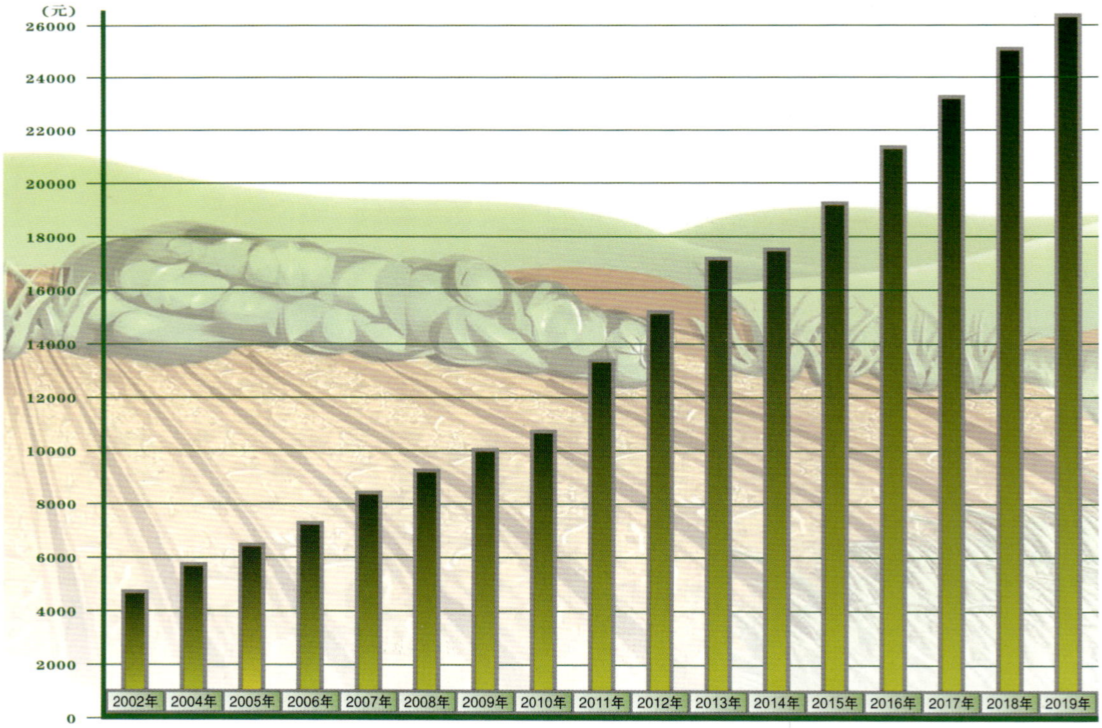

2020年统计年鉴目录

CONTENTS ON STATISTICAL YEARBOOK-2020

（一）综合

General Survey

（二）国民经济核算

National Accounts

（三）人口和就业

Population And Employment

（四）人民生活

People's Livelihood

（五）价格指数

Price Indices

（六）农业

Agriculture

（七）工业和能源

Industry and Energy

（八）交通运输和邮电通讯业

Transportation, Post and Telecommunication Services

（九）固定资产投资和建筑业

Investment in Fixed Assets and Construction

（十）批发和零售业、住宿和餐饮业

Wholesale and Retail Trade, Accommodations and Catering

（十一）对外经济贸易和旅游业

Foreign Trade and Economic Cooperation, Tourism

（十二）财政、金融和保险

Finance, Banking and Insurance

（十三）科技和教育

Science and Technology, Education

（十四）文化、体育和卫生

Culture, Sports and Public Health

（十五）司法、社会福利与其他社会活动

Judicature, Social Welfare and Others

（十六）城市建设与环境保护

Urban Construction and Environmental Protection

（十七）分区社会经济

Social Economy by District and County

2020南京统计年鉴
NANJING STATISTICAL YEARBOOK

（一）综合

CHAPTER 1
GENERAL SURVEY

表1—1　行政区划与行政区域土地面积（2019年末）

计量单位：个、平方公里

地　区	行政区划				行政区域土地面积
	街道办事处	社区居民委员会	镇人民政府	村民委员会	
全　市	94	886	6	355	6587.02
玄　武	7	58			75.46
秦　淮	12	105			49.11
建　邺	6	60			82.93
鼓　楼	13	120			53.00
浦　口	9	86		25	910.49
栖　霞	9	91		29	395.44
雨花台	6	63			132.39
江　宁	10	128		73	1563.32
六　合	11	91	1	55	1470.99
溧　水	5	73	3	39	1063.67
高　淳	6	11	2	134	790.23

注：本表中行政区划数据由市民政局提供；行政区域土地面积由市规划资源局提供。

表 1—2　区所辖街道办事处、镇名称（2019 年）

地　区	街道办事处、镇
玄武区	梅园新村街道、新街口街道、玄武门街道、锁金村街道、红山街道、孝陵卫街道、玄武湖街道
秦淮区	秦虹街道 、夫子庙街道、双塘街道、中华门街道、红花街道、洪武路街道、五老村街道、大光路街道、瑞金路街道、月牙湖街道、光华路街道、朝天宫街道
建邺区	兴隆街道、南苑街道、双闸街道、沙洲街道、江心洲街道、莫愁湖街道
鼓楼区	宁海路街道、华侨路街道、湖南路街道、中央门街道、挹江门街道、江东街道、凤凰街道、下关街道、热河南路街道、幕府山街道、建宁路街道、宝塔桥街道、小市街道
浦口区	泰山街道、顶山街道、沿江街道、江浦街道、桥林街道、汤泉街道、盘城街道、星甸街道、永宁街道
栖霞区	尧化街道、马群街道、迈皋桥街道、燕子矶街道、仙林街道、龙潭街道、栖霞街道、八卦洲街道、西岗街道
雨花台区	赛虹桥街道、雨花街道、西善桥街道、板桥街道、铁心桥街道、梅山街道
江宁区	东山街道、禄口街道、淳化街道、麒麟街道、横溪街道、江宁街道、谷里街道、汤山街道、秣陵街道、湖熟街道
六合区	龙池街道、雄州街道、横梁街道、金牛湖街道、程桥街道、马鞍街道、龙袍街道、冶山街道、大厂街道、葛塘街道、长芦街道、竹镇镇
溧水区	永阳街道、柘塘街道、白马镇、东屏街道、石湫街道、洪蓝街道、晶桥镇、和凤镇
高淳区	淳溪街道、古柏街道、阳江镇、砖墙镇、漆桥街道、固城街道、东坝街道、桠溪街道

表 1—3　耕地面积情况

计量单位：千公顷

指　　标	2019 年	2018 年
一、年初耕地面积	235.29	236.01
二、年内增加耕地面积	0.40	1.07
三、当年经批准减少耕地面积	0.84	1.79
四、年末耕地面积	234.67	235.29

注：本表数据来源于市规划资源局。

表 1—4　气候（2019 年）

月　　份	平均气温（摄氏）	平均气温（摄氏）		降水量合计（毫米）
		最高	最低	
全　年	17.18	21.72	13.43	721.8
一月	4.17	7.51	1.56	51.5
二月	4.41	7.48	1.85	90.4
三月	11.87	16.7	7.68	37.6
四月	16.79	21.84	12.49	51.5
五月	21.75	27.05	16.95	41.1
六月	25.27	29.93	21.24	109.2
七月	28.31	32.5	24.75	63.9
八月	28.62	33.09	25.06	123.0
九月	24.24	28.96	20.59	51.4
十月	18.98	23.78	15.23	1.4
十一月	13.5	18.73	9.22	41.7
十二月	7.39	12.16	3.72	59.1

附：极端最高气温：38.3℃　　出现日期：2019 年 07 月 29 日
　　极端最低气温：-3.1℃　　出现日期：2019 年 12 月 31 日
　　全年日照：1799 小时

表1—5 社会经济主要指标

指　　标	2019年	2018年
行政区域土地面积（平方公里）	6587.02	6587.02
#建成区面积	823.00	817.39
户籍总人口（万人）	709.82	696.94
常住人口（万人）	850.00	843.62
地区生产总值（亿元）	14030.15	13009.17
房地产开发投资（亿元）	2501.26	2354.17
社会消费品零售总额（亿元）	7136.32	6778.60
实际使用外资（亿美元）	41.01	38.53
海关进出口总额（亿美元）	699.60	654.91
#出口总额	435.33	378.79
接待国内外旅游人数（万人次）	14682	13409
国际旅游创汇收入（亿美元）	9.42	8.83
财政总收入（亿元）	3023.30	2783.84
#一般公共预算收入	1580.03	1470.02
一般公共预算支出（亿元）	1658.60	1532.71

表 1—5　社会经济主要指标（续表）

指　　标	2019 年	2018 年
城市居民消费价格指数（以上年为 100）	103.1	102.4
城镇登记失业率（%）	1.75	1.78
城镇企业职工基本养老保险参保人数（万人）	325.72	317.36
城镇失业保险参保人数（万人）	308.64	289.12
城镇职工基本医疗保险参保人数（万人）	455.58	432.06
个人轿车拥有量（万辆）	149.16	148.39
互联网接入用户（万户）	1645.94	1749.98
国家级重点实验室（家）	31	31
专利申请量（件）	103024	99070
普通高校拥有数（所）（不含部队院校）	53	53
#双一流高校	12	12
普通高校在校学生数（万人）（含研究生）	87.78	85.17
普通中学在校学生数（万人）	26.06	24.52
小学在校学生数（万人）	44.66	42.21
公共图书馆总藏量（万册）	2031.12	1964.40
三甲医院拥有数（个）（不含部队医院）	20	20
执业（助理）医师（人）	35735	31560
城市绿化覆盖率（%）	45.16	45.06
森林覆盖率（%）	25.60	25.42
环境空气质量良好以上天数（天）	255	251

注：从 2013 年起，按国家环保部新颁布的空气质量标准（空气质量指数 AQI）要求，认定良好以上天数。

表1—6　按人口平均的社会经济主要指标

指　　标	2019年	2018年
人均地区生产总值（元）*	165682	152886
人均社会消费品零售额（元）*	84273	69553
人均一般公共预算收入（元）*	18659	17530
人均一般公共预算支出（元）*	19586	18278
人均金融机构人民币存款余额（元）*	409433	402364
城镇非私营单位在岗职工年平均工资（元）	124896	111071
城市居民人均可支配收入（元）	64372	59308
城市居民人均消费支出（元）	35933	33537
农村居民人均可支配收入（元）	27636	25263
农村居民人均生活消费支出（元）	19980	18457
城镇居民人均现住房建筑面积（平方米）	40.3	40.1
农村居民人均现住房建筑面积（平方米）	63.2	57.6
人均日生活用水量（升）*	280.17	279.53
人均生活用电（千瓦小时）*	1141.78	1108.36
年末每万人拥有医疗床位数（张）	69.73	65.10
年末每万人拥有执业医师、助理医师（人）	42.20	37.41
人均拥有道路面积（平方米）	24.30	24.20

注：本表中人均指标按常住人口计算，加“*”号指标按常住平均人口计算。

表 1—7　南京与全国、全省主要经济指标比较（2019 年）

指　　标	计量单位	南京	全国	全省	占全国%	占全省%
年末总人口（常住）	万人	850.00	140005	8070.00	0.61	10.53
地区生产总值	亿元	14030.15	990865	99631.50	1.42	14.08
第一产业增加值	亿元	289.82	70467	4296.30	0.41	6.75
第二产业增加值	亿元	5040.86	386165	44270.50	1.31	11.39
第三产业增加值	亿元	8699.47	534233	51064.70	1.63	17.04
#金融业增加值	亿元	1621.03	77077	7529.61	2.10	21.53
#房地产业增加值	亿元	914.58	69631	8057.76	1.31	11.35
规模以上工业利润总额	亿元	646.73	61996	6733.77	1.04	9.60
社会消费品零售总额	亿元	7136.32	411649	35291.19	1.73	20.22
进出口总额	亿元	4828.15	315505	43379.70	1.53	11.13
进口	亿元	1821.30	143162	16171.10	1.27	11.26
出口	亿元	3006.85	172342	27208.60	1.74	11.05
实际外商直接投资	亿美元	41.01	1381	261.20	2.97	15.70
一般公共预算收入	亿元	1580.03	190382	8802.40	0.83	17.95
一般公共预算支出	亿元	1658.60	238874	12573.60	0.69	13.19
金融机构人民币存款余额	亿元	34671.17	1929000	152837.30	1.80	22.69
金融机构人民币贷款余额	亿元	32991.93	1531000	133329.90	2.15	24.74

表 1—8 南京与全国、全省主要经济指标人均水平比较

计量单位：元

指　　标	2019 年			2018 年		
	南京	全国	全省	南京	全国	全省
人均地区生产总值	165682	70892	123607	152886	64644	115168
城镇居民人均可支配收入	64372	42359	51056	59308	39251	47200
农村居民人均可支配收入	27636	16021	22675	25263	14617	20845
人均社会消费品零售额	84273	29452	43786	69553	27303	41276
人均一般公共预算收入	18659	13621	10921	17530	13140	10720
人均一般公共预算支出	19586	17090	15599	18278	15831	14481
人均金融机构人民币存款余额	409433	138011	189616	402364	127205	173548
人均金融机构人民币贷款余额	389603	109536	165414	338704	97679	143738

表 1—9 用电量

计量单位：万千瓦小时

指　　标	2019 年	2018 年	2019 年为上年%
全社会用电量	6215283	6064005	102.5
第一产业	19160	18389	104.2
第二产业	3357175	3381783	99.3
#工业用电	3272563	3312687	98.8
第三产业	1872079	1734407	107.9
城乡居民生活用电	966869	929426	104.0
#城镇居民	764772	734268	104.2
#乡村生活用电	202097	195158	103.6

表 1—10　个体经营户注册登记情况（2019 年）

指标	年末户数（户）	从业人数（人）	资金数额（万元）
合计	718168	1371117	6833709
农、林、牧、渔业	15403	38964	479896
采矿业	32	97	648
制造业	22759	68519	314324
电力、热力、燃气及水生产和供应业	35	79	667
建筑业	10750	25471	158354
批发和零售业	419163	692626	3466106
交通运输、仓储和邮政业	26390	36020	236397
住宿和餐饮业	78554	218588	931798
信息传输、软件和信息技术服务业	8087	11987	50026
金融业	51	102	462
房地产业	2264	5876	22856
租赁和商务服务业	26704	45710	265969
科学研究和技术服务业	3923	6678	23000
水利、环境和公共设施管理业	227	667	3103
居民服务、修理和其他服务业	85555	183874	730026
教育	964	2136	12133
卫生和社会工作	688	1993	7855
文化、体育和娱乐业	16578	31675	129993
其他	41	55	97

注：本表数据来自市市场监督管理局。

表 1—10 个体经营户注册登记情况（2018 年）（续表）

指　　标	年末户数（户）	从业人数（人）	资金数额（万元）
合　　计	621876	1239272	5920573
农、林、牧、渔业	14378	36877	443394
采矿业	35	116	719
制造业	22196	67655	305482
电力、热力、燃气及水生产和供应业	33	78	359
建筑业	7440	20296	113612
批发和零售业	365580	626659	2991386
交通运输、仓储和邮政业	23419	32764	210619
住宿和餐饮业	71653	204930	827368
信息传输、软件和信息技术服务业	4364	7264	31771
金融业	42	83	316
房地产业	2074	5423	19338
租赁和商务服务业	20464	37558	208220
科学研究和技术服务业	3093	6562	23824
水利、环境和公共设施管理业	202	637	3000
居民服务、修理和其他服务业	71514	160886	613572
教育	623	1393	7904
卫生和社会工作	654	2167	7029
文化、体育和娱乐业	14077	27886	112538
其他	35	38	123

注：本表数据来自市市场监督管理局。

表 1—11　私营企业注册登记情况（2019 年）

指　　标	年末户数（户）	从业人数（人）	注册资金（万元）
合　　计	640064	3702040	294434069
农、林、牧、渔业	2759	17922	2972156
采矿业	43	1899	150056
制造业	27037	369375	18421297
电力、热力、燃气及水生产和供应业	407	3259	1399187
建筑业	47899	331730	37496785
批发和零售业	127452	598856	48782290
交通运输、仓储和邮政业	10684	64334	4533617
住宿和餐饮业	6338	55768	1711457
信息传输、软件和信息技术服务业	33486	175656	16295796
金融业	1368	7441	8658903
房地产业	12078	76373	12983551
租赁和商务服务业	262066	1526763	82859566
科学研究和技术服务业	74040	313369	46297765
水利、环境和公共设施管理业	989	6949	894771
居民服务、修理和其他服务业	11266	70114	3311471
教育	2996	10806	507618
卫生和社会工作	1372	9854	877068
文化、体育和娱乐业	17768	61528	6226597
其他	16	44	54119

注：本表数据来自市市场监督管理局。

表1—11　私营企业注册登记情况（2018年）（续表）

指　　标	年末户数（户）	从业人数（人）	注册资金（万元）
合　　计	596347	3967511	242309931
农、林、牧、渔业	2709	19732	1703987
采矿业	45	2002	150415
制造业	26973	411044	16785570
电力、热力、燃气及水生产和供应业	396	4182	1413127
建筑业	40477	403463	29254744
批发和零售业	121700	649973	41706422
交通运输、仓储和邮政业	9988	71475	4219564
住宿和餐饮业	5567	63103	1418350
信息传输、软件和信息技术服务业	29928	188917	13385468
金融业	1212	8341	4304298
房地产业	10746	88165	11944353
租赁和商务服务业	256633	1553396	69224568
科学研究和技术服务业	60785	330099	36640635
水利、环境和公共设施管理业	938	8611	874326
居民服务、修理和其他服务业	10113	82494	2908717
教育	2056	9867	392186
卫生和社会工作	1041	10826	782996
文化、体育和娱乐业	15033	61748	5198252
其他	7	73	1954

注：本表数据来自市市场监督管理局。

表 1—12　2019 年全市规模以上服务业企业主要财务指标情况表

计量单位：万元

指　　标	单位个数	年初存货	固定资产原价	累计折旧	资产总计	负债合计
总　　计	3477	14894478	44286097	12252079	258645463	155132335
按登记注册类型分组						
内资企业	3334	14698218	40477635	10416862	249116462	149131230
#国有企业	73	2350186	832762	302479	12631417	6205407
集体企业	20	3497	54662	11847	104438	35680
股份合作企业	2	602	1377	603	4616	2017
联营企业	2	0	110	71	9187	6270
有限责任公司	1110	10095512	28112700	6568443	179946611	110367127
股份有限公司	146	1218257	7561855	2166751	28019359	13313503
私营企业	1935	1026003	3789327	1307147	28047295	18956276
其他企业	46	4162	124842	59522	353539	244950
港、澳、台商投资企业	75	80434	2109177	659576	5778897	3713359
外商投资企业	68	115826	1699286	1175641	3750104	2287747
按国民经济行业分组						
交通运输、仓储和邮政业	440	508565	26415784	5194078	75162230	43547695
#铁路运输业	10	75691	5071735	1214615	10185389	4434624
道路运输业	205	165744	15521266	1916667	54413240	34090930
航空运输业	3	12400	1928252	636802	3278221	1270087
多式联运和运输代理业	92	551	153803	70499	994983	640852
信息传输、软件和信息技术服务业	690	781044	7190949	3847816	27303878	14754007
#电信、广播电视和卫星传输服务	30	38766	5391867	3079693	8337312	3612842
软件和信息技术服务业	508	563769	1189611	494758	12442607	7048470
租赁和商务服务业	737	6303694	5114672	1022480	93868765	57504731
#商务服务业	706	6296269	4630363	910560	93014430	56872367
科学研究和技术服务业	733	2049570	2324032	1069810	18726618	10785131
#专业技术服务业	574	1362722	1927539	958571	15400972	9032160
水利、环境和公共设施管理业	78	4705152	620042	156730	21060477	13827619
居民服务、修理和其他服务业	76	15400	58596	28593	439535	347616
教育	52	932	82031	38831	332633	243585
卫生和社会工作	68	19250	442863	198203	825638	636419
文化、体育和娱乐业	346	341357	1008126	364945	6253652	3754348
房地产业（除房地产开发经营）	257	169515	1029002	330594	14672037	9731187

表 1—12　2019 年全市规模以上服务业企业主要财务指标情况表（续表 1）

指　　标	营业收入	营业成本	税金及附加	销售费用	管理费用	研发费用
总　　计	58335432	46067434	356891	2748528	4487520	1584832
按登记注册类型分组						
内资企业	54728171	43676034	331321	2432327	4184684	1495182
#国有企业	1007917	784509	7752	58025	156004	3068
集体企业	76548	55058	842	4181	8173	0
股份合作企业	4406	877	22	0	3345	0
联营企业	6416	1183	33	1184	968	0
有限责任公司	29564206	24728498	212654	1197215	1807628	854818
股份有限公司	5986029	4297602	29489	283703	342794	150738
私营企业	17563083	13465787	78766	853886	1788867	486515
其他企业	519565	342520	1761	34134	76907	43
港、澳、台商投资企业	1165389	712357	13044	113105	135827	54306
外商投资企业	2441872	1679043	12527	203096	167008	35344
按国民经济行业分组						
交通运输、仓储和邮政业	15669595	14368203	66599	204505	538752	71146
#铁路运输业	746675	540975	1949	1408	23252	0
道路运输业	7027400	6667137	43014	95149	226628	68721
航空运输业	1207545	1050578	2848	40193	39604	0
多式联运和运输代理业	3705461	3554753	5579	37701	73113	604
信息传输、软件和信息技术服务业	16936037	11791830	75000	1348029	1336462	1163576
#电信、广播电视和卫星传输服务	2984744	2188924	7700	268825	185087	12837
软件和信息技术服务业	10232726	7106345	46097	748098	657670	955405
租赁和商务服务业	9538511	7858323	80236	375441	885665	14681
#商务服务业	9346572	7727768	79102	350162	865675	10711
科学研究和技术服务业	9758510	7429260	57875	283747	852043	324395
#专业技术服务业	8629800	6646404	48932	209291	735009	260795
水利、环境和公共设施管理业	788107	620439	6603	19793	70919	0
居民服务、修理和其他服务业	345085	175453	2574	96777	37345	849
教育	377511	238012	1631	50648	70461	1459
卫生和社会工作	811231	610389	112	75993	147738	2049
文化、体育和娱乐业	2053563	1484539	19402	214883	268828	6667
房地产业（除房地产开发经营）	2057283	1490987	46859	78713	279307	11

表1—12　2019年全市规模以上服务业企业主要财务指标情况表（续表2）

指　　标	财务费用	投资收益	利润总额	所得税费用	应付职工薪酬	应交增值税
总　　计	1508611	2242865	5005939	829620	10011305	1240541
按登记注册类型分组						
内资企业	1438935	2204474	4522996	772869	9349495	1150952
#国有企业	10774	260072	277953	13438	266097	13648
集体企业	936	0	7972	1196	30661	2703
股份合作企业	1	0	162	34	2064	164
联营企业	-1	0	3048	669	787	113
有限责任公司	941347	1632246	2566104	402537	4837617	648610
股份有限公司	173198	144887	986465	181580	984959	109404
私营企业	312408	166077	615973	166621	3102938	367422
其他企业	272	1192	65320	6794	124372	8887
港、澳、台商投资企业	48461	9711	93076	20619	217137	53254
外商投资企业	21216	28680	389867	36131	444673	36335
按国民经济行业分组						
交通运输、仓储和邮政业	639759	453969	1077095	265023	1690757	298212
#铁路运输业	75717	7074	109144	46679	29446	5110
道路运输业	479970	384809	584741	142368	852441	235034
航空运输业	40977	8089	94489	23855	283996	14772
多式联运和运输代理业	977	7559	48887	10087	107897	11898
信息传输、软件和信息技术服务业	37649	301130	1587385	220049	3343728	468320
#电信、广播电视和卫星传输服务	5685	150774	477326	40436	427133	105632
软件和信息技术服务业	21164	114430	855205	135327	1869211	271778
租赁和商务服务业	509210	954124	934035	94798	1633116	107996
#商务服务业	501545	949735	924499	92347	1600782	107579
科学研究和技术服务业	97502	177844	838600	135857	1731610	219129
#专业技术服务业	77250	122956	696203	115044	1574400	197353
水利、环境和公共设施管理业	11518	21887	127941	22723	106029	10515
居民服务、修理和其他服务业	1370	-1296	34628	4256	105839	5296
教育	-129	154	17278	6233	126009	11415
卫生和社会工作	8280	2334	-14663	5409	260426	247
文化、体育和娱乐业	46638	41613	97557	27027	351505	44828
房地产业（除房地产开发经营）	156814	291107	306083	48243	662286	74583

表 1—13 2019 年末南京上市公司一览表

证券代码	证券简称	公司中文名称
一、境内上市		
000421.SZ	南京公用	南京公用发展股份有限公司
000525.SZ	红太阳	南京红太阳股份有限公司
000727.SZ	*ST 东科	南京华东电子信息科技股份有限公司
000919.SZ	金陵药业	金陵药业股份有限公司
002024.SZ	苏宁易购	苏宁易购集团股份有限公司
002040.SZ	南京港	南京港股份有限公司
002080.SZ	中材科技	中材科技股份有限公司
002090.SZ	金智科技	江苏金智科技股份有限公司
002165.SZ	红宝丽	红宝丽集团股份有限公司
002182.SZ	云海金属	南京云海特种金属股份有限公司
002315.SZ	焦点科技	焦点科技股份有限公司
002380.SZ	科远智慧	南京科远智慧科技集团股份有限公司
002546.SZ	新联电子	南京新联电子股份有限公司
002608.SZ	江苏国信	江苏国信股份有限公司
002747.SZ	埃斯顿	南京埃斯顿自动化股份有限公司
200468.SZ	宁通信 B	南京普天通信股份有限公司
300172.SZ	中电环保	中电环保股份有限公司
300209.SZ	天泽信息	天泽信息产业股份有限公司
300284.SZ	苏交科	苏交科集团股份有限公司
300295.SZ	三六五网	江苏三六五网络股份有限公司
300339.SZ	润和软件	江苏润和软件股份有限公司
300356.SZ	光一科技	光一科技股份有限公司
300402.SZ	宝色股份	南京宝色股份公司
300447.SZ	全信股份	南京全信传输科技股份有限公司
300528.SZ	幸福蓝海	幸福蓝海影视文化集团股份有限公司
300554.SZ	三超新材	南京三超新材料股份有限公司
300575.SZ	中旗股份	江苏中旗科技股份有限公司
300584.SZ	海辰药业	南京海辰药业股份有限公司
300585.SZ	奥联电子	南京奥联汽车电子电器股份有限公司
300598.SZ	诚迈科技	诚迈科技（南京）股份有限公司

表 1—13　2019 年末南京上市公司一览表（续表 1）

证券代码	证券简称	公司中文名称
一、境内上市		
300618.SZ	寒锐钴业	南京寒锐钴业股份有限公司
300631.SZ	久吾高科	江苏久吾高科技股份有限公司
300644.SZ	南京聚隆	南京聚隆科技股份有限公司
300670.SZ	大烨智能	江苏大烨智能电气股份有限公司
300725.SZ	药石科技	南京药石科技股份有限公司
300742.SZ	越博动力	南京越博动力系统股份有限公司
600064.SH	南京高科	南京高科股份有限公司
600122.SH	*ST 宏图	江苏宏图高科技股份有限公司
600128.SH	弘业股份	江苏弘业股份有限公司
600250.SH	南纺股份	南京纺织品进出口股份有限公司
600268.SH	国电南自	国电南京自动化股份有限公司
600280.SH	*ST 中商	南京中央商场（集团）股份有限公司
600282.SH	南钢股份	南京钢铁股份有限公司
600287.SH	江苏舜天	江苏舜天股份有限公司
600358.SH	*ST 联合	国旅联合股份有限公司
600377.SH	宁沪高速	江苏宁沪高速公路股份有限公司
600406.SH	国电南瑞	国电南瑞科技股份有限公司
600501.SH	航天晨光	航天晨光股份有限公司
600533.SH	栖霞建设	南京栖霞建设股份有限公司
600562.SH	国睿科技	国睿科技股份有限公司
600682.SH	南京新百	南京新街口百货商店股份有限公司
600710.SH	苏美达	苏美达股份有限公司
600713.SH	南京医药	南京医药股份有限公司
600716.SH	凤凰股份	江苏凤凰置业投资股份有限公司
600775.SH	南京熊猫	南京熊猫电子股份有限公司
600889.SH	南京化纤	南京化纤股份有限公司
600901.SH	江苏租赁	江苏金融租赁股份有限公司
600919.SH	江苏银行	江苏银行股份有限公司
600959.SH	江苏有线	江苏省广电有线信息网络股份有限公司
600970.SH	中材国际	中国中材国际工程股份有限公司

表 1—13　2019 年末南京上市公司一览表（续表 2）

证券代码	证券简称	公司中文名称
一、境内上市		
600981.SH	汇鸿集团	江苏汇鸿国际集团股份有限公司
601007.SH	金陵饭店	金陵饭店股份有限公司
601009.SH	南京银行	南京银行股份有限公司
601688.SH	华泰证券	华泰证券股份有限公司
601860.SH	紫金银行	江苏紫金农村商业银行股份有限公司
601928.SH	凤凰传媒	江苏凤凰出版传媒股份有限公司
601952.SH	苏垦农发	江苏省农垦农业发展股份有限公司
601975.SH	招商南油	招商局南京油运股份有限公司
601990.SH	南京证券	南京证券股份有限公司
603018.SH	中设集团	中设设计集团股份有限公司
603041.SH	美思德	江苏美思德化学股份有限公司
603042.SH	华脉科技	南京华脉科技股份有限公司
603066.SH	音飞储存	南京音飞储存设备（集团）股份有限公司
603111.SH	康尼机电	南京康尼机电股份有限公司
603326.SH	我乐家居	南京我乐家居股份有限公司
603351.SH	威尔药业	南京威尔药业集团股份有限公司
603387.SH	基蛋生物	基蛋生物科技股份有限公司
603518.SH	锦泓集团	锦泓时装集团股份有限公司
603528.SH	多伦科技	多伦科技股份有限公司
603666.SH	亿嘉和	亿嘉和科技股份有限公司
603693.SH	江苏新能	江苏省新能源开发股份有限公司
603707.SH	健友股份	南京健友生化制药股份有限公司
603900.SH	莱绅通灵	莱绅通灵珠宝股份有限公司
603906.SH	龙蟠科技	江苏龙蟠科技股份有限公司
603912.SH	佳力图	南京佳力图机房环境技术股份有限公司
603916.SH	苏博特	江苏苏博特新材料股份有限公司
603955.SH	大千生态	大千生态环境集团股份有限公司
603982.SH	泉峰汽车	南京泉峰汽车精密技术股份有限公司
688029.SH	南微医学	南微医学科技股份有限公司
600074.SH	保千里	江苏保千里视像科技集团股份有限公司

表 1—13　2019 年末南京上市公司一览表（续表 3）

证券代码	证券简称	公司中文名称
二、境外上市		
1028.HK	千百度	千百度国际控股有限公司
1068.HK	雨润食品	中国雨润食品集团有限公司
1232.HK	金轮天地控股	金轮天地控股有限公司
1297.HK	中国擎天软件	中国擎天软件科技集团有限公司
1708.HK	三宝科技	南京三宝科技股份有限公司
3308.HK	金鹰商贸集团	金鹰商贸集团有限公司
3332.HK	中生联合	南京中生联合股份有限公司
3663.HK	协众国际控股	协众国际控股有限公司
6888.HK	英达公路再生科技	英达公路再生科技（集团）有限公司
8045.HK	南大苏富特	江苏南大苏富特科技股份有限公司
8243.HK	大贺传媒	大贺传媒股份有限公司
0658.HK	中国高速传动	中国高速传动设备集团有限公司
0106.HK	朗诗地产	朗诗绿色地产有限公司
TOUR.O	途牛	途牛公司
5GD.SG	中圣集团	中圣集团有限公司
EVK.O	华瑞服装	华瑞服装国际集团
1548.HK	金斯瑞生物科技	金斯瑞生物科技股份有限公司
3678.HK	弘业期货	弘业期货股份有限公司
0600.HK	中国基建投资	中国基建投资有限公司
2768.HK	佳源国际控股	佳源国际控股有限公司
1996.HK	弘阳地产	弘阳地产集团有限公司
6886.HK	HTSC	华泰证券股份有限公司
0553.HK	南京熊猫电子股份	南京熊猫电子股份有限公司
0177.HK	江苏宁沪高速公路	江苏宁沪高速公路股份有限公司
0846.HK	明发集团	明发集团（国际）有限公司
0935.HK	龙翔集团	龙翔集团控股有限公司
1902.HK	银城国际控股	银城国际控股有限公司
0607.HK	丰盛控股	丰盛控股有限公司
1922.HK	银城生活服务	银城生活服务有限公司
1736.HK	中国育儿网络	中国育儿网络控股有限公司
HTSC.L	华泰证券（GDR）	华泰证券股份有限公司

表1—14 人民币汇率（年平均价）

单位：人民币元

年 份	美 元（100）	日 元（100）	港 币（100）	欧 元（100）
1985	293.66	1.25	37.57	
1986	345.28	2.07	44.22	
1987	372.21	2.58	47.74	
1988	372.21	2.91	47.70	
1989	376.51	2.74	48.28	
1990	478.32	3.32	61.39	
1993	576.20	5.20	74.41	
1994	861.87	8.44	111.53	
1995	835.10	8.92	107.96	
1996	831.42	7.64	107.51	
1997	828.98	6.86	107.09	
1998	827.91	6.35	106.88	
1999	827.83	7.29	106.66	
2000	827.84	7.69	106.18	
2001	827.70	6.81	106.08	
2002	827.70	6.62	106.07	800.58
2004	827.68	7.66	106.23	1029.00
2005	819.17	7.45	105.30	1019.53
2007	760.40	6.46	97.46	1041.75
2008	694.51	6.74	89.19	1022.27
2009	683.10	7.30	88.12	952.70
2010	676.95	7.73	87.13	897.25
2011	645.88	8.11	82.97	900.11
2012	631.25	7.90	81.38	810.67
2013	619.32	6.33	79.85	822.19
2014	614.28	5.82	79.22	816.51
2015	622.84	5.16	80.34	691.41
2016	664.23	6.12	85.58	734.76
2017	675.18	6.02	86.64	763.03
2018	661.74	5.99	84.43	780.16
2019	689.85	6.33	88.05	772.55

主要统计指标解释

可比价格　指在不同时期的价值指标对比时，扣除了价格变动的因素，以确切反映物量的变化。按可比价格计算有两种方法：一种是直接用产品产量乘某一年的不变价格计算；另一种是用价格指数换算。

不变价格　指以同类产品某年的平均价格作为固定价格，来计算各年产品价值。按不变价格计算的产品价值消除了价格变动因素，不同时期对比可以反映生产的发展速度。新中国成立后，随着工农业产品价格水平的变化，国家统计局先后五次制定了全国统一的工业产品不变价格和农业产品不变价格，从1949年到1957年使用1952年工（农）业产品不变价格，从1957年到1971年使用1957年不变价格，从1971年到1981年使用1970年不变价格，从1981年到1990年使用1980年不变价格，从1990年开始使用1990年不变价格。

平均增长速度　我国计算平均增长速度有两种方法：一种是习惯上经常使用的"水平法"，又称几何平均法，是以间隔期最后一年的水平同基期水平对比来计算平均每年增长（或下降）速度；另一种是"累计法"，又称代数平均法或方程法，是以间隔期内各年水平的总和同基期水平对比来计算平均每年增长（或下降）速度。在一般正常情况下，两种方法计算的平均每年增长速度比较接近；但在经济发展不平衡、出现大起大落时，两种方法计算的结果差别较大。

本《年鉴》内所列的平均增长速度，除固定资产投资用"累计法"计算外，其余均用"水平法"计算。从某年到某年平均增长速度的年份，均不包括基期年在内。如建国四十三年以来的平均增长速度是以1949年为基期计算的，则写为1950-1992年平均增长速度，其余类推。

三次产业　根据社会生产活动历史发展的顺序对产业结构的划分，产品直接取自自然界的部门称为第一产业，对初级产品进行再加工的部门称为第二产业。为生产和消费提供各种服务的部门称为第三产业。它是世界上通用的产业结构分类，但各国的划分不尽一致。

我国的三次产业划分是：

第一产业是指农、林、牧、渔业。

第二产业是指采矿业，制造业，电力、燃气及水的生产和供应业，建筑业。

第三产业是指除第一、二产业以外的其他行业。

企业（单位）登记注册类型　是以在工商行政管理机关登记注册的各类企业为划分对象，以工商行政管理部门对企业登记注册的类型为依据，将企业登记注册类型分为内资企业、港澳台商投资企业和外商投资企业三大类。内资企业包括国有企业、集体企业、股份合作企业、联营企业、有限责任公司、股份有限公司、私营公司和其他企业；港澳台商投资企业和外商投资企业分别包括合资经营企业、合作经营企业、独资经营企业和股份有限公司。对不在工商行政管理部门进行登记注册的行政机关、事业单位和社会团体，主要按其经费来源和管理方式进行划分。

法人单位 指具备以下条件的单位：（1）依法成立，有自己的名称、组织机构和场所，能够独立承担民事责任；（2）独立拥有和使用（或授权使用）资产，承担负债，有权与其他单位签订合同；（3）会计上独立核算，能够编制资产负债表。法人单位包括企业法人、事业单位法人、机关法人、社会团体法人和其他法人。

法人单位所属产业活动单位（简称：产业活动单位） 是指具备有以下条件的单位：（1）在一个场所从事一种或主要从事一种社会经济活动；（2）相对独立组织生产经营或业务活动：（3）能够掌握收入和支出等业务核算资料。产业活动单位是指经过法定程序批准建立的、不能独立承担民事责任的单位。包括由各级工商行政管理机关核准登记，领取《营业执照》的分支机构或经营单位；由各级登记主管机关备案，或依据相关法律法规由各级主管部门批准建立的事业单位分支机构和社会团体分支机构。未经法定程序批准在法人内部建立的机构，具备产业活动单位条件的认定为产业活动单位。产业活动单位分为单产业法人单位和多产业法人单位。

规模以上服务业统计范围 辖区内年营业收入2000万元及以上服务业法人单位。包括：交通运输、仓储和邮政业，信息传输、软件和信息技术服务业，水利、环境和公共设施管理业三个门类和卫生行业大类。辖区内年营业收入1000万元及以上服务业法人单位。包括：租赁和商务服务业，科学研究和技术服务业，教育三个门类，以及物业管理、房地产中介服务、房地产租赁经营和其他房地产业四个行业小类。辖区内年营业收入500万元及以上服务业法人单位。包括：居民服务、修理和其他服务业，文化、体育和娱乐业两个门类，以及社会工作行业大类。

（二）国民经济核算

CHAPTER 2
NATIONAL ACCOUNTS

2020' NANJING STATISTICAL YEARBOOK 2020' NANJING STATISTICAL YEARBOOK 2020' NANJING STATISTICAL YEARBOOK 2020' NANJING STATISTICAL YEARBOOK 2020' NANJING STATISTICAL YEARBOOK

表 2—1　全市地区生产总值（2019 年）

计量单位：亿元

指　　标	2019 年	2019 年为上年%（按可比价计算）	占地区生产总值比重%
地区生产总值	14030.15	107.8	100.0
第一产业	289.82	100.7	2.1
第二产业	5040.86	106.7	35.9
工业	4215.77	106.9	30.0
建筑业	826.97	105.7	5.9
第三产业	8699.47	108.6	62.0
交通运输、仓储和邮政业	547.07	104.4	3.9
批发和零售业	1265.19	103.2	9.0
住宿和餐饮业	226.54	106.6	1.6
金融业	1621.03	108.5	11.6
房地产业	914.58	106.3	6.5
其他服务业	4125.06	111.6	29.4
附：按户籍平均人口计算的人均地区生产总值（元）	199468	105.9	—
按常住平均人口计算的人均地区生产总值（元）	165682	107.1	—

表 2—2 按支出法计算的全市地区生产总值（2019 年）

计量单位：亿元

指　　标	2019 年	2019 年为上年%（按可比价计算）
支出法地区生产总值	14030.15	107.8
一、最终消费支出	7730.47	109.0
1、居民消费支出	5445.48	108.9
城镇居民	4688.13	110.0
农村居民	757.35	102.0
2、政府消费支出	2284.99	109.4
二、资本形成总额	6218.98	105.6
1、固定资本形成总额	5363.26	100.6
2、存货增加	855.72	154.7
三、货物和服务净流出	80.71	—

注：从 2008 年开始本表发展速度按可比价计算。

表 2—3 居民消费水平（2019 年）

指　　标	2019 年	2019 年为上年%
一、当年价格居民消费水平　（元/人）	64306	107.6
城镇居民	66821	107.2
农村居民	52153	108.8
二、常住居民年平均人口　（万人）	846.81	101.0
城镇居民	701.59	101.5
农村居民	145.22	98.4

表2—4　最终消费（2019年）

计量单位：亿元

	2019年
最终消费支出	7730.47
一、居民消费支出	5445.48
（一）农村居民	757.35
1.食品烟酒	115.36
2.衣着	22.76
3.居住（含自有住房服务）	118.10
4.生活用品及服务	29.73
5.交通和通信	29.46
6.教育文化娱乐	140.93
7.医疗保健	67.13
8.银行中介服务	28.28
9.保险服务	172.52
10.其他商品和服务	33.08
（二）城镇居民	4688.13
1.食品烟酒	424.10
2.衣着	237.27
3.居住（含自有住房服务）	570.64
4.生活用品及服务	262.10
5.交通和通信	358.12
6.教育文化娱乐	508.71
7.医疗保健	562.66
8.银行中介服务	211.51
9.保险服务	1355.71
10.其他商品和服务	197.30
二、政府消费支出	2284.99

表 2—5　主要年份地区生产总值

计量单位：亿元

年份	地区生产总值	第一产业	第二产业	#工业	第三产业	人均地区生产总值（元）（按户籍人口计算）	人均地区生产总值（元）（按常住人口计算）
1990	176.52	17.26	96.03	87.40	63.23	3538	—
1994	472.17	34.85	248.26	227.99	189.06	9142	—
1995	584.59	44.97	297.46	258.38	242.16	11242	—
1996	682.78	45.93	339.49	286.12	297.36	13041	—
1997	773.78	49.85	379.86	323.13	344.07	14665	—
1998	850.24	51.72	406.18	341.89	392.34	16010	—
1999	937.89	53.53	432.86	368.44	451.5	17535	—
2000	1073.54	57.56	491.87	424.81	524.11	19838	—
2001	1218.51	61.94	544.66	469.67	611.91	22196	—
2002	1385.14	65.73	610.65	523.00	708.76	24816	—
2003	1690.77	69.51	802.24	691.99	819.02	29780	—
2004	2087.10	75.27	1014.80	880.32	997.03	36114	31557
2005	2478.26	102.00	1213.56	1057.66	1162.70	42026	36499
2008	3859.57	119.40	1797.66	1558.58	1942.51	62169	51454
2009	4287.25	129.18	1960.60	1670.47	2197.47	68365	56035
2010	5198.20	142.29	2363.42	2040.77	2692.49	82368	66132
2011	6230.20	164.27	2807.11	2436.78	3258.82	98208	77314
2012	7306.54	185.06	3229.67	2807.35	3891.81	114627	89816
2013	8199.49	195.29	3527.33	3062.56	4476.87	127960	100307
2014	8956.05	214.25	3696.34	3192.01	5045.46	138659	109194
2015	10006.29	232.36	3971.04	3441.54	5802.89	153692	121642
2016	10820.75	253.55	4171.55	3627.76	6395.65	164425	131114
2017	11886.57	265.08	4451.96	3837.39	7169.53	176955	143169
2018	13009.17	276.34	4766.31	4004.14	7966.52	188866	155137
2019	14030.15	289.82	5040.86	4215.77	8699.47	199468	165682

注：1、本表数据均为现价，2010 年为年报调整数据，2013 年为经济普查调整数据。
2、2004 年开始为研发支出资本化（加入 R&D 增加值）数据。
3、2015-2018 年为全国第四次经济普查核算结果调整数。

表 2—6　主要年份地区生产总值发展速度

计量单位：%

年 份	地区生产总值	第一产业	第二产业	#工业	第三产业	人均地区生产总值（按户籍人口计算）	人均地区生产总值（按常住人口计算）
1990	109.2	97.2	105.1	111.8	121.8	107.7	—
1994	115.6	98.6	119.2	120.6	112.8	114.7	—
1995	112.4	115.6	113.0	108.7	110.8	111.6	—
1996	113.0	108.9	113.6	111.1	112.8	112.2	—
1997	113.3	109.6	113.3	113.9	114.1	112.4	—
1998	111.8	104.5	111.9	111.3	112.6	111.1	—
1999	110.6	107.4	109.7	111.0	112.6	109.8	—
2000	112.3	108.1	112.1	112.8	113.1	111.0	—
2001	111.1	108.3	109.0	108.1	113.8	109.5	—
2002	112.8	106.8	112.3	111.2	114.0	110.9	—
2003	115.0	105.1	118.7	118.4	112.5	113.1	—
2004	117.3	105.9	120.7	123.0	114.9	115.2	—
2005	115.1	102.7	117.9	118.0	113.4	112.8	112.1
2008	112.1	102.7	109.6	109.9	115.3	110.5	109.1
2009	111.5	104.1	110.1	109.3	113.5	110.4	109.4
2010	113.1	104.1	113.6	114.4	113.0	112.4	110.1
2011	112.0	104.1	112.3	112.9	112.3	111.5	109.3
2012	111.7	104.9	111.9	111.0	111.8	111.2	110.7
2013	111.0	103.4	111.1	111.1	111.3	110.6	110.6
2014	110.1	103.3	108.8	109.3	111.5	109.2	109.7
2015	109.3	103.4	107.0	107.7	111.5	108.4	109.0
2016	108.0	101.1	105.4	104.9	110.3	107.0	107.8
2017	108.1	101.2	105.1	106.0	110.3	106.0	107.5
2018	108.0	100.6	106.5	107.3	109.1	105.2	106.9
2019	107.8	100.7	106.7	106.9	108.6	105.9	107.1

主要统计指标解释

地区生产总值 是按市场价格计算的地区生产总值的简称。它是一个国家（地区）所有常住单位在一定时期内生产活动的最终成果。地区生产总值有三种表现形态，即价值形态、收入形态和产品形态。从价值形态看，它是所有常住单位在一定时期内所生产的全部货物和服务价值超过同期投入的全部非固定资产货物和服务价值的差额，即所有常住单位的增加值之和；从收入形态看，它是所有常住单位在一定时期内所创造并分配给常住单位和非常住单位的初次分配收入之和；从产品形态看，它是最终使用的货物和服务减去进口货物和服务。在实际核算中，地区生产总值的三种表现形态表现为三种计算方法，即生产法、收入法和支出法。三种方法分别从不同的方面反映地区生产总值及其构成。

支出法地区生产总值 指一个国家（地区）所有常住单位在一定时期内用于最终消费、资本形成总额，以及货物和服务的净出口总额，它反映本期生产的地区生产总值的使用及构成。

最终消费 指常住单位在一定时期内对于货物和服务的全部最终消费支出，也就是常住单位为满足物质、文化和精神生活的需要，从本国经济领土和国外购买的货物和服务的支出； 不包括非常住单位在本国经济领土内的消费支出。最终消费分为居民消费和政府消费。

居民消费 指常住住户对货物和服务的全部最终消费支出。居民消费按市场价格计算，即按居民支付的购买者价格计算。购买者价格是购买者取得货物所支付的价格，包括购买者支付的运输和商业费用。居民消费除了直接以货币形式购买货物和服务的消费之外，还包括以其他方式获得的货物和服务的消费支出，即所谓的虚拟消费支出。居民虚拟消费支出包括以下几种类型： 单位以实物报酬及实物转移的形式提供给劳动者的货物和服务； 住户生产并由本住户消费了的货物和服务，其中的服务仅指住户的自有住房服务；金融机构提供的金融媒介服务； 保险公司提供的保险服务。

政府消费 指政府部门为全社会提供公共服务的消费支出和免费或以较低价格向住户提供的货物和服务的净支出。前者等于政府服务的产出价值减去政府单位所获得的经营收入的价值，政府服务的产出价值等于它的经常性业务支出加上固定资产折旧；后者等于政府部门免费或以较低价格向住户提供的货物和服务的市场价值减去向住户收取的价值。

资本形成总额 指常住单位在一定时期内获得的减去处置的固定资产加存货的变动，包括固定资本形成总额和存货增加。

固定资本形成总额 指常住单位购置、转入和自产自用的固定资产，扣除固定资产的销售和转出后的价值，分有形固定资产形成总额和无形固定资产形成总额。有形固定资产形成总额包括一定时期内完成的建筑工程、安装工程和设备工器具购置（减处置）价值，以及土地改良、新增役、种、奶、毛、娱乐用牲畜和新增经济林木价值。无形固定资产形成总额包括矿藏的勘探、计算机软件、娱乐和文学艺术品原件等获得减处置。

存货增加　指常住单位存货实物量变动的市场价值，即期末价值减期初价值的差额。存货增加可以是正值，也可以是负值；正值表示存货上升，负值表示存货下降。它包括生产单位购进的原材料、燃料和储备物资等存货，以及生产单位生产的产成品、在制品等存货等。

货物和服务净出口　指货物和服务出口减货物和服务进口的差额。出口包括常住单位向非常住单位出售或无偿转让的各种货物和服务的价值；进口包括常住单位从非常住单位购买或无偿得到的各种货物和服务的价值。由于服务活动的提供与使用同时发生，因此服务的进出口业务并不发生出入境现象，一般把常住单位从国外得到的服务作为进口，非常住单位从本国得到的服务作为出口。货物的出口和进口都按离岸价格计算。

2020南京统计年鉴
NANJING STATISTICAL YEARBOOK

（三）人口和就业

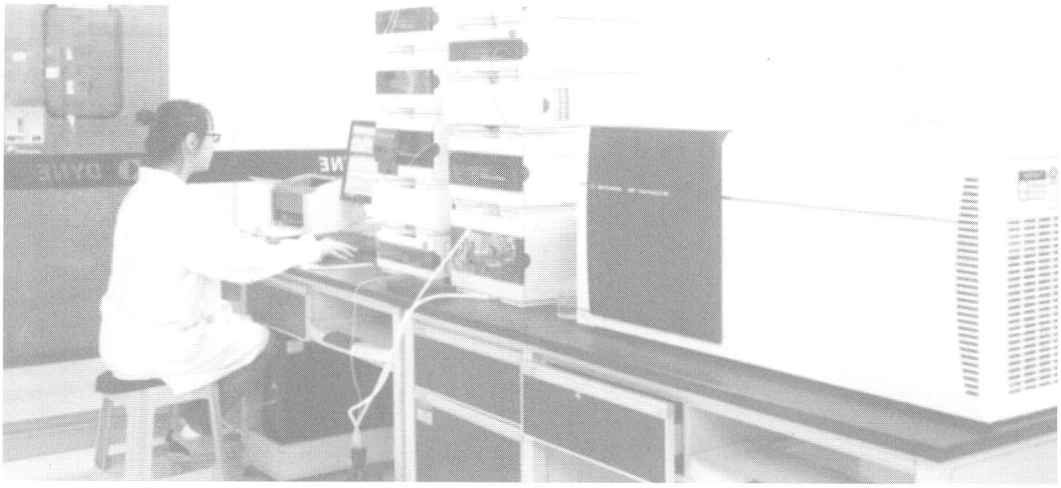

CHAPTER 3
POPULATION AND EMPLOYMENT

表 3—1　人口主要指标

指　　标	2019 年	2018 年	2019 年为上年%
一、户籍人口情况			
总户数（户）	2525577	2464426	102.5
总人口（人）	7098169	6969405	101.8
按性别分：			
男（人）	3528016	3468506	101.7
女（人）	3570153	3500899	102.0
性别比（以女性为 100）	98.82	99.07	99.7
迁入人口（人）	152509	176758	86.3
迁出人口（人）	52193	50279	103.8
出生人口（人）	67572	78750	85.8
出生率（‰）	9.61	11.43	—
死亡人口（人）	38533	41507	92.8
死亡率（‰）	5.48	6.03	—
自然增长人口（人）	29039	37243	78.0
自然增长率（‰）	4.13	5.40	—
二、全市常住人口（万人）	850.00	843.62	100.8

注：本表户籍资料根据市公安局提供的户籍数据编制。

表3—2　结婚及离婚登记情况

指　　标	2019年	2018年
结婚登记（对）	74728	77230
内地居民登记结婚初婚人数（人）	86080	92697
内地居民登记结婚再婚人数（人）	63376	61763
恢复结婚件数（件）	17975	16107
离婚登记（对）	53335	48312

注：本表根据市民政局提供的资料编制。

表3—3　收养登记情况

计量单位：人

指　　标	2019年	2018年
一、收养人合计	46	58
二、被收养人情况	46	58
1、社会福利机构抚养的孤儿	19	57
2、社会福利机构抚养的弃婴		
3、社会弃婴	25	
4、父母无力抚养的儿童		
5、其他	2	1

注：本表数据不含省属口径，由市民政局提供。

表 3—4　全市城镇非私营单位从业人员情况（2019 年）

计量单位：人

指　　标	单 位 从业人员	其 中		
		女性从业人员	在岗职工	其他从业人员
全　　市	2172567	804060	1971983	200584
按登记注册类型分组				
国有单位	448951	207751	422517	26434
城镇集体单位	21258	11489	19610	1648
其他单位	1702358	584820	1529856	172502
内资	1221945	417767	1074488	147457
港、澳、台商投资	106495	50172	99503	6992
外商投资	230947	102139	222784	8163
按国民经济行业分组				
农、林、牧、渔业	744	201	515	229
采矿业	2059	501	2020	39
制造业	401691	138324	393935	7756
电力、热力、燃气及水生产和供应业	13623	3685	13470	153
建筑业	404472	32900	325123	79349
批发和零售业	158537	89826	150920	7617
交通运输、仓储和邮政业	104807	26836	100488	4319
住宿和餐饮业	58517	34596	48549	9968
信息传输、软件和信息技术服务业	173499	63149	167569	5930
金融业	68554	37082	66915	1639
房地产业	84375	37404	80270	4105
租赁和商务服务业	132350	60124	86383	45967
科学研究和技术服务业	96061	28646	93003	3058
水利、环境和公共设施管理业	18306	7723	17315	991
居民服务、修理和其他服务业	9159	3801	8623	536
教育	194435	116134	181407	13028
卫生和社会工作	92792	64533	84420	8372
文化、体育和娱乐业	29229	14511	27810	1419
公共管理、社会保障和社会组织	129357	44084	123248	6109

表3—5 全市城镇非私营单位分行业从业人数及构成（2019年）

计量单位：人

指　标	全　市	国有单位	城镇集体单位	其他类型单位
总　　计	2172567	448951	21258	1702358
按单位属性分组				
企业	1746562	80435	11363	1654764
事业	269262	241771	8648	18843
机关	120808	118917	395	1496
民间非营利组织	26996	1394	660	24942
其他	8939	6434	192	2313
按国民经济行业分组				
农、林、牧、渔业	744	550	65	129
农业	388	350	35	3
林业	203	131	9	63
畜牧业	2			2
渔业	14			14
农、林、牧、渔服务业	137	69	21	47
采矿业	2059			2059
制造业	401691	5454	2002	394235
电力、热力、燃气及水生产和供应业	13623	1431	300	11892
电力、热力生产和供应业	5137	1360		3777
燃气生产和供应业	2562	22	13	2527
水的生产和供应业	5924	49	287	5588
建筑业	404472	2221	1057	401194
房屋建筑业	274877	1078	311	273488
土木工程建筑业	80021	894	26	79101
建筑安装业	27642	217	1	27424
建筑装饰和其他建筑业	21932	32	719	21181

表 3—5　全市城镇非私营单位分行业从业人数及构成（2019 年）（续表 1）

计量单位：人

指　　标	全　市	国有单位	城镇集体单位	其他类型单位
批发和零售业	158537	3351	1146	154040
批发业	71611	2464	326	68821
零售业	86926	887	820	85219
交通运输、仓储和邮政业	104807	18094	958	85755
铁路运输业	13109	6580	100	6429
道路运输业	46755	2954	5	43796
水上运输业	11455	3061		8394
航空运输业	11048	418		10630
管道运输业	719			719
装卸搬运和运输代理业	5385	73		5312
仓储业	5853	95	853	4905
邮政业	10483	4913		5570
住宿和餐饮业	58517	4533	240	53744
住宿业	19195	3641	231	15323
餐饮业	39322	892	9	38421
信息传输、软件和信息技术服务业	173499	1156		172343
电信、广播电视和卫星传输服务	68501	768		67733
互联网和相关服务	38567	7		38560
软件和信息技术服务业	66431	381		66050
金融业	68554	8419	581	59554
货币金融服务	47527	6170	581	40776
资本市场服务	1947	52		1895
保险业	18510	2142		16368
其他金融业	570	55		515

表3—5　全市城镇非私营单位分行业从业人数及构成（2019年）（续表2）

计量单位：人

指　　标	全　市	国有单位	城镇集体单位	其他类型单位
房地产业	84375	2000	636	81739
房地产开发经营	18203	299	6	17898
物业管理	58050	758	203	57089
房地产中介服务	3391	2	18	3371
房地产租赁经营	4021	791	406	2824
租赁和商务服务业	132350	18187	3332	110831
租赁业	2747		14	2733
商务服务业	129603	18187	3318	108098
科学研究和技术服务业	96061	25766	565	69730
研究和试验发展	20448	11777	28	8643
专业技术服务业	69560	12778	404	56378
科技推广和应用服务业	6053	1211	133	4709
水利、环境和公共设施管理业	18306	5499	438	12369
水利管理业	1260	1139	34	87
生态保护和环境治理业	542	115	161	266
公共设施管理业	15401	4129	237	11035
土地管理业	1103	116	6	981
居民服务、修理和其他服务业	9159	674	307	8178
居民服务业	1912	416	295	1201
机动车、电子产品和日用产品修理业	4069	19	7	4043
其他服务业	3178	239	5	2934
教育	194435	147021	5663	41751
学前教育	24712	11034	3254	10424
初等教育	28463	23213	1911	3339
中等教育	35389	27869	404	7116
高等教育	87801	79966		7835

表3—5 全市城镇非私营单位分行业从业人数及构成（2019年）（续表3）

计量单位：人

指　　标	全　市	国有单位	城镇集体单位	其他类型单位
特殊教育	753	531		222
技能培训、教育辅助及其他	17317	4408	94	12815
卫生和社会工作	92792	66743	3332	22717
卫生	86572	65175	3191	18206
社会工作	6220	1568	141	4511
文化、体育和娱乐业	29229	11309	258	17662
新闻和出版业	5950	1386	19	4545
广播、电视、电影和影视录音制作业	8831	4001	10	4820
文化艺术业	8049	4108	33	3908
体育	2973	1535	187	1251
娱乐业	3426	279	9	3138
公共管理、社会保障和社会组织	129357	126543	378	2436
中国共产党机关	6090	6090		
国家机构	120314	117860	309	2145
人民政协、民主党派	653	653		
社会保障	975	867	61	47
群众社团、社会团体和其他成员组织	1325	1073	8	244

表 3—6　主要年份户籍人口数及自然变动情况

年 份	年末户籍总人口（万人）	按农业、非农业分		按性别分		出生率（‰）	死亡率（‰）	自然增长率（‰）
		非农业人口	农业人口	男	女			
1949	256.70	102.02	154.68	136.68	120.02	30.45	17.36	13.09
1950	256.70	101.05	155.65	135.53	121.17	31.20	15.56	15.64
1952	256.18	96.99	159.19	133.82	122.36	34.40	14.57	19.83
1955	280.34	115.25	165.09	147.57	132.77	32.78	12.84	19.94
1957	304.85	133.83	171.02	160.03	144.82	42.75	9.60	33.15
1960	322.59	159.53	163.06	171.34	151.25	20.68	20.45	0.23
1962	322.55	149.10	173.45	166.56	155.99	36.87	8.27	28.60
1965	345.29	153.25	192.04	178.28	167.01	32.07	6.49	25.58
1970	360.53	132.47	228.06	185.69	174.84	26.04	5.28	20.76
1975	392.99	145.62	247.37	203.54	189.45	15.23	5.70	9.53
1978	412.38	156.37	256.01	213.65	198.73	14.50	5.66	8.84
1980	435.87	183.33	252.54	225.11	210.76	13.91	5.83	8.08
1985	465.77	226.70	239.07	241.64	224.13	10.16	5.60	4.56
1990	501.82	236.22	265.60	260.08	241.74	14.77	5.59	9.18
1995	521.72	259.04	262.68	270.77	250.95	8.56	5.94	2.62
1997	529.82	270.11	259.71	274.28	255.54	8.01	5.85	2.16
1998	532.31	276.23	256.08	275.41	256.90	7.12	6.12	1.00
1999	537.44	287.03	250.41	278.14	259.30	7.54	5.53	2.01
2000	544.89	309.52	235.37	281.66	263.23	10.17	7.69	2. 48
2002	563.28	339.35	223.93	291.34	271.94	7.11	5.47	1.64
2005	595.80	—	—	305.25	290.55	7.69	5.35	2.34
2007	617.17	—	—	314.70	302.47	8.40	5.56	2.84
2008	624.46	—	—	317.38	307.08	8.11	5.60	2.51
2009	629.77	—	—	319.16	310.61	7.87	5.69	2.18
2010	632.42	—	—	319.65	312.77	9.09	7.87	1.22
2011	636.36	—	—	320.90	315.46	9.19	5.50	3.69
2012	638.48	—	—	321.39	317.09	10.29	6.88	3.41
2013	643.09	—	—	322.90	320.19	9.98	5.77	4.21
2014	648.72	—	—	325.04	323.68	11.04	5.84	5.20
2015	653.40	—	—	326.78	326.62	10.35	6.21	4.14
2016	662.79	—	—	330.86	331.93	12.21	5.65	6.56
2017	680.67	—	—	339.27	341.40	13.51	6.60	6.91
2018	696.94	—	—	346.85	350.09	11.43	6.03	5.40
2019	709.82	—	—	352.80	357.02	9.61	5.48	4.13

注：从 2002 年开始出生率、死亡率、自然增长率改为公安数据。

表 3—7　2000 年以来常住人口、城镇化率和城镇登记失业率

年　份	常住人口（万人）	常住人口城镇化率%	城镇登记失业率%
2000	614.85	—	3.11
2000	628.39	—	3.59
2002	641.99	—	4.13
2003	654.58	—	4.18
2004	668.18	—	4.03
2005	689.80	76.24	3.35
2006	719.06	76.40	3.33
2007	741.30	76.82	3.26
2008	758.89	76.95	3.16
2009	771.31	77.16	2.70
2010	800.76	78.50	2.60
2011	810.91	79.73	2.65
2012	816.10	80.23	2.69
2013	818.78	80.50	2.67
2014	821.61	80.92	2.50
2015	823.59	81.40	1.90
2016	827.00	82.00	1.88
2017	833.50	82.29	1.80
2018	843.62	82.50	1.78
2019	850.00	83.20	1.75

主要统计指标解释

人口数 指一定时点、一定地区范围内的有生命的个人的总和。

年度统计的年末人口数指每年 12 月 31 日 24 时的人口数。年度统计的全国人口总数内未包括台湾省和港澳同胞以及海外华侨人数。

城镇人口和乡村人口 其定义有三种口径：

第一种口径（按行政建制） 城镇人口是指市辖区内和县辖镇的全部人口；乡村人口是指县辖乡人口。

第二种口径（按常住人口划分） 城镇人口是指设区的市的区人口和不设区的市所辖的街道人口以及不设区的市所辖镇的居民委员会人口和县辖镇的居民委员会人口，乡村人口是除上述两种人口以外的全部人口。

第三种口径 城乡人口的划分是按照国家统计局 1999 年发布的《关于统计上划分城乡的规定（试行）》计算的。

1952-1989 年数据为第一种口径的数据，1990-1999 年的数据为第二种口径的数据，2000 年人口普查和 2000 年以后数据是按照国家统计局 1999 年发布的《关于统计上划分城乡的规定（试行）》计算的。

出生率（又称粗出生率） 指在一定时期内（通常为一年）一定地区的出生人数与同期内平均人数（或期中人数）之比。一般用千分率表示。

本资料中的出生率指年出生率，其计算公式为：出生率=年出生人数/年平均人数×1000

公式中：出生人数指活产婴儿，即胎儿脱离母体时（不管怀孕月数），有过呼吸或其他生命现象。年平均人数指年初、年底人口数的平均数，也可用年中人口数代替。

死亡率（又称粗死亡率） 指在一定时期内（通常为一年）一定地区的死亡人数与同期内平均人数（或期中人数）之比，一般用千分率表示。

本资料中的死亡率指年死亡率，其计算公式为：死亡率=年死亡人数/年平均人数×1000

人口自然增长率 指在一定时期内（通常为一年）人口自然增加数（出生人数减死亡人数）与该时期内平均人数（或期中人数）之比，一般用千分率表示。

计算公式为：人口自然增长率=（本年出生人数-本年死亡人数）/年平均人数×1000

常住人口 是指具有中华人民共和国国籍并在中华人民共和国境内常住的人。时间标准为半年，空间标准为乡镇街道。即只要一个人在某乡镇街道居住**半年以上，即为该地的常住人口。**

从业人员期末人数 指报告期末最后一日 24 时在本单位工作，并取得工资或其他形式劳动报酬的人员数。该指标为时点指标，不包括最后一日当天及以前已经与单位解除劳动合同关系的人员，是在岗职工、劳务派遣人员及其他从业人员之和。从业人员不包括：

1.离开本单位仍保留劳动关系，并定期领取生活费的人员；

2.在本单位实习的各类在校学生；

3.本单位因劳务外包而使用的人员，如：建筑业整建制使用的人员。

从业人员平均人数 指报告期内（年度、季度、月度）平均拥有的从业人员数。季度或年度平均人数按单位实际月平均人数计算得到，不得用期末人数替代。

（四）人民生活

CHAPTER 4
PEOPLE'S LIVELIHOOD

表 4—1　城镇居民家庭生活基本情况

指　　标	2019 年	2018 年	2019 年为上年%
平均每户家庭常住人口（人）	2.83	2.79	101.4
平均每户就业人员（人）	1.48	1.49	99.3
每一就业者负担人口（包括本人）（人）	1.91	1.87	102.1
平均每户就业面（%）	52.3	53.4	97.9
平均每人年可支配收入（元）	64372	59308	108.5
平均每人年消费支出（元）	35933	33537	107.1
人均现住房建筑面积（平方米）	40.3	40.1	100.5

表 4—2　城镇居民家庭全年人均可支配收入

计量单位：元

指　　标	2019 年	2018 年	2019 年为上年%	各项收入占可支配收入比重（%）	
				2019 年	2018 年
可支配收入	63472	59308	108.5	100	100
（一）工资性收入	39928	36749	108.7	62.1	62.0
（二）经营净收入	6790	6355	106.9	10.5	10.7
（三）财产净收入	7002	6528	107.3	10.9	11.0
（四）转移净收入	10652	9677	110.1	16.5	16.3

注：城镇居民人均可支配收入按照五等份分组，低收入组为 32131 元、中等偏下收入组为 46915 元、中等收入组为 59325 元、中等偏上收入组为 75955 元、高收入组为 120456 元。

表 4—3　城镇居民家庭全年人均消费支出

计量单位：元

指　　标	2019 年	2018 年	2019 年为上年%	各项费用占消费支出比重（%）	
				2019 年	2018 年
消费支出合计	35933	33537	107.1	100.0	100.0
一、食品烟酒	9072	8489	106.9	25.3	25.3
# 食品	5871	5523	106.3	16.3	16.5
烟酒	938	914	102.6	2.6	2.7
二、衣着	2455	2379	103.2	6.8	7.1
三、居住	7933	7411	107.0	22.1	22.1
四、生活用品及服务	2047	1992	102.8	5.7	5.9
五、交通通信	4529	4151	109.1	12.6	12.4
六、教育文化娱乐	6759	6136	110.2	18.8	18.3
七、医疗保健	2090	1962	106.5	5.8	5.9
八、其他用品和服务	1048	1018	102.9	2.9	3.0

表 4—4　城镇居民家庭平均每百户年末耐用消费品拥有量

指　　标	2019 年	2018 年
家用汽车（辆）	61.7	60.8
摩托车（辆）	8.4	9.6
助力车（辆）	74.7	68.6
洗衣机（台）	103.0	101.0
电冰箱（柜）（台）	110.6	109.1
微波炉（台）	91.4	90.6
彩色电视机（台）	165.2	162.8
空调（台）	254.5	249.1
热水器（台）	115.4	113.9
洗碗机（台）	2.9	2.1
排油烟机（台）	94.2	92.1
固定电话（部）	24.5	30.3
移动电话（部）	245.0	240.0
其中：接入互联网	220.5	209.9
计算机（台）	104.9	106.9
其中：接入互联网	97.2	97.7
照相机（架）	32.9	31.6
中高档乐器（部）	16.8	15.2
健身器材（部）	13.4	11.9

表4—5　农村居民家庭生活基本情况

指　　标	2019年	2018年	2019年为上年%
平均每户家庭常住人口（人）	3.11	3.11	100.0
平均每户就业人员（人）	1.95	1.99	98.0
每一就业者负担人口（包括本人）（人）	1.60	1.56	102.6
平均每户就业面（%）	62.6	64.1	97.7
平均每人年可支配收入（元）	27636	25263	109.4
平均每人年消费支出（元）	19980	18457	108.2
人均现住房建筑面积（平方米）	63.2	57.6	109.7

表4—6　农村居民家庭全年人均可支配收入

计量单位：元

指　　标	2019年	2018年	2019年为上年%	各项收入占可支配收入比重%%	
				2019年	2018年
可支配收入	27636	25263	109.4	100.0	100.0
（一）工资性收入	18768	17139	109.5	67.9	67.8
（二）经营净收入	4285	3994	107.3	15.5	15.8
（三）财产净收入	1351	1232	109.7	4.9	4.9
（四）转移净收入	3232	2898	111.5	11.7	11.5

表4—7　农村居民家庭全年人均消费支出

计量单位：元

指　　标	2019年	2018年	2019年为上年%	各项费用占消费支出比重（%）	
				2019年	2018年
消费支出合计	19980	18457	108.2	100.0	100.0
一、食品烟酒	5709	5365	106.4	28.6	29.1
# 食品	3030	2853	106.2	15.2	15.5
烟酒	1344	1314	102.3	6.7	7.1
二、衣着	1085	1003	108.2	5.4	5.4
三、居住	3849	3601	106.9	19.3	19.5
四、生活用品及服务	1277	1187	107.6	6.4	6.4
五、交通通信	3240	2897	111.8	16.2	15.7
六、教育文化娱乐	3039	2793	108.8	15.2	15.1
七、医疗保健	1122	1009	111.2	5.6	5.5
八、其他用品和服务	659	602	109.3	3.3	3.3

表4—8　农村居民家庭人均主要消费品购买量

指　标	2019年	2018年
大米（公斤）	52.0	48.9
蔬菜和食用菌（公斤）	62.1	64.6
食用植物油（公斤）	7.4	6.8
豆类（公斤）	9.8	8.6
肉类（公斤）	28.8	33.6
禽类（公斤）	24.9	21.5
蛋类（公斤）	9.1	9.5
水产品（公斤）	21.2	17.9
糖果糕点类（公斤）	5.6	6.1
鲜瓜果（公斤）	46.7	43.8
卷烟（盒）	56.5	55.2

表 4—9　农村居民家庭平均每百户年末耐用消费品拥有量

指　　标	2019 年	2018 年
家用汽车（辆）	47.7	46.5
摩托车（辆）	31.3	34.8
助力车（辆）	118.5	107.4
洗衣机（台）	98.5	94.3
电冰箱（柜）（台）	123.5	116.7
微波炉（台）	80.4	75.2
彩色电视机（台）	166.5	163.5
空调（台）	200.9	189.6
热水器（台）	114.3	110.0
洗碗机（台）	1.1	1.1
排油烟机（台）	70.4	65.2
固定电话（部）	12.2	18.0
移动电话（部）	265.9	259.1
其中：接入互联网	207.4	194.3
计算机（台）	70.0	70.2
其中：接入互联网	62.3	63.0
照相机（架）	6.5	6.7
中高档乐器（部）	3.5	3.7
健身器材（部）	5.4	5.2

表4—10 全市城镇非私营单位从业人员工资总额（2019年）

指 标	从业人员工资总额（万元）	在岗职工工资总额	其他人员工资总额	从业人员年平均人数（人）	从业人员年人均工资（元）
全 市	25268291	24161015	1107276	2125072	118906
按单位属性分组					
企业	18083626	17190702	892924	1703276	106170
事业	4494005	4334442	159563	266105	168881
机关	2346976	2309658	37318	120444	194860
民间非营利组织	206053	195559	10494	26530	77668
其他	137631	130654	6978	8717	157888
按国民经济行业分组					
农、林、牧、渔业	5623	4614	1009	763	73701
采矿业	25111	24932	178	2076	120956
制造业	4149625	4075299	74326	406003	102207
电力、热力、燃气及水生产和供应业	193659	192853	806	13806	140271
建筑业	2361765	1986050	375715	365148	64680
批发和零售业	1608763	1568238	40525	157959	101847
交通运输、仓储和邮政业	1272817	1246259	26558	104672	121601
住宿和餐饮业	327206	309780	17426	57308	57096
信息传输、软件和信息技术服务业	2795065	2735812	59254	170463	163969
金融业	1791927	1776464	15463	68136	262993
房地产业	710210	691370	18840	85216	83342
租赁和商务服务业	960941	752405	208536	130802	73465
科学研究和技术服务业	1462733	1437857	24877	94338	155052
水利、环境和公共设施管理业	189866	183910	5956	18509	102580
居民服务、修理和其他服务业	80091	77927	2164	9546	83900
教育	2889645	2791463	98183	191649	150778
卫生和社会工作	1539576	1449786	89790	90356	170390
文化、体育和娱乐业	418560	411178	7382	29284	142931
公共管理、社会保障和社会组织	2485108	2444820	40288	129038	192587

表4—11 全市城镇非私营单位国有单位从业人员工资总额（2019年）

指　标	从业人员工资总额（万元）	在岗职工工资总额	其他人员工资总额	从业人员年平均人数（人）	从业人员年人均工资（元）
全　市	7675583	7460586	214997	444996	172487
按单位属性分组					
企业	1132342	1109771	22572	79952	141628
事业	4098512	3949217	149295	238791	171636
机关	2320033	2283452	36581	118552	195697
民间非营利组织	16656	16571	85	1375	121136
其他	108040	101576	6464	6326	170787
按国民经济行业分组					
农、林、牧、渔业	4665	3712	954	568	82137
采矿业					
制造业	56116	55101	1015	5500	102029
电力、热力、燃气及水生产和供应业	25034	25017	17	1431	174939
建筑业	18489	17533	955	2251	82135
批发和零售业	41789	41414	374	3527	118482
交通运输、仓储和邮政业	246575	244267	2309	18187	135578
住宿和餐饮业	31489	29650	1840	4567	68950
信息传输、软件和信息技术服务业	15861	15702	158	1147	138278
金融业	198135	190299	7836	8282	239236
房地产业	19765	18423	1342	2018	97944
租赁和商务服务业	127537	126074	1462	17494	72903
科学研究和技术服务业	518543	513643	4901	25837	200698
水利、环境和公共设施管理业	83079	81977	1103	5388	154193
居民服务、修理和其他服务业	9697	9591	106	676	143447
教育	2407352	2333169	74184	145421	165544
卫生和社会工作	1248516	1175609	72907	65201	191487
文化、体育和娱乐业	179730	176297	3433	11289	159208
公共管理、社会保障和社会组织	2443211	2403108	40103	126212	193580

表4—12　全市城镇非私营单位集体单位从业人员工资总额（2019年）

指　　标	从业人员工资总额（万元）	在岗职工工资总额	其他人员工资总额	从业人员年平均人数（人）	从业人员年人均工资（元）
全　　市	203304	194391	8913	21235	95740
按单位属性分组					
企业	91706	88300	3407	11452	80079
事业	103233	97943	5290	8555	120670
机关	2394	2341	53	395	60603
民间非营利组织	3795	3631	164	652	58209
其他	2176	2176		181	120232
按国民经济行业分组					
农、林、牧、渔业	275	220	56	65	42323
采矿业					
制造业	12259	11562	698	2018	60749
电力、热力、燃气及水生产和供应业	2170	2106	64	336	64580
建筑业	7091	6626	465	1058	67024
批发和零售业	9422	8902	521	1147	82148
交通运输、仓储和邮政业	6932	6807	125	954	72664
住宿和餐饮业	1314	1306	8	245	53633
信息传输、软件和信息技术服务业					
金融业	16147	16147		593	272295
房地产业	3588	3496	93	637	56331
租赁和商务服务业	23150	21954	1197	3342	69271
科学研究和技术服务业	5934	5825	109	563	105396
水利、环境和公共设施管理业	4551	4348	203	443	102725
居民服务、修理和其他服务业	2591	2553	38	324	79963
教育	59042	57535	1507	5627	104927
卫生和社会工作	43067	39714	3353	3247	132637
文化、体育和娱乐业	2810	2362	449	257	109350
公共管理、社会保障和社会组织	2960	2930	30	379	78095

表4—13　全市城镇非私营单位其他各种类型单位从业人员工资总额（2019年）

指　　标	从业人员工资总额（万元）	在岗职工工资总　额	其他人员工资总额	从业人员年平均人数（人）	从业人员年人均工资（元）
全　　市	17389404	16506038	883366	1658841	104829
按单位属性分组					
企业	16859578	15992632	866946	1611872	104596
事业	292261	287282	4978	18759	155797
机关	24549	23865	684	1497	163991
民间非营利组织	185601	175357	10244	24503	75746
其他	27415	26902	514	2210	124051
按国民经济行业分组					
农、林、牧、渔业	683	683		130	52531
采矿业	25111	24932	178	2076	120956
制造业	4081250	4008637	72613	398485	102419
电力、热力、燃气及水生产和供应业	166455	165729	725	12039	138263
建筑业	2336185	1961890	374295	361839	64564
批发和零售业	1557552	1517922	39631	153285	101612
交通运输、仓储和邮政业	1019309	995185	24125	85531	119174
住宿和餐饮业	294403	278825	15578	52496	56081
信息传输、软件和信息技术服务业	2779205	2720110	59095	169316	164143
金融业	1577645	1570018	7627	59261	266220
房地产业	686856	669451	17406	82561	83194
租赁和商务服务业	810254	604377	205877	109966	73682
科学研究和技术服务业	938257	918390	19867	67938	138105
水利、环境和公共设施管理业	102236	97585	4651	12678	80640
居民服务、修理和其他服务业	67803	65783	2020	8546	79339
教育	423251	400759	22492	40601	104246
卫生和社会工作	247993	234463	13530	21908	113197
文化、体育和娱乐业	236020	232519	3501	17738	133059
公共管理、社会保障和社会组织	38937	38781	155	2447	159120

表4—14 全市城镇非私营单位在岗职工工资总额及平均工资（2019年）

指　　标	在岗职工工资总额（万元）	在岗职工年平均人数（人）	在岗职工年人均工资（元）
全　　市	24161015	1934496	124896
按登记注册类型分组			
国有单位	7460586	418895	178102
城镇集体单位	194391	19577	99296
其他单位	16506038	1496024	110333
内资	12635485	1064263	118725
港、澳、台商投资	1034294	99871	103563
外商投资	2325564	225003	103357
按单位属性分组			
企业	17190702	1538757	111718
事业	4334442	248969	174096
机关	2309658	114676	201407
民间非营利组织	195559	24191	80840
其他	130654	7903	165322
按国民经济行业分组			
农、林、牧、渔业	4614	527	87556
采矿业	24932	2035	122517
制造业	4075299	397905	102419
电力、热力、燃气及水生产和供应业	192853	13666	141119
建筑业	1986050	295140	67292
批发和零售业	1568238	150876	103942
交通运输、仓储和邮政业	1246259	100098	124504
住宿和餐饮业	309780	47683	64967
信息传输、软件和信息技术服务业	2735812	164800	166008
金融业	1776464	66507	267109
房地产业	691370	81035	85317
租赁和商务服务业	752405	84918	88604
科学研究和技术服务业	1437857	90937	158116
水利、环境和公共设施管理业	183910	17278	106442
居民服务、修理和其他服务业	77927	8970	86875
教育	2791463	179193	155780
卫生和社会工作	1449786	82250	176266
文化、体育和娱乐业	411178	27723	148317
公共管理、社会保障和社会组织	2444820	122955	198839

表 4—15 城镇非私营单位主要年份在岗职工工资总额及平均工资

年 份	工资总额（万元）	#国有经济单位	#城镇集体经济单位	平均工资（元）	#国有经济单位	#城镇集体经济单位
1955	10448	10448	—	571	571	—
1960	23800	23800	—	548	548	—
1965	23054	23054	—	646	646	—
1970	23164	23164	—	582	582	—
1975	40954	30648	10306	546	587	452
1978	54649	41693	12956	560	615	441
1980	80362	58272	22090	730	785	616
1985	156556	104749	40143	1131	1193	996
1990	334781	253640	74359	2349	2514	1917
1995	1043754	800055	162415	7016	7589	5024
1997	1280823	1004362	166228	8847	9516	6004
1998	1343146	1016523	164861	9449	10059	6134
1999	1440432	941202	144030	10295	10779	6324
2000	1576409	1027036	134553	11897	12512	6815
2005	2716059	1482115	87548	25215	27922	12783
2007	3439839	1838467	99769	31905	36721	16620
2008	4076177	2209308	120106	36092	44880	20134
2009	4894546	2571369	142014	40134	50486	23225
2010	5703903	2897621	151423	45444	57373	26855
2011	7240564	3364479	154763	54713	67976	37105
2012	8456679	3847272	197582	60404	74560	43474
2013	13443124	3562962	157893	66381	81781	53890
2014	14998353	4114922	167717	72818	88295	61369
2015	16122677	4580666	154756	81075	95963	69103
2016	17231399	5284333	154917	90191	111820	76037
2017	18978397	5879289	154231	101503	129986	86052
2018	21906990	6233802	180967	111071	158382	107680
2019	24161015	7460586	194391	124896	178102	99296

注：2012 年开始，城镇非私营单位离岗职工（离开本单位仍保留劳动关系，并定期领取生活费的人员）不包括在从业人员统计中，故原职工工资统计口径由原“在岗+离岗”改为“在岗+劳务派遣”。

表4—16　主要年份人民生活主要指标

计量单位：元

年　份	城镇居民人均可支配收入	农村居民人均可支配收入
1952	—	—
1957	—	—
1962	—	—
1965	—	—
1970	—	—
1975	—	—
1978	—	—
1979	—	—
1980	487	—
1985	823	530
1990	1591	970
1995	4996	2471
1997	6497	3533
1998	7018	3724
1999	7694	3862
2000	8233	4062
2002	9157	4579
2005	14997	6225
2007	20317	8020
2008	23123	8951
2009	25504	9858
2010	28312	11128
2011	32200	13108
2012	36322	14786
2013	39115	16011
2014	42568	17661
2015	46104	19483
2016	49997	21156
2017	54538	23133
2018	59308	25263
2019	64372	27636

注：从2013年开始，经国务院同意，国家统计局对长期分开进行的城镇住户调查和农村住户调查实施了一体化改革。按照城乡常住人口现状，统一调查指标、统一抽样方法、统一调查过程、统一数据处理和统一数据发布，建立了城乡一体化住户收支调查制度，并在全国统一实施。指标名称、城乡划分范围和指标口径同时发生了变化，下同。

表 4—16　主要年份人民生活主要指标（续）

计量单位：元、平方米

年　份	城乡居民人均消费支出		城乡居民人均现住房建筑面积	
	城镇	农村	城镇	农村
2000	7047	2498		33.8
2001	7326	2518		35.1
2002	7323	2590	20.0	35.6
2003	7725	3153	22.1	37.1
2004	8350	3619	21.6	37.6
2005	10704	4376	24.3	42.9
2006	12234	5512	25.2	44.7
2007	13278	6180	26.1	45.9
2008	15133	7033	26.9	47.1
2009	16339	7588	27.0	48.9
2010	18156	9956	27.4	49.9
2011	20763	8477	29.1	58.1
2012	23493	11114	29.6	58.1
2013	24129	12392	30.2	54.6
2014	25855	12818	36.3	55.4
2015	27794	14041	36.5	56.2
2016	29772	15773	36.7	56.6
2017	31385	17155	39.8	56.9
2018	33537	18457	40.1	57.6
2019	35933	19980	40.3	63.2

主要统计指标解释

可支配收入 指调查户在调查期内获得的，可用于最终消费支出和储蓄的总和，即调查户可以用来自由支配的收入。可支配收入既包括现金，也包括实物收入。按照收入的来源，可支配收入包含四项，分别为：工资性收入、经营净收入、财产净收入和转移净收入。可以根据调查对象范围的不同，分为全体居民可支配收入、城镇居民可支配收入和农村居民可支配收入。

消费支出 指住户用于满足家庭日常生活消费需要的全部支出,包括用于消费品的支出和用于服务性消费的支出。根据用途不同，消费支出可划分为食品烟酒、衣着、居住、生活用品及服务、交通通信、 教育文化娱乐、医疗保健、其他用品及服务八大类。可以根据调查对象范围的不同，分为全体居民消费支出、城镇居民消费支出和农村居民消费支出。

城乡居民储蓄存款余额 指某一时点城乡居民存入银行及农村信用社的储蓄金额，包括城镇居民储蓄存款和农民个人储蓄存款，不包括居民的手存现金和工矿企业、部队、机关、团体等单位存款。

从业人员工资总额 根据《关于工资总额组成的规定》（1990 年 1 月 1 日国家统计局一号令）进行修订，本单位在报告期内（季度或年报）直接支付给本单位全部从业人员的劳动报酬总额。工资总额包括计时工资、计件工资、奖金、津贴和补贴、加班加点工资、特殊情况下支付的工资，是在岗职工工资总额、劳务派遣人员工资总额和其他从业人员工资总额之和。

工资总额是税前工资，包括单位从个人工资中直接为其代扣或代缴的房费、水费、电费、住房公积金和社会保险基金个人缴纳的部分等。

工资总额不论是计入成本的还是不计入成本的，不论是以货币形式支付的还是以实物形式支付的，均应列入工资总额的计算范围。

从业人员平均工资 指平均每人所得的工资额。指本单位从业人员在报告期内平均每人所得的工资额。

计算公式为：从业人员平均工资＝报告期从业人员工资总额÷报告期从业人员平均人数

2020南京统计年鉴
NANJING STATISTICAL YEARBOOK

（五）价格指数

CHAPTER 5
PRICE INDICES

表 5—1　工业生产者出厂价格指数

指　　标	2019 年 （以上年价格为 100）	2018 年 （以上年价格为 100）
总指数	97.9	102.5
# 轻工业	101.2	99.7
重工业	97.2	103.2
# 生产资料	96.7	103.8
生活资料	101.0	99.2
按工业行业大类分		
黑色金属矿采选业	100.0	102.9
有色金属矿采选业	87.2	108.3
非金属矿采选业	100.0	99.3
农副食品加工业	96.9	97.2
食品制造业	100.4	100.2
酒、饮料和精制茶制造业	99.5	98.6
烟草制品业	102.4	100.0
纺织业	99.4	98.7
纺织服装、服饰业	101.3	102.5
皮革、毛皮、羽毛及其制品和制鞋业	101.2	103.5
木材加工和木、竹、藤、棕、草制品业	99.9	100.3
家具制造业	98.9	99.6
造纸和纸制品业	95.4	99.8
印刷和记录媒介复制业	99.7	97.8
文教、工美、体育和娱乐用品制造业	106.4	101.3
石油加工、炼焦和核燃料加工业	95.9	119.8

表 5—1 工业生产者出厂价格指数（续表）

指　　标	2019 年（以上年价格为 100）	2018 年（以上年价格为 100）
化学原料和化学制品制造业	92.3	108.3
医药制造业	101.5	99.7
化学纤维制造业	92.3	96.5
橡胶和塑料制品业	100.6	100.2
非金属矿物制品业	106.9	114.1
黑色金属冶炼和压延加工业	93.8	112.0
有色金属冶炼和压延加工业	97.3	109.8
金属制品业	104.5	105.9
通用设备制造业	99.3	98.4
专用设备制造业	100.9	101.4
汽车制造业	100.1	98.9
铁路、船舶、航空航天和其他运输设备制造业	99.7	97.2
电气机械和器材制造业	95.4	99.3
计算机、通信和其他电子设备制造业	97.9	92.0
仪器仪表制造业	101.0	99.6
其他制造业	100.1	100.1
废弃资源综合利用业	104.1	102.3
金属制品、机械和设备修理业	100.0	100.0
电力、热力生产和供应业	95.2	101.4
燃气生产和供应业	97.6	113.1
水的生产和供应业	101.9	99.7

表 5—2　居民消费价格指数

指　　标	2019 年（以上年价格为 100）	2018 年（以上年价格为 100）
居民消费价格总指数	103.1	102.4
一、食品烟酒	107.3	103.6
粮　食	101.5	101.3
鲜　菜	105.7	112.6
畜　肉	128.3	98.1
水产品	99.9	101.8
蛋	110.7	116.3
鲜　果	112.3	106.5
二、衣着	102.3	101.7
三、居住	101.7	102.4
四、生活用品及服务	101.5	104.6
五、交通和通信	97.9	101.3
六、教育文化和娱乐	104.4	101.6
七、医疗保健	100.7	100.9
八、其他用品和服务	104.3	102.0

表5—3　商品零售价格指数

指　　标	2019年（以上年价格为100）	2018年（以上年价格为100）
商品零售价格总指数	102.1	102.8
一、食品	108.3	104.0
粮　食	101.5	101.4
鲜　菜	105.7	112.6
畜　肉	128.9	97.6
水产品	99.9	101.6
蛋	110.7	116.3
鲜　果	112.3	106.5
二、饮料、烟酒	102.1	102.2
三、服装、鞋帽	102.3	101.6
四、纺织品	99.2	105.5
五、家用电器及音像器材	100.4	99.9
六、文化办公用品	103.8	102.5
七、日用品	100.1	106.3
八、体育娱乐用品	99.9	105.0
九、交通、通信用品	98.7	98.2
十、家具	102.7	102.9
十一、化妆品	104.2	103.3
十二、金银珠宝	108.4	97.1
十三、中西药品及医疗保健用品	102.0	102.8
十四、书报杂志及电子出版物	104.9	105.7
十五、燃料	97.5	111.2
十六、建筑材料及五金电料	99.6	104.6

表 5—4　主要年份价格指数

（以上年价格为 100）

年　　份	城市居民消费价格指数	城市商品零售价格指数
1952	99.4	99.3
1957	102.2	102.5
1962	—	100.4
1965	—	97.3
1970	—	—
1975	99.8	99.9
1978	—	107.4
1979	101.1	101.1
1980	104.9	105.0
1985	110.1	110.5
1990	105.3	104.4
1995	115.1	111.2
1997	99.7	97.6
1998	100.0	98.2
1999	98.6	97.1
2000	100.0	99.2
2005	102.1	96.7
2008	106.2	103.7
2009	100.1	98.7
2010	104.2	103.5
2011	105.4	104.2
2012	102.7	101.4
2013	102.7	101.2
2014	102.6	102.0
2015	102.0	100.6
2016	102.7	100.5
2017	101.9	101.6
2018	102.4	102.8
2019	103.1	102.1

注：本表 1978 年前数据为国营商业牌价。

表5—4　主要年份价格指数（续表）

（以上年价格=100）

年　份	工业生产者出厂价格指数	按生产生活部门分组	
		生产资料	生活资料
2003	103.7	104.7	99.3
2004	107.1	109.3	99.8
2005	101.7	102.6	98.8
2006	99.0	98.9	99.9
2007	101.6	101.8	100.3
2008	105.5	106.1	102.3
2009	90.8	89.1	100.1
2010	105.6	106.8	100.6
2011	104.3	105.0	100.9
2012	97.3	96.7	100.5
2013	97.0	96.5	99.6
2014	97.3	97.0	98.9
2015	90.5	89.1	97.1
2016	97.7	97.6	98.2
2017	103.4	105.1	98.8
2018	102.5	103.8	99.2
2019	97.9	96.7	101.0

主要统计指标解释

工业生产者价格指数 是通过调查收集部分代表企业的代表产品的价格变动资料进行加权计算的相对数，以反映工业产品价格变动趋势和变动程度。

居民消费价格指数 是度量一组代表性消费品及服务项目价格水平随着时间而变动的相对数，反映居民家庭购买的消费品及服务价格水平的变动情况。它是宏观经济分析和决策、价格总水平监测和调控以及国民经济核算的重要指标。其按年度计算的变动率通常被用来作为反映通货膨胀（或紧缩）程度的指标。

商品零售价格指数 是反映城乡商品零售价格变动趋势的一种经济指数。零售物价的调整变动直接影响到城乡居民的生活支出和国家的财政收入，影响居民购买力和市场供需平衡，影响消费与积累的比例。因此，计算零售价格指数，可以从一个侧面对上述经济活动进行观察和分析。

2020南京统计年鉴
NANJING STATISTICAL YEARBOOK

（六）农业

CHAPTER 6
AGRICULTURE

表 6—1　农村组织情况和从业人员情况（2019 年）

指　　标	全　市	江北新区直管区	浦　口	栖　霞	雨花台	江　宁
一、农村基层组织情况（个）						
村委会个数	355	9	24	29		73
村民小组个数	11709	363	936	348	182	3721
二、农村人口、从业人员资源及主要行业分布						
乡村户数（万户）	63.06	2.54	5.99	2.19	0.83	15.10
乡村人口数（万人）	195.42	7.53	18.95	6.44	2.26	45.91
劳动年龄内人口数（万人）	114.46	4.19	11.05	3.85	1.33	28.54
# 劳动年龄内上学的人口数	5.87	0.24	0.74	0.20	0.15	1.42
超过劳动年龄而实际参加劳动的人数	11.70	0.44	1.17	0.40	0.11	2.59
乡村实有从业人员合计（万人）	112.29	3.95	9.38	3.73	1.22	27.99
男从业人员	60.03	2.10	4.99	1.98	0.68	14.47
女从业人员	52.26	1.85	4.39	1.75	0.54	13.52
农林牧渔业从业人员（万人）	21.42	0.56	1.71	1.11	0.09	5.11
# 种植业从业人员	16.15	0.47	1.23	0.89	0.01	4.32
工业从业人员（万人）	35.12	1.43	2.79	1.22	0.49	10.73
建筑业从业人员（万人）	23.30	0.45	1.49	0.36	0.16	4.73
交通运输业、仓储业和邮政业从业人员（万人）	6.62	0.21	0.71	0.21	0.09	1.46
信息传输、计算机服务和软件业从业人员（万人）	1.43	0.09	0.15	0.02	0.03	0.38
批发与零售业从业人员（万人）	7.83	0.29	0.84	0.24	0.11	1.72
住宿与餐饮业从业人员（万人）	4.57	0.18	0.48	0.09	0.07	1.07
金融、保险业从业人员（万人）	0.79	0.06	0.08	0.01	0.01	0.20
其他从业人员（万人）	11.21	0.68	1.13	0.47	0.17	2.59

表6—1 农村组织情况和从业人员情况（2019年）（续表）

指　标	六　合	溧　水	高　淳
一、农村基层组织情况（个）			
村委会个数	47	39	134
村民小组个数	2426	2153	1580
二、农村人口、从业人员资源及主要行业分布			
乡村户数（万户）	13.36	10.78	12.27
乡村人口数（万人）	43.87	32.46	38.00
劳动年龄内人口数（万人）	26.37	18.21	20.92
# 劳动年龄内上学的人口数	1.20	0.94	0.98
超过劳动年龄而实际参加劳动的人数（万人）	2.61	1.71	2.67
乡村实有从业人员合计（万人）	26.01	18.14	21.87
男从业人员	13.98	10.21	11.62
女从业人员	12.03	7.93	10.25
农林牧渔业从业人员（万人）	5.12	3.68	4.04
# 种植业从业人员	4.50	2.81	1.92
工业从业人员（万人）	7.05	5.65	5.76
建筑业从业人员（万人）	5.87	3.56	6.68
交通运输业、仓储业和邮政业从业人员（万人）	1.34	1.01	1.59
信息传输、计算机服务和软件业从业人员 （万人）	0.23	0.28	0.25
批发与零售业从业人员（万人）	2.08	1.30	1.25
住宿与餐饮业从业人员（万人）	1.28	0.62	0.78
金融、保险业从业人员（万人）	0.14	0.16	0.13
其他从业人员（万人）	2.90	1.88	1.39

表 6—2　农、林、牧、渔业总产值（现价）（2019 年）

计量单位：万元

指　　标	合　计	农　业	林　业	牧　业	渔　业	农林牧渔服务业
全　　市	4725028	2407657	201697	243524	1538883	333267
增长（%）	1.0	-1.3	7.3	-15.6	5.2	9.7
# 江北新区直管区	100412	69680	1785	8235	15743	4969
浦口区	727806	385062	51886	38270	196331	56257
栖霞区	113731	89250	890	5420	12451	5720
雨花台区	11012	1442	8723		847	
江宁区	1146220	551538	32042	48843	429101	84696
六合区	1053350	643880	51744	61706	230018	66002
溧水区	800299	463700	32570	51079	185720	67230
高淳区	772198	203105	22057	29971	468672	48393

注：增长速度按可比价计算。

表 6—3　农、林、牧、渔业增加值（现价）（2019 年）

计量单位：万元

指　　标	合　计	农　业	林　业	牧　业	渔　业	农林牧渔服务业
全　　市	3072352	1840938	113795	104943	818435	194241
# 江北新区直管区	68654	52780	1150	3885	7899	2940
浦口区	470609	287667	29936	15989	102391	34626
栖霞区	80895	68170	486	2309	6928	3002
雨花台区	5625	790	4320		515	
江宁区	755451	434551	18099	22739	232896	47166
六合区	697074	488622	29060	26059	114393	38940
溧水区	522335	351540	18580	21015	93650	37550
高淳区	471709	156818	12164	12947	259763	30017

表 6—4　农业机械化、农业化学化、农田水利化情况（2019 年）

指　　标	计量单位	2019 年
一、农业机械化情况		
农用机械总动力合计	万千瓦	233.40
柴油发动机动力	万千瓦	153.75
汽油发动机动力	万千瓦	6.52
电动机动力	万千瓦	73.13
其他机械动力	万千瓦	
（一）耕作机械		
大型及以上拖拉机	台	682
大型及以上拖拉机动力	万千瓦	4.74
中型拖拉机	台	4635
中型拖拉机动力	万千瓦	22.75
小型拖拉机	台	19554
小型拖拉机动力	万千瓦	19.40
拖拉机配套农具	部	39763
#与 58.8 千瓦及以上拖拉机配套	部	5671
（二）农用排灌机械		
农用水泵	万台	6.43
节水灌溉机械	套	5279
#田园管理机	台	4721
田园管理机动力	万千瓦	1.24
（三）收获机械		
谷物联合收割机	台	2857
机动割晒机	台	
其他收获机械	台	4947
#秸秆粉碎还田机	台	4497
机动脱粒机	台	236
干燥机械	台	1063

注：本表数据来源于市农业农村局。

表6—4　农业机械化、农业化学化、农田水利化情况（2019年）（续表1）

指　　标	计量单位	2019年
（四）田间管理机械		
机动植保机械	台	17072
机动植保机械动力	万千瓦	4.09
（五）林果业机械		
茶树修剪机	台	2302
果树修剪机	台	1571
（六）畜牧养殖机械	台	3972
（七）水产机械	台	41549
（八）农副产品初加工动力机械	台	8346
农副产品初加工动力机械动力	万千瓦	11.37
# 柴油机	台	1945
柴油机动力	万千瓦	2.69
电动机	台	6386
电动机动力	万千瓦	8.60
（九）农副产品初加工作业机械	台	11018
# 粮食加工机械	台	4830
棉花加工机械	台	1631
油料加工机械	台	705
（十）其他农业机械		
农田基本建设机械	台	1404
农田基本建设机械动力	万千瓦	8.23

注：本表数据来源于市农业农村局。

表6—4　农业机械化、农业化学化、农田水利化情况（2019年）（续表2）

指　　标	计量单位	2019年
二、农业主要能源及物资消耗		
农村用电量	万千瓦小时	317403
农用化肥使用量（按折纯法计算）	吨	56918
氮肥	吨	27679
磷肥	吨	4403
钾肥	吨	3457
复合肥	吨	21379
农用塑料薄膜使用量	吨	4723
# 地膜使用量	吨	2430
地膜覆盖面积	公顷	16881
农用柴油	吨	21328
农药使用量	吨	1219
三、农田水利建设情况		
耕地灌溉面积	千公顷	221.30
新增耕地灌溉面积	千公顷	4.22
新增节水灌溉面积	千公顷	14.16

注：耕地灌溉面积、新增有效灌溉面积、新增节水灌溉面积由市水务局提供。

表6—5　农业主要产品生产情况（全社会）（2019年）

指　　标	播种面积（千公顷）	每公顷产量（公斤）	总产量（吨）
农作物总播种面积	251.60	—	—
一、粮食作物合计	133.73	7221	965643
（一）夏收粮食	45.40	4940	224260
1、夏收谷物	44.77	4969	222481
小麦	44.71	6971	222264
元麦			
大麦	0.06	3617	217
2、夏收豆类（蚕豌豆）	0.63	2824	1779
（二）秋收粮食	88.33	8393	741383
1、秋收谷物	83.14	8644	718664
稻谷	79.80	8733	696857
早稻			
中稻和一季晚稻	79.80	8733	696857
双季晚稻			
稻谷中：籼稻	25.69	8355	214652
粳稻	52.83	8928	471676
糯稻	1.28	8226	10529
玉米	3.29	6561	21585
谷子			
高粱	0.04	5175	207
其他谷物	0.01	1500	15
2、秋收豆类	3.45	2624	9053
大豆	3.21	2656	8526
绿豆	0.15	2287	343

表6—5　农业主要产品生产情况（全社会）（2019年）（续表）

指　　标	播种面积（千公顷）	每公顷产量（公斤）	总产量（吨）
其他豆类	0.09	2044	184
3、秋收薯类（按五折一计算）	1.74	7854	13666
二、油料合计	14.47	2477	35845
（一）花生	0.91	2828	2562
（二）油菜籽	13.00	2475	32181
（三）芝麻	0.57	1947	1102
（四）其他油料			
三、棉花（皮棉）	0.80	1299	1033
四、麻类合计	0.21	2435	509
# 苎麻	0.21	2435	509
五、糖料合计	0.11	42532	4636
# 甘蔗	0.11	42532	4636
六、烟叶合计			
# 烤烟叶			
七、药材类合计	0.21	—	—
八、蔬菜（含菜用瓜）	80.16	34920	2799120
九、瓜果类	6.05	33025	199804
# 西瓜	4.69	36023	169054
甜瓜	0.25	33241	8277
草莓	1.11	20282	22473
十、其他农作物	15.86	—	—
# 青饲料	11.79	—	—
绿肥	3.90	—	—

表 6—6 茶叶、水果生产情况（2019 年）

指　　标	计量单位	2019 年
一、茶叶合计	吨	1058
红　茶	吨	8
绿　茶	吨	1495
白　茶	吨	5
其它茶	吨	
二、园林水果	吨	168292
1、苹果	吨	
# 红富士苹果	吨	
国光苹果	吨	
2、梨	吨	28065
# 雪花梨	吨	6600
鸭梨	吨	8260
3、柑桔类	吨	20
# 柑	吨	

注：本表数据来源于市农业农村局。

表6—6　茶叶、水果生产情况（2019年）（续表）

指　　标	计量单位	2019年
4、其他园林水果	吨	140207
# 桃子	吨	26216
猕猴桃	吨	399
葡萄	吨	63648
枇杷	吨	
红枣（干折鲜 1：5）	吨	
柿子（干折鲜 1：5）	吨	2943
三、年末实有茶园面积	公顷	7956
# 当年采摘面积	公顷	7635
四、年末果园面积合计	公顷	14288
# 苹果园	公顷	
梨　园	公顷	1867
柑桔园	公顷	28
桃　园	公顷	3224
猕猴桃园	公顷	81
葡萄园	公顷	2943
五、年末实有桑园面积	公顷	

注：本表数据来源于市农业农村局。

表 6—7　林业生产情况（2019 年）

指　　标	计量单位	2019 年
一、造林面积	公顷	2178
（一）按造林方式分		
1、人工造林	公顷	2178
2、飞播造林	公顷	
3、无林地和疏林地新封	公顷	
（二）按经济成份分		
1、公有经济造林	公顷	966
（1）国有经济造林	公顷	752
（2）集体经济造林	公顷	244
2、非公有经济造林	公顷	1182
（三）按林种用途分		
1、用材林	公顷	223
2、经济林	公顷	1921
3、防护林	公顷	34
4、薪炭林	公顷	
5、特种用途林	公顷	
二、森林抚育面积（中、幼龄林抚育）	公顷	7067
三、竹木采伐		
1、木材	立方米	94708
（1）原木	立方米	85433
（2）薪材	立方米	9275
2、竹材	根	605274
四、主要林产品产量		
1、油桐籽	吨	
2、油茶籽	吨	
3、乌桕籽	吨	
4、棕　片	吨	
5、竹笋干	吨	407
6、核　桃	吨	35
7、板　栗	吨	2542
8、银杏（白果）	吨	
9、花　椒	吨	
10、八　角	吨	
11、松　子	吨	

注：本表数据来源于市绿化园林局。

表6—8 畜牧业主要产品生产情况（2019年）

指　　标	当年出栏头数	年末存栏头数	肉产量（吨）
一、大牲畜（万头）	0.16	0.49	297
# 从事农事劳役的			
1、牛	0.16	0.49	297
# 黄牛			
良种及改良乳牛		0.33	
水牛			
2、驴			
二、猪（万头）	23.13	4.44	17597
三、羊（万只）	3.94	3.05	400
1、山羊	3.51	2.76	
2、绵羊	0.43	0.29	
四、家禽（万只）	1033.05	612.05	17016
五、兔（万只）	0.05		0.75

表6—8 畜牧业主要产品生产情况（2019年）（续表）

指　　标	计量单位	2019年
六、肉类总产量	吨	35311
七、奶类产量	吨	16595
# 牛奶产量	吨	16595
八、蜂蜜产量	吨	160
九、禽蛋产量	吨	53499
十、蚕茧产量	吨	

表 6—9 渔业生产情况（2019 年）

指 标	计量单位	2019 年
水产品总产量	吨	165879
# 鱼类	吨	119003
虾蟹类	吨	40514
贝类	吨	6195
其他类	吨	167
# 内陆水域捕捞	吨	5386
内陆水域养殖	吨	160493
内陆水域养殖面积	千公顷	18.23
# 池塘养殖	千公顷	13.86
湖泊养殖	千公顷	
河沟养殖	千公顷	3.24
水库养殖	千公顷	0.90
其他养殖	千公顷	0.23

注：本表数据来源于市农业农村局。

表 6—10　主要年份农林牧渔业总产值（现价）

计量单位：万元

年份	合计	农业	林业	牧业	渔业	农林牧渔服务业
1978	61713	48846	1013	10943	911	—
1980	77728	58761	1266	16009	1692	—
1985	154358	101895	3897	41969	6597	—
1990	308287	172537	4591	111029	20130	—
1995	764367	510727	13068	168272	72300	—
1997	942439	585783	16069	229413	111174	—
1998	979644	586628	16834	247533	128649	—
1999	989199	599064	19370	224822	145943	—
2000	1063412	616473	24033	253261	169645	—
2003	1325889	675733	18645	301214	244707	85590
2005	1553837	854544	19637	338746	293414	47496
2008	1940094	1051973	24505	400745	401579	61292
2009	2236617	1228116	30453	387016	477113	113919*
2010	2447531	1394403	31168	394385	506240	121335
2011	2835016	1624518	32153	470153	571982	136210
2012	3185439	1834683	33868	511676	654571	150641
2013	3513124	2052345	36620	520407	737894	165858
2014	3846279	2184996	198412	482330	798629	181912
2015	4152664	2399141	219509	461894	872752	199368
2016	4511638	2587494	242567	468297	993610	219670
2017	4706496	2689900	265918	407943	1102093	240642
2018	4508802	2388947	183773	255282	1405962	274838
2019	4725028	2407657	201697	243524	1538883	333267

注：2009 年农林牧渔服务业业产值根据第二次经济普查数据进行了调整，2018 年农林牧渔业总产值根据第四次经济普查数据进行了调整。

表 6—11　主要年份主要农产品产量

年　份	粮　食（万吨）	棉　花（吨）	油　料（吨）	麻　类（吨）	蚕　茧（吨）	园林水果（吨）
1949	37.84	836	9194	104	27	913
1950	49.53	892	10577	121	31	934
1955	72.44	2160	11024	595	118	1587
1960	45.84	656	7833	244	308	1448
1965	96.12	1825	10468	878	169	2887
1970	102.57	2360	9928	1693	565	4774
1975	120.44	2718	15841	2545	940	6492
1978	147.20	3621	21882	3593	797	5077
1980	138.01	5528	28025	2710	1095	9653
1985	173.70	4459	90542	9906	629	6802
1990	173.26	2392	96797	1727	487	8526
1995	168.57	3520	144872	1320	1127	13639
1997	182.51	4501	146179	1561	484	18530
1998	176.91	4838	106504	1631	580	18685
1999	169.77	3699	192144	1687	494	22032
2000	143.37	4461	220119	2318	536	23625
2005	96.54	5920	211685	4013	441	42495
2008	114.43	4327	133405	2709	431	79304
2009	110.69	4016	134144	2378	119	107016
2010	110.64	4135	117697	2008	170	85273
2011	112.06	4319	104859	1659	139	99358
2012	117.50	4113	106317	1710	85	119842
2013	116.95	4217	107872	1569	85	145135
2014	114.72	4175	114711	1130	33	157721
2015	114.06	3837	108415	857	11	154459
2016	108.04	3071	74337	673	2	155916
2017	102.71	2591	62749	648	—	163181
2018	106.92	1418	33404	592	—	170515
2019	96.56	1033	35845	509	—	168292

主要统计指标解释

农林牧渔业总产值 指以货币表现的农、林、牧、渔业全部产品和对农业生产进行各种支持性服务活动的总量，它反映一定时期内农业生产总规模和总成果。从 2003 年开始农林牧渔业总产值执行新的国民经济行业分类标准，包括农业、林业、牧业、渔业、农林牧渔服务业，不再包括农民家庭兼营商品性工业。农林牧渔业总产值中的农、林、牧、渔四业的计算方法通常是按农、林、牧、渔业产品及其副产品的产量分别乘以各自单位产品价格求得，现行价格从 2003 年开始使用生产价格调查的价格；少数生产周期较长，当年没有产品或产品产量不易统计的，则采用间接方法匡算其产值；然后将四业产品产值与农林牧渔服务业产值相加即为农林牧渔业总产值。1957 年以前的农林牧渔业总产值中包括了厩肥和农民自给性手工业（如农民自制衣服、鞋、袜，自己从事粮食初步加工等）。1958 年及以后，林业中增加了村及村以下竹木采伐产值；牧业中取消了厩肥产值；副业中取消了农民自给性手工业产值，增加了村及村以下办的工业产值；渔业中增加了海洋捕捞水产品产值。1980 年及以后，在副业中增加了农民家庭兼营工业商品部分的产值。从 1984 年起村及村以下工业产值划归工业。从 1993 年起取消副业，将野生动物的捕猎划入牧业、野生植物采集和农民家庭兼营商品性工业划归农业，从 2003 年起不再包括农民家庭兼营商品性工业产值。1996 年第一次农业普查以后，由于畜牧业产品年报数据与普查数据之间存在一定的差距，国家统计局农调总队对畜牧业年报数据与普查数据进行衔接，相应的畜牧业产值进行调整。

粮食产量 指全社会的产量。包括国有经济经营的、集体统一经营的和农民家庭经营的粮食产量，还包括工矿企业办的农场和其他生产单位的产量。粮食除包括稻谷、小麦、玉米、高粱、谷子及其他杂粮外，还包括薯类和豆类。其产量计算方法，豆类按去豆荚后的干豆计算；薯类（包括甘薯和马铃薯，不包括芋头和木薯）1963 年以前按每 4 公斤鲜薯折 1 公斤粮食计算，从 1964 年开始改为按 5 公斤鲜薯折 1 公斤粮食计算。城市郊区作为蔬菜的薯类（如马铃薯等）按鲜品计算，并且不作粮食统计。其他粮食一律按脱粒后的原粮计算。

棉花产量 指全社会的产量。包括春播棉和夏播棉。产量按皮棉计算。

油料产量 指全部油料作物的生产量。包括花生、油菜籽、芝麻、向日葵籽、胡麻籽（亚麻籽）和其他油料。不包括大豆、木本油料和野生油料。花生以带壳干花生计算。

水产品产量 指人工养殖的水产品和天然生长的水产品的捕捞量。包括海水的鱼类、虾蟹类、贝类和藻类以及内陆水域的鱼类、虾蟹类和贝类，不包括淡水水生植物。

猪、牛、羊肉产量 指当年出栏并已屠宰、除去头蹄下水后带骨肉（即胴体重）的重量。

期初（末）畜禽存栏头（只）数 指报告期初（末）农村各种合作经济组织和国营农场、农民个人、机关、团体、学校、工矿企业、部队等单位以及城镇居民饲养的大牲畜、猪、羊、家禽等畜禽的存栏数。

耕地面积 是指年初可用来种植农作物并经常进行耕种、能够正常收获的土地。包括当年实际耕种的熟地、当年新开荒地、休闲不满三年随时可以复耕的地和当年休闲地以及以种植农作物为主并附带种植桑树、茶树、果树和其他林木的土地、沿海、沿湖地区已围垦利用的“海涂”、“湖田”等面积。不包括临时种植农作物的坡度在25度以上的陡坡地、在河套、湖畔、库区临时开发的成片或零星土地，属于专业性的桑园、茶园、果园、果木苗圃、林地、芦苇地、天然或人工草地面积、也不包括已列为国家和省（区、市）退耕计划但临时耕种的土地。

农作物播种面积 指实际播种或移植有农作物的面积。凡是实际种植有农作物的面积，不论种植在耕地上还是种植在非耕地上，均包括在农作物播种面积中。在播种季节基本结束后，因遭灾而重新改种和补种的农作物面积，也包括在内。

有效灌溉面积 指具有一定的水源，地块比较平整，灌溉工程或设备已经配套，在一般年景下当年能够进行正常灌溉的耕地面积。在一般情况下，有效灌溉面积应等于灌溉工程或设备已经配备，能够进行正常灌溉的水田和水浇地面积之和。

农用化肥施用量 指本年内实际用于农业生产的化肥数量，包括氮肥、磷肥、钾肥和复合肥。化肥施用量要求按折纯量计算数量。折纯量是指把氮肥、磷肥、钾肥分别按含氮、含五氧化二磷、含氧化钾的百分之一百成份进行折算后的数量。复合肥按其所含主要成分折算。

农业机械总动力 指主要用于农、林、牧、渔业的各种动力机械的动力总和。包括耕作机械、排灌机械、收获机械、农用运输机械、植物保护机械、牧业机械、林业机械、渔业机械和其他农业机械〔内燃机按引擎马力折成瓦（特）计算、电动机按功率折成瓦（特）计算〕。不包括专门用于乡、镇、村、组办工业、基本建设、非农业运输、科学试验和教学等非农业生产方面用的动力机械与作业机械。

大中型拖拉机 指发动机额定功率在14.7千瓦（含14.7千瓦即20马力）以上的拖拉机，有链轨式和轮式两种。

小型拖拉机 指发动机额定功率在2.2千瓦（含2.2千瓦）以上，小于14.7千瓦的拖拉机，包括小四轮与手扶式。

拖拉机配套农具 指由拖拉机牵引或悬挂的田间移动作业机具，例如：机引犁、拖耕机、机引耙、播种机等农具。与大中型拖拉机配套使用的农具称为大中型拖拉机配套农具，与小型拖拉机配套使用的农具称为小型拖拉机配套农具。

农林牧渔业劳动力 指全社会直接参加农林牧渔业生产活动的劳动力。

2020南京统计年鉴 2020南京统计年鉴 2020南京统计年鉴 2020南京统计年鉴 2020南京统计年鉴 2020南京统计年鉴

2020' NANJING STATISTICAL YEARBOOK

（七）工业和能源

CHAPTER 7
INDUSTRY AND ENERGY

表 7—1 规模以上工业企业主要经济指标（2019 年）

计量单位：万元

指　　标	企业单位数（个）	#亏损企业	资产总计	流动资产	固定资产原价	累计折旧
总　　计	2707	505	129442825	72574004	65595424	32053025
一、按经济类型分组：						
内资企业	2169	363	91199240	51371851	40009918	19853787
国有企业	9	2	1499597	751134	947004	353301
集体企业	9	1	75123	66134	14240	9713
股份合作企业	3		17436	15191	6408	4426
联营企业	2		9620	7354	6478	4797
有限责任公司	512	109	41397713	23449529	19876004	9550180
股份有限公司	127	29	25121290	11818582	12504359	6986516
私营企业	1506	222	23056816	15242281	6655425	2944855
其他企业	1	0	21647	21647		
港、澳、台商投资企业	166	47	10426417	5893537	5227073	1992893
外商投资企业	372	95	27817167	15308616	20358433	10206346
二、在总计中：国有控股	231	48	56745589	26929878	37296495	19412658
三、按轻重工业分组：						
轻工业	767	149	23998189	14662222	8858021	3728766
重工业	1940	356	105444636	57911783	56737402	28324259
四、按企业规模分组：						
大型企业	76	8	56587897	29321824	37780965	19724038
中型企业	290	35	35009092	19230273	14320178	6530887
小微企业	2341	462	37845835	24021907	13494281	5798100
五、按工业行业分组						
采矿业	3	1	852265	53294	1404336	936425
煤炭开采和洗选业						
石油和天然气开采业	1		804293	26630	1372350	916361
黑色金属矿采选业						
有色金属矿采选业	2	1	47972	26664	31986	20063
非金属矿采选业						
开采专业及辅助性活动						
其他采矿业						

表7—1 规模以上工业企业主要经济指标（2019年）（续表1）

计量单位：万元

指　　标	企业单位数（个）	#亏损企业	资产总计	流动资产	固定资产原价	累计折旧
制造业	2653	497	120688667	70221646	57753199	28450921
农副食品加工业	44	12	1010971	532815	365146	124802
食品制造业	53	9	1356095	797174	612170	309992
酒、饮料和精制茶制造业	16	5	513869	246123	403364	216226
烟草制品业	1		2498068	2018625	592534	292266
纺织业	18	3	305595	193312	217808	134824
纺织服装、服饰业	108	26	1983778	1017491	374180	177773
皮革、毛皮、羽毛及其制品和制鞋业	11	1	133141	113845	24639	15414
木材加工和木、竹、藤、棕、草制品业	9		35279	28471	7058	3686
家具制造业	19	1	323374	127671	121715	27442
造纸和纸制品业	21	2	345741	186767	217404	81438
印刷和记录媒介复制业	52	11	522276	282307	325391	189196
文教、工美、体育和娱乐用品制造业	52	12	284024	212760	93371	46175
石油、煤炭及其他燃料加工业	7		2737690	947347	2754835	1647008
化学原料和化学制品制造业	165	32	15778786	6650601	14313951	8385977
医药制造业	88	16	4917205	3090178	1253899	449122
化学纤维制造业	12	2	487480	247881	275656	167101
橡胶和塑料制品业	141	22	1622375	1008437	919852	415681
非金属矿物制品业	195	40	4192670	2870187	1731896	830625
黑色金属冶炼和压延加工业	25	1	9568416	4032409	7637670	4180873
有色金属冶炼和压延加工业	42	6	1064848	622989	143620	74811
金属制品业	190	25	2631580	1907922	992645	490318
通用设备制造业	267	45	7744572	5493761	2496711	1067306
专用设备制造业	221	32	4128105	3116380	899022	332553
汽车制造业	186	60	11518116	7265900	5763090	2731278
铁路、船舶、航空航天和其他运输设备制造业	80	13	4123718	3046533	942610	481145
电气机械和器材制造业	277	50	15501546	10040071	4527571	1713141
计算机、通信和其他电子设备制造业	214	50	17054908	9533442	8698265	3468680
仪器仪表制造业	114	19	8011335	4469663	894121	358981
其他制造业	6	1	71423	22873	39637	7923
废弃资源综合利用业	16	1	203961	84817	108123	27630
金属制品、机械和设备修理业	3		17722	12897	5247	1537
电力、热力、燃气及水生产和供应业	51	7	7901893	2299064	6437889	2665679
电力、热力生产和供应业	21		3310406	623443	3818375	1924970
燃气生产和供应业	14	2	839804	300618	529563	132959
水的生产和供应业	16	5	3751683	1375003	2089951	607751

表 7—1 规模以上工业企业主要经济指标（2019 年）（续表 2）

计量单位：万元

指 标	负债	流动负债	主营业务收入	税金及附加	盈亏相抵后利润总额	从业人员平均人数（人）
总 计	68676991	52972194	113689366	4732790	6467327	569958
一、按经济类型分组：						
内资企业	47670101	37469414	74300189	4275584	4202082	362541
国有企业	1122959	950305	820879	14443	-41362	5339
集体企业	36971	32210	491184	1484	6149	1205
股份合作企业	3749	3749	13753	94	3625	239
联营企业	3867		12559	117	2440	353
有限责任公司	21069391	16299483	31957345	2529674	1774531	132981
股份有限公司	11805873	10437697	22997719	1631111	1080992	57668
私营企业	13605777	9745971	18005082	98625	1375665	164756
其他企业	21515		1669	36	42	
港、澳、台商投资企业	5296848	3458220	7227580	41668	721447	52636
外商投资企业	15710041	12044561	32161597	415539	1543798	154781
二、在总计中：国有控股	29076255	23376941	54570937	4420254	2356312	129482
三、按轻重工业分组：						
轻工业	11014014	8188861	20096672	1590186	1802206	160041
重工业	57662977	44783333	93592694	3142604	4665122	409917
四、按企业规模分组：						
大型企业	30308356	25261955	63108684	4440010	2882026	197961
中型企业	17581397	13787663	21954531	139620	1857580	152465
小微企业	20787238	13922576	28626151	153160	1727721	219532
五、按工业行业分组						
采矿业	481351	368132	338454	15011	63716	2040
煤炭开采和洗选业						
石油和天然气开采业	439699	330142	298681	13720	51182	1337
黑色金属矿采选业						
有色金属矿采选业	41652	37990	39773	1291	12534	703
非金属矿采选业						
开采专业及辅助性活动						
其他采矿业						

表7—1 规模以上工业企业主要经济指标（2019年）（续表3）

计量单位：万元

指　　标	负债	流动负债	主营业务收　入	税金及附加	盈亏相抵后利润总额	从业人员平均人数（人）
制造业	63723275	50504865	110483653	4686064	6163428	554924
农副食品加工业	680184	354787	1011424	2847	45293	4881
食品制造业	514659	429209	1128849	8133	120326	13931
酒、饮料和精制茶制造业	199151	179257	454253	10816	27121	4572
烟草制品业	249739	249641	2313079	1485247	352864	1399
纺织业	151905	105789	274703	1999	7063	4297
纺织服装、服饰业	1142695	729095	1115539	5739	19060	24745
皮革、毛皮、羽毛及其制品和制鞋业	56530	52502	148095	738	6312	2189
木材加工和木、竹、藤、棕、草制品业	26024	20530	51697	217	1737	482
家具制造业	127916	98825	208103	1610	14454	3917
造纸和纸制品业	126795	94592	341613	1717	23050	2254
印刷和记录媒介复制业	254217	194063	483933	2665	19740	6250
文教、工美、体育和娱乐用品制造业	168116	105112	821535	3611	12568	8427
石油、煤炭及其他燃料加工业	1253949	995166	9301434	1556611	369541	5446
化学原料和化学制品制造业	6650986	5035425	17651165	917602	963798	36537
医药制造业	1745528	1343570	3239550	31142	662541	25351
化学纤维制造业	176372	149532	262591	2056	-18970	2240
橡胶和塑料制品业	923283	658730	1574301	8300	68043	16180
非金属矿物制品业	2626475	1785310	3855754	24556	253733	22224
黑色金属冶炼和压延加工业	5149870	4733796	9854329	43206	361247	17248
有色金属冶炼和压延加工业	474495	366080	1726073	3590	134132	3701
金属制品业	1591147	1332615	1985102	12925	84879	21136
通用设备制造业	4309945	3704400	4903823	32532	275628	47051
专用设备制造业	2141214	1755878	2564847	17755	309196	27274
汽车制造业	8104294	7024461	13763754	389667	1366898	61190
铁路、船舶、航空航天和其他运输设备制造业	2643741	2384062	3053014	12189	176413	22178
电气机械和器材制造业	9158065	7480168	11840544	46123	740714	61367
计算机、通信和其他电子设备制造业	9725880	6159900	13584179	44384	-545345	88998
仪器仪表制造业	3201109	2931183	2827515	16813	298027	17678
其他制造业	45057	4452	35092	207	-819	329
废弃资源综合利用业	92068	37402	92650	997	13353	1221
金属制品、机械和设备修理业	11867	9335	15115	72	832	231
电力、热力、燃气及水生产和供应业	4472365	2099197	2867259	31715	240183	12994
电力、热力生产和供应业	1590355	852536	1913918	24944	162975	4708
燃气生产和供应业	457945	260215	606458	1110	57948	2833
水的生产和供应业	2424064	986447	346883	5661	19261	5453

表 7—2　规模以上工业企业主要产品产量

产品名称	2019 年	2018 年	同比增长（%）
饲料（吨）	167491	217991	-23.2
精制食用植物油（吨）	215151	209028	2.9
饮料酒（千升）	251211	262200	-4.2
饮料（吨）	1366946	1399556	-2.3
卷烟（万支）	3314064	3361963	-1.4
纱（吨）	13533	26462	-48.9
布（万米）	89	138	-35.6
服装（万件）	11311	17597	-35.7
皮革鞋靴（万双）	80	100	-20.1
家具（件）	500219	776656	-35.6
机制纸及纸板（吨）	11271	15510	-27.3
原油加工量（吨）	30087743	30215122	-0.4
汽油（吨）	7527199	7406516	1.6
煤油（吨）	4527175	4402241	2.8
柴油（吨）	6148391	6312020	-2.6
液化石油气（吨）	1611642	1620197	-0.5
焦炭（吨）	3401314	3312140	2.7
硫酸（折 100%）（吨）	394934	398482	-0.9
烧碱（折 100%）（吨）	101838	138188	-26.3
乙烯（吨）	1653506	1609153	2.8
纯苯（吨）	820568	829152	-1.0
浓硝酸（折 100%）（吨）	207061	182913	13.2
合成氨（无水氨）（吨）	296730	225780	31.4
农用氮、磷、钾化学肥料总计（折纯）（吨）	12829	11439	12.2
化学农药原药（折有效成分 100%）（吨）	50368	242026	-79.2
涂料（吨）	99275	200493	-50.5
初级形态塑料（吨）	1730080	1791098	-3.4
合成橡胶（吨）	374709	347428	7.9
合成纤维单体（吨）	1437959	740529	94.2
化学药品原药（吨）	59	32	86.3
中成药（吨）	3834	4006	-4.3

表 7—2 规模以上工业企业主要产品产量（续表 1）

产品名称	2019 年	2018 年	同比增长（%）
化学纤维（吨）	142831	165216	-13.5
橡胶轮胎外胎（条）	2674468	3404856	-21.5
塑料制品（吨）	413866	378024	9.5
水泥熟料（吨）	8681028	9095448	-4.6
水泥（吨）	7734315	7561286	2.3
日用玻璃制品（吨）	92362	89956	2.7
生铁（吨）	16925189	16122426	5.0
粗钢（吨）	18635828	17531830	6.3
钢材（吨）	17245058	16445749	4.9
泵（台）	257038	231746	10.9
气体压缩机（台）	17377	16176	7.4
汽车（辆）	417942	609160	-31.4
其中：基本型乘用车（轿车）	219828	364519	-39.7
客车	34432	41885	-17.8
载货汽车	33466	41408	-19.2
改装汽车（辆）	3939	5505	-28.4
摩托车整车（辆）	14914	67923	-78.0
民用钢质船舶（载重吨）	945093	735134	28.6
发电机组（发电设备）（千瓦）	3135643	3714500	-15.6
交流电动机（千瓦）	1015540	4195624	-75.8
变压器（千伏安）	35042544	25427892	37.8
家用洗衣机（台）	5322770	4959542	7.3
电光源（万只）	3168	3334	-5.0
移动通信手持机（手机）（台）	6093782	6289393	-3.1
电子计算机整机（台）	597059	574348	4.0
彩色电视机（台）	3447293	3709208	-7.1
其中：液晶电视机	3447293	3709208	-7.1
发电量（万千瓦小时）	4519628	4629110	-2.4
煤气生产量（万立方米）	2636549	2485489	6.1
自来水生产量（万立方米）	134547	129439	3.9

表 7—3　规模以上国有控股工业企业主要经济指标（2019 年）

指　　标	企业单位数（个）	#亏损企业
总　　计	231	48
一、按轻重工业分组：		
轻工业	46	13
重工业	185	35
二、按企业规模分组：		
大型企业	28	5
中型企业	55	10
小微企业	148	33
三、按行业分组：		
采矿业	3	1
煤炭开采和洗选业		
石油和天然气开采业	1	
黑色金属矿采选业		
有色金属矿采选业	2	1
非金属矿采选业		
开采专业及辅助性活动		
其他采矿业		
制造业	203	44
农副食品加工业		
食品制造业	4	
酒、饮料和精制茶制造业		
烟草制品业	1	
纺织业	2	
纺织服装、服饰业	16	5
皮革、毛皮、羽毛及其制品和制鞋业		
木材加工和木、竹、藤、棕、草制品业		
家具制造业		
造纸和纸制品业		

表7—3 规模以上国有控股工业企业主要经济指标（2019年）（续表1）

指标	企业单位数（个）	#亏损企业
印刷和记录媒介复制业	7	4
文教、工美、体育和娱乐用品制造业	1	
石油、煤炭及其他燃料加工业	1	
化学原料和化学制品制造业	19	4
医药制造业	6	2
化学纤维制造业	2	
橡胶和塑料制品业	3	2
非金属矿物制品业	13	2
黑色金属冶炼和压延加工业	3	
有色金属冶炼和压延加工业	1	
金属制品业	10	2
通用设备制造业	11	2
专用设备制造业	7	1
汽车制造业	23	5
铁路、船舶、航空航天和其他运输设备制造业	16	2
电气机械和器材制造业	17	4
计算机、通信和其他电子设备制造业	28	9
仪器仪表制造业	11	
其他制造业		
废弃资源综合利用业	1	
金属制品、机械和设备修理业	0	
电力、热力、燃气及水生产和供应业	25	3
电力、热力生产和供应业	13	
燃气生产和供应业	4	
水的生产和供应业	8	3

表 7—3　规模以上国有控股工业企业主要经济指标（2019 年）（续表 2）

计量单位：万元

指　　标	资产总计	流动资产	固定资产原价	累计折旧	负债	流动负债
总　　计	56745589	26929878	37296495	19412658	29076255	23376941
一、按轻重工业分组：						
轻工业	3960096	2844323	1152726	586837	740416	649944
重工业	52785494	24085555	36143769	18825821	28335839	22726997
二、按企业规模分组：						
大型企业	36741829	17211245	27650419	15067052	19011452	16076573
中型企业	11529566	4796713	6226841	3076626	5727905	4177382
小微企业	8474194	4921920	3419234	1268980	4336898	3122985
三、按行业分组：						
采矿业	852265	53294	1404336	936425	481351	368132
煤炭开采和洗选业						
石油和天然气开采业	804293	26630	1372350	916361	439699	330142
黑色金属矿采选业						
有色金属矿采选业	47972	26664	31986	20063	41652	37990
非金属矿采选业						
开采专业及辅助性活动						
其他采矿业						
制造业	49159039	24950303	30140001	16056648	24757985	21109286
农副食品加工业						
食品制造业	41521	30967	21985	9219	17822	16345
酒、饮料和精制茶制造业						
烟草制品业	2498068	2018625	592534	292266	249739	249641
纺织业	26611	14414	11726	3400	20345	8975
纺织服装、服饰业	376646	250324	160272	73679	135188	97473
皮革、毛皮、羽毛及其制品和制鞋业						
木材加工和木、竹、藤、棕、草制品业						
家具制造业						
造纸和纸制品业						

表7—3 规模以上国有控股工业企业主要经济指标（2019年）（续表3）

计量单位：万元

指　　标	资产总计	流动资产	固定资产原价	累计折旧	负债	流动负债
印刷和记录媒介复制业	147319	58520	92026	56421	36979	26028
文教、工美、体育和娱乐用品制造业	14860	13870	2005	1371	8999	8985
石油、煤炭及其他燃料加工业	2209402	637711	2662820	1597363	1119335	878645
化学原料和化学制品制造业	7967077	2689268	9847545	6191283	2906582	2338112
医药制造业	358513	171176	111973	64887	75832	69241
化学纤维制造业	288993	132896	99315	53087	56360	44400
橡胶和塑料制品业	85299	63367	37042	20314	62353	52508
非金属矿物制品业	1253835	842107	489294	241962	774931	395027
黑色金属冶炼和压延加工业	6081096	2354655	5554150	3108402	3398085	3248446
有色金属冶炼和压延加工业	120789	115017	29144	25255	12604	12604
金属制品业	873528	602453	449314	235425	530616	516457
通用设备制造业	586396	426731	168209	53061	375876	344979
专用设备制造业	445160	258799	180637	44678	272470	201937
汽车制造业	4629444	2783048	3240902	1731232	3585083	3373778
铁路、船舶、航空航天和其他运输设备制造业	2916039	2142219	647397	326992	1947038	1885613
电气机械和器材制造业	4412490	3330092	435808	166375	2351163	2286322
计算机、通信和其他电子设备制造业	7883069	2882367	4882258	1610472	4408238	2699156
仪器仪表制造业	5934668	3124935	420179	147460	2407382	2349661
其他制造业						
废弃资源综合利用业	8217	6743	3465	2044	4966	4954
金属制品、机械和设备修理业						
电力、热力、燃气及水生产和供应业	6734286	1926280	5752158	2419585	3836919	1899523
电力、热力生产和供应业	2622836	459258	3316166	1725718	1238375	721228
燃气生产和供应业	482890	109781	408774	108122	276386	253905
水的生产和供应业	3628560	1357241	2027218	585745	2322158	924390

表 7—3　规模以上国有控股工业企业主要经济指标（2019 年）（续表 4）

计量单位：万元

指　　标	主营业务收　　入	税金及附加	盈亏相抵后利润总额	从业人员平均人数（人）
总　　计	54570937	4420254	2356312	129482
一、按轻重工业分组：				
轻工业	3000042	1492075	384987	15976
重工业	51570895	2928178	1971325	113506
二、按企业规模分组：				
大型企业	42427977	4346014	1648730	75990
中型企业	6098974	48581	376472	31727
小微企业	6043986	25659	331111	21765
三、按行业分组：				
采矿业	338454	15011	63716	2040
煤炭开采和洗选业				
石油和天然气开采业	298681	13720	51182	1337
黑色金属矿采选业				
有色金属矿采选业	39773	1291	12534	703
非金属矿采选业				
开采专业及辅助性活动				
其他采矿业				
制造业	51985508	4378634	2130310	117282
农副食品加工业				
食品制造业	45460	231	3067	624
酒、饮料和精制茶制造业				
烟草制品业	2313079	1485247	352864	1399
纺织业	19347	297	2458	618
纺织服装、服饰业	221852	2099	5528	6490
皮革、毛皮、羽毛及其制品和制鞋业				
木材加工和木、竹、藤、棕、草制品业				
家具制造业				
造纸和纸制品业				

表 7—3 规模以上国有控股工业企业主要经济指标（2019 年）（续表 5）

计量单位：万元

指　　标	主营业务收　　入	税金及附加	盈亏相抵后利润总额	从业人员平均人数（人）
印刷和记录媒介复制业	58965	591	-2313	1199
文教、工美、体育和娱乐用品制造业	4790	39	102	175
石油、煤炭及其他燃料加工业	8860515	1554431	314970	3835
化学原料和化学制品制造业	11808785	890262	570930	16126
医药制造业	125782	1779	17656	1887
化学纤维制造业	22926	892	5471	746
橡胶和塑料制品业	97169	419	-1705	892
非金属矿物制品业	1297484	7777	90203	5061
黑色金属冶炼和压延加工业	6925552	26428	178458	10302
有色金属冶炼和压延加工业	1013151	816	6172	173
金属制品业	487853	4264	-23776	3560
通用设备制造业	185979	2081	8672	2468
专用设备制造业	163140	1161	12254	1037
汽车制造业	9196811	355392	1231073	20480
铁路、船舶、航空航天和其他运输设备制造业	2165624	7815	103532	10939
电气机械和器材制造业	2871341	13535	278000	8176
计算机、通信和其他电子设备制造业	2470924	15832	-1189826	16739
仪器仪表制造业	1620974	7171	166304	4325
其他制造业				
废弃资源综合利用业	8009	77	218	31
金属制品、机械和设备修理业				
电力、热力、燃气及水生产和供应业	2246975	26609	162287	10160
电力、热力生产和供应业	1552547	21150	111767	3576
燃气生产和供应业	383819	692	21257	1488
水的生产和供应业	310609	4767	29262	5096

表 7—4　规模以上民营工业企业主要经济指标（2019 年）

指　　标	企业单位数（个）	#亏损企业
总　　计	1965	320
一、按轻重工业分组：		
轻工业	563	89
重工业	1402	231
二、按企业规模分组：		
大型企业	13	1
中型企业	151	13
小微企业	1801	306
四、按行业分组：		
采矿业		
煤炭开采和洗选业		
石油和天然气开采业		
黑色金属矿采选业		
有色金属矿采选业		
非金属矿采选业		
开采专业及辅助性活动		
其他采矿业		
制造业	1951	318
农副食品加工业	36	7
食品制造业	33	4
酒、饮料和精制茶制造业	6	1
烟草制品业		
纺织业	10	1
纺织服装、服饰业	68	12
皮革、毛皮、羽毛及其制品和制鞋业	7	1
木材加工和木、竹、藤、棕、草制品业	9	
家具制造业	17	1
造纸和纸制品业	17	2

表7—4 规模以上民营工业企业主要经济指标（2019年）（续表1）

指　　标	企业单位数（个）	#亏损企业
印刷和记录媒介复制业	38	6
文教、工美、体育和娱乐用品制造业	40	9
石油、煤炭及其他燃料加工业	6	
化学原料和化学制品制造业	92	15
医药制造业	72	12
化学纤维制造业	9	1
橡胶和塑料制品业	117	14
非金属矿物制品业	164	32
黑色金属冶炼和压延加工业	21	1
有色金属冶炼和压延加工业	38	6
金属制品业	156	18
通用设备制造业	193	28
专用设备制造业	186	25
汽车制造业	105	35
铁路、船舶、航空航天和其他运输设备制造业	55	10
电气机械和器材制造业	216	33
计算机、通信和其他电子设备制造业	132	26
仪器仪表制造业	88	17
其他制造业	5	
废弃资源综合利用业	12	1
金属制品、机械和设备修理业	3	
电力、热力、燃气及水生产和供应业	14	2
电力、热力生产和供应业	3	
燃气生产和供应业	5	1
水的生产和供应业	6	1

表 7—4 规模以上民营工业企业主要经济指标（2019 年）（续表 2）

计量单位：万元

指 标	资产总计	流动资产	固定资产原价	累计折旧	负债	流动负债
总 计	42669071	28419030	11266266	4934814	23305554	17903910
一、按轻重工业分组：						
轻工业	9653425	6029460	2503170	954370	4956949	3396131
重工业	33015645	22389569	8763096	3980445	18348605	14507779
二、按企业规模分组：						
大型企业	7132273	4726239	2923743	1452698	4150958	3888254
中型企业	14609244	9438906	2970411	1169798	7093226	5835836
小微企业	20927554	14253884	5372112	2312319	12061370	8179820
四、按行业分组：						
采矿业						
煤炭开采和洗选业						
石油和天然气开采业						
黑色金属矿采选业						
有色金属矿采选业						
非金属矿采选业						
开采专业及辅助性活动						
其他采矿业						
制造业	42486206	28368670	11210237	4925221	23207487	17870131
农副食品加工业	694413	295566	268825	76864	489220	261399
食品制造业	474724	287311	222092	91913	312649	242454
酒、饮料和精制茶制造业	58897	28458	45524	20276	25759	17503
烟草制品业						
纺织业	77110	54503	25807	14575	58934	50413
纺织服装、服饰业	1385873	602412	142670	68058	879570	544864
皮革、毛皮、羽毛及其制品和制鞋业	42413	30528	10706	5351	20836	20313
木材加工和木、竹、藤、棕、草制品业	35279	28471	7058	3686	26024	20530
家具制造业	210562	84309	100531	18868	91213	73163
造纸和纸制品业	108369	62525	54672	25389	54804	39720

表 7—4 规模以上民营工业企业主要经济指标（2019 年）（续表 3）

计量单位：万元

指　　标	资产总计	流动资产	固定资产原价	累计折旧	负债	流动负债
印刷和记录媒介复制业	247983	146390	148611	79784	152154	118381
文教、工美、体育和娱乐用品制造业	198650	148030	63746	29400	126577	71972
石油、煤炭及其他燃料加工业	528289	309636	92015	49645	134615	116521
化学原料和化学制品制造业	4341003	2516755	1137526	516295	2180529	1707205
医药制造业	3003615	2006818	796955	284488	1057716	846162
化学纤维制造业	46606	26828	21876	7190	29330	14449
橡胶和塑料制品业	1074985	796746	358538	164615	582751	432093
非金属矿物制品业	2307164	1675647	764986	324011	1567996	1186270
黑色金属冶炼和压延加工业	3462799	1654654	2078913	1068744	1745998	1485350
有色金属冶炼和压延加工业	900192	468018	111093	47158	451078	349063
金属制品业	1460504	1107992	401661	193155	909571	732022
通用设备制造业	4292829	3166449	1170267	574721	2244917	1954288
专用设备制造业	2880131	2213220	522178	203666	1464061	1193041
汽车制造业	3336008	2552844	570417	185986	2380780	1987404
铁路、船舶、航空航天和其他运输设备制造业	988128	724021	234508	118034	553432	472383
电气机械和器材制造业	4978229	3394528	849669	339092	2906367	2080352
计算机、通信和其他电子设备制造业	3436224	2782018	646974	289032	2048843	1391502
仪器仪表制造业	1738705	1107777	290276	105289	625629	436907
其他制造业	40532	19686	12013	2593	21991	4452
废弃资源综合利用业	118270	63635	54886	15810	52275	10622
金属制品、机械和设备修理业	17722	12897	5247	1537	11867	9335
电力、热力、燃气及水生产和供应业	182865	50360	56029	9594	98066	33779
电力、热力生产和供应业	46580	17066	29728	2297	28757	10677
燃气生产和供应业	45964	21369	11896	4975	10502	395
水的生产和供应业	90320	11925	14406	2322	58807	22707

表 7—4　规模以上民营工业企业主要经济指标（2019 年）（续表 4）

计量单位：万元

指　　标	主营业务收　　入	税金及附加	盈亏相抵后利润总额	从业人员平均人数（人）
总　　计	29517783	167156	2342845	254613
一、按轻重工业分组：				
轻工业	7476334	48772	704443	83756
重工业	22041449	118383	1638403	170857
二、按企业规模分组：				
大型企业	5361071	30541	397443	24330
中型企业	8679703	48137	922152	75617
小微企业	15477009	88478	1023250	154666
四、按行业分组：				
采矿业				
煤炭开采和洗选业				
石油和天然气开采业				
黑色金属矿采选业				
有色金属矿采选业				
非金属矿采选业				
开采专业及辅助性活动				
其他采矿业				
制造业	29423284	166610	2330958	253865
农副食品加工业	444071	2136	27039	3346
食品制造业	519508	3441	41285	7884
酒、饮料和精制茶制造业	52395	450	6491	936
烟草制品业				
纺织业	71265	405	2638	1156
纺织服装、服饰业	645658	2656	12060	12996
皮革、毛皮、羽毛及其制品和制鞋业	57705	370	2975	1464
木材加工和木、竹、藤、棕、草制品业	51697	217	1737	482
家具制造业	165486	1268	10197	3285
造纸和纸制品业	135783	723	6272	1624

表 7—4　规模以上民营工业企业主要经济指标（2019 年）（续表 5）

计量单位：万元

指　　标	主营业务收　　入	税金及附加	盈亏相抵后利润总额	从业人员平均人数（人）
印刷和记录媒介复制业	297111	1399	11512	3862
文教、工美、体育和娱乐用品制造业	708961	2751	9842	6125
石油、煤炭及其他燃料加工业	440918	2180	54570	1611
化学原料和化学制品制造业	2663898	12259	229320	12020
医药制造业	2135656	20757	386356	16046
化学纤维制造业	59696	524	4028	744
橡胶和塑料制品业	1228791	6110	66456	12593
非金属矿物制品业	2137600	12309	111818	13948
黑色金属冶炼和压延加工业	2917827	16724	182046	6891
有色金属冶炼和压延加工业	685910	2082	124288	3394
金属制品业	1182033	6969	66559	14724
通用设备制造业	2548149	16157	114727	25379
专用设备制造业	1837060	12089	189671	22015
汽车制造业	1726285	7552	84938	18858
铁路、船舶、航空航天和其他运输设备制造业	750272	3626	65327	9038
电气机械和器材制造业	3062741	14815	181529	25910
计算机、通信和其他电子设备制造业	2035375	10139	245580	16660
仪器仪表制造业	757198	5706	79229	9437
其他制造业	29490	185	1963	320
废弃资源综合利用业	59632	542	9676	886
金属制品、机械和设备修理业	15115	72	832	231
电力、热力、燃气及水生产和供应业	94498	545	11887	748
电力、热力生产和供应业	20432	146	6843	155
燃气生产和供应业	53828	112	3395	380
水的生产和供应业	20238	288	1650	213

表 7—5　规模以上“三资”工业企业主要经济指标（2019 年）

指　　标	企业单位数（个）	#亏损企业
总　　计	538	142
一、按轻重工业分组：		
轻工业	163	47
重工业	375	95
二、按企业规模分组：		
大型企业	42	3
中型企业	89	13
小微企业	407	126
三、按行业分组：		
采矿业		
煤炭开采和洗选业		
石油和天然气开采业		
黑色金属矿采选业		
有色金属矿采选业		
非金属矿采选业		
开采专业及辅助性活动		
其他采矿业		
制造业	523	140
农副食品加工业	8	5
食品制造业	18	5
酒、饮料和精制茶制造业	10	4
烟草制品业		
纺织业	6	2
纺织服装、服饰业	26	9
皮革、毛皮、羽毛及其制品和制鞋业	4	

表7—5 规模以上“三资”工业企业主要经济指标（2019年）（续表1）

指标	企业单位数（个）	#亏损企业
木材加工和木、竹、藤、棕、草制品业		
家具制造业	2	
造纸和纸制品业	4	
印刷和记录媒介复制业	7	1
文教、工美、体育和娱乐用品制造业	11	3
石油、煤炭及其他燃料加工业		
化学原料和化学制品制造业	56	13
医药制造业	10	2
化学纤维制造业	2	1
橡胶和塑料制品业	21	6
非金属矿物制品业	18	6
黑色金属冶炼和压延加工业	1	
有色金属冶炼和压延加工业	3	
金属制品业	25	5
通用设备制造业	64	16
专用设备制造业	28	6
汽车制造业	62	20
铁路、船舶、航空航天和其他运输设备制造业	12	1
电气机械和器材制造业	46	14
计算机、通信和其他电子设备制造业	58	18
仪器仪表制造业	17	2
其他制造业	1	1
废弃资源综合利用业	3	
金属制品、机械和设备修理业		
电力、热力、燃气及水生产和供应业	15	2
电力、热力生产和供应业	5	
燃气生产和供应业	8	1
水的生产和供应业	2	1

表7—5 规模以上“三资”工业企业主要经济指标（2019年）（续表2）

计量单位：万元

指　　标	资产总计	流动资产	固定资产原价	累计折旧	负债	流动负债
总　　计	38243585	21202153	25585506	12199238	21006890	15502780
一、按轻重工业分组：						
轻工业	10492731	5851194	5315867	2243288	5345504	4170292
重工业	27750854	15350959	20269640	9955950	15661386	11332488
二、按企业规模分组：						
大型企业	20051005	10766582	15301111	7457073	11376321	8667332
中型企业	9229937	5259393	5230355	2341948	5000484	4012699
小微企业	8962643	5176178	5054040	2400217	4630085	2822750
三、按行业分组：						
采矿业						
煤炭开采和洗选业						
石油和天然气开采业						
黑色金属矿采选业						
有色金属矿采选业						
非金属矿采选业						
开采专业及辅助性活动						
其他采矿业						
制造业	36780817	20769949	24549005	11856118	20192707	15082563
农副食品加工业	316558	237249	96321	47938	190964	93387
食品制造业	855301	489125	376585	209893	188059	174280
酒、饮料和精制茶制造业	454972	217665	357840	195950	173391	161755
烟草制品业						
纺织业	201875	124395	180275	116849	72626	46402
纺织服装、服饰业	234586	171428	82298	42089	131515	89613
皮革、毛皮、羽毛及其制品和制鞋业	90728	83317	13933	10063	35693	32189

表 7—5 规模以上“三资”工业企业主要经济指标（2019 年）（续表 3）

计量单位：万元

指 标	资产总计	流动资产	固定资产原价	累计折旧	负债	流动负债
木材加工和木、竹、藤、棕、草制品业						
家具制造业	112812	43362	21184	8575	36702	25662
造纸和纸制品业	237372	124241	162733	56049	71991	54872
印刷和记录媒介复制业	126974	77397	84754	52991	65084	49654
文教、工美、体育和娱乐用品制造业	70514	50860	27620	15404	32541	24155
石油、煤炭及其他燃料加工业						
化学原料和化学制品制造业	5244447	2105576	6614448	4073040	1816238	1224814
医药制造业	1555076	912184	344971	99747	611980	428168
化学纤维制造业	231166	134011	248653	155467	112090	111464
橡胶和塑料制品业	462092	148324	524272	230752	278179	174128
非金属矿物制品业	631672	352433	477615	264652	283548	204013
黑色金属冶炼和压延加工业	24521	23100	4607	3726	5786	
有色金属冶炼和压延加工业	43867	39953	3383	2397	10813	4413
金属制品业	348095	235667	169324	78082	171658	104834
通用设备制造业	2897304	1914921	1184783	452789	1728049	1442338
专用设备制造业	802815	644361	196207	84210	404682	360900
汽车制造业	6033850	3647087	3771636	1961024	3851356	3330867
铁路、船舶、航空航天和其他运输设备制造业	1140716	934038	105755	62871	950797	830659
电气机械和器材制造业	6259224	3404214	3320101	1249687	3992799	3193790
计算机、通信和其他电子设备制造业	7873212	4326529	5915980	2258682	4711183	2714973
仪器仪表制造业	422704	310887	186331	108087	207091	183409
其他制造业	30891	3187	27624	5330	23065	
废弃资源综合利用业	77475	14440	49772	9776	34827	21827
金属制品、机械和设备修理业						
电力、热力、燃气及水生产和供应业	1462768	432204	1036501	343120	814182	420217
电力、热力生产和供应业	640990	147120	472481	196955	323223	120631
燃气生产和供应业	788975	279248	515693	126481	447860	260236
水的生产和供应业	32803	5837	48327	19684	43100	39350

表 7—5　规模以上“三资”工业企业主要经济指标（2019 年）（续表 4）

计量单位：万元

指　　标	主营业务收　　入	税金及附加	盈亏相抵后利润总额	从业人员平均人数（人）
总　　计	39389177	457206	2265245	207417
一、按轻重工业分组：				
轻工业	9681804	50520	717597	62049
重工业	29707373	406687	1547648	145368
二、按企业规模分组：				
大型企业	24206175	370888	1299683	114488
中型企业	7482113	44611	567769	47679
小微企业	7700889	41708	397794	45250
三、按行业分组：				
采矿业				
煤炭开采和洗选业				
石油和天然气开采业				
黑色金属矿采选业				
有色金属矿采选业				
非金属矿采选业				
开采专业及辅助性活动				
其他采矿业				
制造业	38485812	451970	2178419	203866
农副食品加工业	567353	711	18254	1535
食品制造业	582109	4521	78654	5737
酒、饮料和精制茶制造业	401858	10366	20630	3636
烟草制品业				
纺织业	184092	1297	1968	2523
纺织服装、服饰业	272691	1241	1943	6492
皮革、毛皮、羽毛及其制品和制鞋业	90391	368	3337	725

表7—5 规模以上“三资”工业企业主要经济指标（2019年）（续表5）

计量单位：万元

指　　标	主营业务收　入	税金及附加	盈亏相抵后利润总额	从业人员平均人数（人）
木材加工和木、竹、藤、棕、草制品业				
家具制造业	42617	342	4257	632
造纸和纸制品业	205830	994	16779	630
印刷和记录媒介复制业	127857	675	10542	1189
文教、工美、体育和娱乐用品制造业	107783	821	2624	2127
石油、煤炭及其他燃料加工业				
化学原料和化学制品制造业	5219489	28037	402803	10390
医药制造业	978113	8607	258529	7418
化学纤维制造业	198588	1505	-26799	943
橡胶和塑料制品业	248341	1772	3292	2695
非金属矿物制品业	420670	4471	51711	3215
黑色金属冶炼和压延加工业	10950	54	743	55
有色金属冶炼和压延加工业	27013	693	3673	134
金属制品业	366181	2012	44205	3015
通用设备制造业	2177413	14573	149018	19544
专用设备制造业	564646	4504	107271	4222
汽车制造业	8527095	314666	1216712	30303
铁路、船舶、航空航天和其他运输设备制造业	996255	1869	19401	4005
电气机械和器材制造业	6040203	18643	283975	27818
计算机、通信和其他电子设备制造业	9578688	24627	-553409	60247
仪器仪表制造业	518976	4202	57628	4323
其他制造业	5602	22	-2782	9
废弃资源综合利用业	25010	379	3459	304
金属制品、机械和设备修理业				
电力、热力、燃气及水生产和供应业	903365	5237	86827	3551
电力、热力生产和供应业	340939	3648	44365	977
燃气生产和供应业	546390	982	54113	2430
水的生产和供应业	16036	607	-11651	144

表 7—6 规模以上大中型工业企业主要经济指标（2019 年）

指 标	企业单位数（个）	#亏损企业
总 计	366	43
一、按登记注册类型分组		
内资企业	235	27
国有企业	4	2
集体企业	1	
股份合作企业		
联营企业		
有限责任公司	91	12
股份有限公司	51	8
私营企业	88	5
其他企业		
港、澳、台商投资企业	40	4
外商投资企业	91	12
二、按轻重工业分组：		
轻工业	118	14
重工业	248	29
三、按企业规模分组：		
大型企业	76	8
中型企业	290	35
四、按行业分组：		
采矿业	2	
煤炭开采和洗选业		
石油和天然气开采业	1	
黑色金属矿采选业		
有色金属矿采选业	1	
非金属矿采选业		
开采专业及辅助性活动		
其他采矿业		
制造业	351	42
农副食品加工业	2	1
食品制造业	7	1

表 7—6　规模以上大中型工业企业主要经济指标（2019 年）（续表 1）

指　　标	企业单位数（个）	#亏损企业
酒、饮料和精制茶制造业	4	
烟草制品业	1	
纺织业	2	
纺织服装、服饰业	22	4
皮革、毛皮、羽毛及其制品和制鞋业	3	
木材加工和木、竹、藤、棕、草制品业		
家具制造业	4	
造纸和纸制品业	1	
印刷和记录媒介复制业	3	1
文教、工美、体育和娱乐用品制造业	6	
石油、煤炭及其他燃料加工业	3	
化学原料和化学制品制造业	22	2
医药制造业	26	2
化学纤维制造业	3	1
橡胶和塑料制品业	13	2
非金属矿物制品业	12	1
黑色金属冶炼和压延加工业	5	
有色金属冶炼和压延加工业	2	
金属制品业	10	1
通用设备制造业	30	3
专用设备制造业	18	2
汽车制造业	43	7
铁路、船舶、航空航天和其他运输设备制造业	14	2
电气机械和器材制造业	42	6
计算机、通信和其他电子设备制造业	40	6
仪器仪表制造业	13	
其他制造业		
废弃资源综合利用业		
金属制品、机械和设备修理业		
电力、热力、燃气及水生产和供应业	13	1
电力、热力生产和供应业	7	
燃气生产和供应业	3	
水的生产和供应业	3	1

表 7—6　规模以上大中型工业企业主要经济指标（2019 年）（续表 2）

计量单位：万元

指　　标	资产总计	流动资产	固定资产原价	累计折旧	负债	流动负债
总　　计	91596990	48552097	52101143	26254924	47889753	39049618
一、按登记注册类型分组						
内资企业	62316048	32526122	31569678	16455903	31512948	26369587
国有企业	1302402	701702	795308	323646	985376	860568
集体企业	41483	36805	5397	3855	13163	13163
股份合作企业						
联营企业						
有限责任公司	28795882	15777266	15544833	7901346	14466073	11506160
股份有限公司	22641240	10038974	11928534	6713436	10681530	9621501
私营企业	9535040	5971375	3295607	1513621	5366806	4368195
其他企业						
港、澳、台商投资企业	6895412	3836656	3868374	1453083	3340210	2341389
外商投资企业	22385530	12189319	16663092	8345938	13036595	10338642
二、按轻重工业分组：						
轻工业	16643825	10413822	6273273	2547704	7048350	5433545
重工业	74953164	38138275	45827870	23707221	40841402	33616074
三、按企业规模分组：						
大型企业	56587897	29321824	37780965	19724038	30308356	25261955
中型企业	35009092	19230273	14320178	6530887	17581397	13787663
四、按行业分组：						
采矿业	845519	50779	1397032	933352	465698	352480
煤炭开采和洗选业						
石油和天然气开采业	804293	26630	1372350	916361	439699	330142
黑色金属矿采选业						
有色金属矿采选业	41226	24148	24682	16990	26000	22338
非金属矿采选业						
开采专业及辅助性活动						
其他采矿业						
制造业	85111291	47292288	45319014	23020880	44281419	36971182
农副食品加工业	342376	145650	122481	18562	261963	120503
食品制造业	927463	529791	367178	196205	340157	300154

表 7—6 规模以上大中型工业企业主要经济指标（2019 年）（续表 3）

计量单位：万元

指　　标	资产总计	流动资产	固定资产原价	累计折旧	负债	流动负债
酒、饮料和精制茶制造业	234526	141663	194890	115195	119761	120236
烟草制品业	2498068	2018625	592534	292266	249739	249641
纺织业	164535	102954	145589	98083	66044	39534
纺织服装、服饰业	625139	457531	151766	67969	338418	206716
皮革、毛皮、羽毛及其制品和制鞋业	57449	44442	9288	4917	12120	12108
木材加工和木、竹、藤、棕、草制品业						
家具制造业	256409	80364	97522	17823	102060	80165
造纸和纸制品业	34018	18741	13343	8042	6425	6425
印刷和记录媒介复制业	107730	76782	73521	46507	60154	60154
文教、工美、体育和娱乐用品制造业	94136	77773	22203	13224	45338	24231
石油、煤炭及其他燃料加工业	2597257	839486	2713495	1621609	1222848	970919
化学原料和化学制品制造业	10930073	4400002	10876042	6918980	4405261	3733902
医药制造业	3890517	2495840	917560	324103	1354820	1099129
化学纤维制造业	377304	184217	165661	112803	133663	122328
橡胶和塑料制品业	620213	290132	532871	228153	321815	198245
非金属矿物制品业	1549689	997799	663739	327351	844457	453221
黑色金属冶炼和压延加工业	8686062	3385765	7455095	4075801	4902405	4607254
有色金属冶炼和压延加工业	376853	154387	15103	6636	179010	177502
金属制品业	1211906	936792	456975	245385	780189	702803
通用设备制造业	5092140	3547921	1667332	759120	2803403	2622321
专用设备制造业	1515342	1225892	288249	102386	759685	728191
汽车制造业	9134851	5681473	4932151	2425150	6436281	5753224
铁路、船舶、航空航天和其他运输设备制造业	3287914	2428534	723130	368312	2142641	2086151
电气机械和器材制造业	11951514	7535948	3787362	1376292	6817590	5818871
计算机、通信和其他电子设备制造业	13275716	6560588	7724735	3009713	7525302	4664618
仪器仪表制造业	5272091	2933198	609200	240295	2049870	2012637
其他制造业						
废弃资源综合利用业						
金属制品、机械和设备修理业						
电力、热力、燃气及水生产和供应业	5640180	1209030	5385097	2300693	3142636	1725956
电力、热力生产和供应业	2266915	386661	3099523	1668868	1068591	655996
燃气生产和供应业	690175	213810	492074	116624	413951	248323
水的生产和供应业	2683091	608559	1793500	515201	1660094	821638

表 7—6　规模以上大中型工业企业主要经济指标（2019 年）（续表 4）

计量单位：万元

指　　标	主营业务收　　入	税金及附加	盈亏相抵后利润总额	从业人员平均人数（人）
总　　计	85063214	4579630	4739606	350426
一、按登记注册类型分组				
内资企业	53374927	4164131	2872154	188259
国有企业	750703	13855	-45490	4605
集体企业	352679	1288	4757	449
股份合作企业				
联营企业				
有限责任公司	24325901	2489070	1254549	86071
股份有限公司	20825846	1622562	977116	47220
私营企业	7119798	37356	681221	49914
其他企业				
港、澳、台商投资企业	4856656	28589	572738	38141
外商投资企业	26831632	386910	1294713	124026
二、按轻重工业分组：				
轻工业	14076950	1554836	1528410	93935
重工业	70986265	3024793	3211195	256491
三、按企业规模分组：				
大型企业	63108684	4440010	2882026	197961
中型企业	21954531	139620	1857580	152465
四、按行业分组：				
采矿业	333721	15005	66011	1947
煤炭开采和洗选业				
石油和天然气开采业	298681	13720	51182	1337
黑色金属矿采选业				
有色金属矿采选业	35040	1285	14828	610
非金属矿采选业				
开采专业及辅助性活动				
其他采矿业				
制造业	82823351	4539318	4526685	338757
农副食品加工业	105370	1058	-6998	1153
食品制造业	755698	5126	93212	8470

表 7—6 规模以上大中型工业企业主要经济指标（2019 年）（续表 5）

计量单位：万元

指 标	主营业务收入	税金及附加	盈亏相抵后利润总额	从业人员平均人数（人）
酒、饮料和精制茶制造业	341468	8269	20107	3270
烟草制品业	2313079	1485247	352864	1399
纺织业	136239	776	3402	1960
纺织服装、服饰业	526782	2284	20974	12746
皮革、毛皮、羽毛及其制品和制鞋业	40552	422	5031	1467
木材加工和木、竹、藤、棕、草制品业				
家具制造业	134915	1067	11074	2584
造纸和纸制品业	31905	184	2296	329
印刷和记录媒介复制业	148834	560	9553	1737
文教、工美、体育和娱乐用品制造业	460918	1863	7929	3221
石油、煤炭及其他燃料加工业	9196863	1556203	359122	5048
化学原料和化学制品制造业	13139135	896225	650858	22665
医药制造业	2589820	24298	587250	18876
化学纤维制造业	210365	1036	-21658	1663
橡胶和塑料制品业	476905	3169	18348	5672
非金属矿物制品业	1440927	9980	146002	6986
黑色金属冶炼和压延加工业	9529077	40258	311112	15679
有色金属冶炼和压延加工业	263653	741	69239	793
金属制品业	729356	5484	13916	6437
通用设备制造业	3001890	19601	153952	25805
专用设备制造业	970491	6821	146756	9634
汽车制造业	11792529	381138	1325391	46088
铁路、船舶、航空航天和其他运输设备制造业	2446545	8931	137868	14849
电气机械和器材制造业	9208610	34326	667909	40207
计算机、通信和其他电子设备制造业	11129892	32952	-760128	71692
仪器仪表制造业	1701536	11299	201308	8327
其他制造业				
废弃资源综合利用业				
金属制品、机械和设备修理业				
电力、热力、燃气及水生产和供应业	1906142	25307	146911	9722
电力、热力生产和供应业	1345751	20741	92801	3610
燃气生产和供应业	345059	758	45506	1933
水的生产和供应业	215333	3808	8603	4179

表 7—7　规模以上小微型工业企业主要经济指标（2019 年）

指　　标	企业单位数（个）	#亏损企业
总　　计	2341	462
一、按登记注册类型分组		
内资企业	1934	336
国有企业	5	
集体企业	8	1
股份合作企业	3	
联营企业	2	
有限责任公司	421	97
股份有限公司	76	21
私营企业	1418	217
其他企业	1	
港、澳、台商投资企业	126	43
外商投资企业	281	83
二、按轻重工业分组：		
轻工业	649	135
重工业	1692	327
三、按企业规模分组：		
小型企业	2124	410
微型企业	217	52
四、按行业分组：		
采矿业	1	1
煤炭开采和洗选业		
石油和天然气开采业		
黑色金属矿采选业		
有色金属矿采选业	1	1
非金属矿采选业		
开采专业及辅助性活动		
其他采矿业		
制造业	2302	455
农副食品加工业	42	11
食品制造业	46	8

表 7—7　规模以上小微型工业企业主要经济指标（2019 年）（续表 1）

指　　标	企业单位数（个）	#亏损企业
酒、饮料和精制茶制造业	12	5
烟草制品业		
纺织业	16	3
纺织服装、服饰业	86	22
皮革、毛皮、羽毛及其制品和制鞋业	8	1
木材加工和木、竹、藤、棕、草制品业	9	
家具制造业	15	1
造纸和纸制品业	20	2
印刷和记录媒介复制业	49	10
文教、工美、体育和娱乐用品制造业	46	12
石油、煤炭及其他燃料加工业	4	
化学原料和化学制品制造业	143	30
医药制造业	62	14
化学纤维制造业	9	1
橡胶和塑料制品业	128	20
非金属矿物制品业	183	39
黑色金属冶炼和压延加工业	20	1
有色金属冶炼和压延加工业	40	6
金属制品业	180	24
通用设备制造业	237	42
专用设备制造业	203	30
汽车制造业	143	53
铁路、船舶、航空航天和其他运输设备制造业	66	11
电气机械和器材制造业	235	44
计算机、通信和其他电子设备制造业	174	44
仪器仪表制造业	101	19
其他制造业	6	1
废弃资源综合利用业	16	1
金属制品、机械和设备修理业	3	
电力、热力、燃气及水生产和供应业	38	6
电力、热力生产和供应业	14	
燃气生产和供应业	11	2
水的生产和供应业	13	4

表 7—7 规模以上小微型工业企业主要经济指标（2019 年）（续表 2）

计量单位：万元

指 标	资产总计	流动资产	固定资产原价	累计折旧	负债	流动负债
总 计	37845835	24021907	13494281	5798100	20787238	13922576
一、按登记注册类型分组						
内资企业	28883192	18845730	8440240	3397883	16157154	11099826
国有企业	197194	49432	151696	29656	137582	89737
集体企业	33640	29329	8843	5858	23807	19047
股份合作企业	17436	15191	6408	4426	3749	3749
联营企业	9620	7354	6478	4797	3867	
有限责任公司	12601830	7672263	4331171	1648834	6603318	4793323
股份有限公司	2480050	1779608	575826	273080	1124343	816195
私营企业	13521776	9270906	3359819	1431233	8238972	5377776
其他企业	21647	21647			21515	
港、澳、台商投资企业	3531006	2056881	1358699	539810	1956638	1116831
外商投资企业	5431637	3119297	3695342	1860407	2673447	1705919
二、按轻重工业分组：						
轻工业	7354363	4248400	2584748	1181062	3965663	2755317
重工业	30491472	19773508	10909533	4617038	16821575	11167259
三、按企业规模分组：						
小型企业	35994542	22767141	12857272	5575978	19486558	13405389
微型企业	1851293	1254767	637009	222123	1300680	517187
四、按行业分组：						
采矿业	6746	2516	7304	3073	15652	15652
煤炭开采和洗选业						
石油和天然气开采业						
黑色金属矿采选业						
有色金属矿采选业	6746	2516	7304	3073	15652	15652
非金属矿采选业						
开采专业及辅助性活动						
其他采矿业						
制造业	35577376	22929358	12434185	5430041	19441857	13533683
农副食品加工业	668595	387165	242665	106240	418221	234283
食品制造业	428632	267383	244992	113787	174502	129055

表 7—7 规模以上小微型工业企业主要经济指标（2019 年）（续表 3）

计量单位：万元

指 标	资产总计	流动资产	固定资产原价	累计折旧	负债	流动负债
酒、饮料和精制茶制造业	279343	104460	208473	101030	79390	59021
烟草制品业						
纺织业	141060	90358	72220	36741	85862	66255
纺织服装、服饰业	1358640	559960	222414	109804	804277	522380
皮革、毛皮、羽毛及其制品和制鞋业	75692	69403	15351	10497	44409	40394
木材加工和木、竹、藤、棕、草制品业	35279	28471	7058	3686	26024	20530
家具制造业	66964	47307	24193	9620	25855	18660
造纸和纸制品业	311724	168026	204061	73396	120371	88168
印刷和记录媒介复制业	414546	205525	251871	142689	194063	133909
文教、工美、体育和娱乐用品制造业	189888	134987	71168	32952	122778	80881
石油、煤炭及其他燃料加工业	140433	107861	41340	25399	31101	24248
化学原料和化学制品制造业	4848712	2250599	3437909	1466997	2245725	1301522
医药制造业	1026688	594338	336339	125019	390708	244441
化学纤维制造业	110177	63664	109995	54298	42710	27203
橡胶和塑料制品业	1002162	718305	386981	187528	601468	460484
非金属矿物制品业	2642981	1872388	1068157	503275	1782018	1332090
黑色金属冶炼和压延加工业	882354	646645	182575	105072	247464	126542
有色金属冶炼和压延加工业	687994	468602	128517	68175	295485	188578
金属制品业	1419673	971130	535670	244933	810958	629812
通用设备制造业	2652432	1945840	829379	308187	1506543	1082079
专用设备制造业	2612763	1890488	610773	230167	1381529	1027687
汽车制造业	2383266	1584427	830939	306128	1668013	1271237
铁路、船舶、航空航天和其他运输设备制造业	835804	617999	219480	112832	501099	297911
电气机械和器材制造业	3550032	2504123	740209	336849	2340475	1661297
计算机、通信和其他电子设备制造业	3779193	2972854	973530	458967	2200579	1495281
仪器仪表制造业	2739244	1536465	284921	118686	1151239	918546
其他制造业	71423	22873	39637	7923	45057	4452
废弃资源综合利用业	203961	84817	108123	27630	92068	37402
金属制品、机械和设备修理业	17722	12897	5247	1537	11867	9335
电力、热力、燃气及水生产和供应业	2261713	1090034	1052792	364987	1329729	373241
电力、热力生产和供应业	1043491	236783	718853	256102	521764	196540
燃气生产和供应业	149630	86808	37488	16335	43995	11892
水的生产和供应业	1068592	766443	296451	92550	763970	164809

表 7—7　规模以上小微型工业企业主要经济指标（2019 年）（续表 4）

计量单位：万元

指　　标	主营业务收　　入	税金及附加	盈亏相抵后利润总额	从业人员平均人数（人）
总　　计	28626151	153160	1727721	219532
一、按登记注册类型分组				
内资企业	20925263	111452	1329928	174282
国有企业	70177	588	4128	734
集体企业	138505	197	1392	756
股份合作企业	13753	94	3625	239
联营企业	12559	117	2440	353
有限责任公司	7631444	40603	519982	46910
股份有限公司	2171873	8549	103876	10448
私营企业	10885284	61269	694444	114842
其他企业	1669	36	42	
港、澳、台商投资企业	2370924	13079	148709	14495
外商投资企业	5329965	28629	249085	30755
二、按轻重工业分组：				
轻工业	6019722	35350	273795	66106
重工业	22606429	117811	1453926	153426
三、按企业规模分组：				
小型企业	27641347	147329	1713021	216027
微型企业	984805	5831	14700	3505
四、按行业分组：				
采矿业	4733	6	-2295	93
煤炭开采和洗选业				
石油和天然气开采业				
黑色金属矿采选业				
有色金属矿采选业	4733	6	-2295	93
非金属矿采选业				
开采专业及辅助性活动				
其他采矿业				
制造业	27660302	146746	1636744	216167
农副食品加工业	906054	1790	52292	3728
食品制造业	373151	3007	27114	5461

表 7—7 规模以上小微型工业企业主要经济指标（2019 年）（续表 5）

计量单位：万元

指　　标	主营业务收　　入	税金及附加	盈亏相抵后利润总额	从业人员平均人数（人）
酒、饮料和精制茶制造业	112785	2546	7014	1302
烟草制品业				
纺织业	138464	1223	3662	2337
纺织服装、服饰业	588758	3455	-1914	11999
皮革、毛皮、羽毛及其制品和制鞋业	107543	316	1280	722
木材加工和木、竹、藤、棕、草制品业	51697	217	1737	482
家具制造业	73189	543	3380	1333
造纸和纸制品业	309708	1533	20755	1925
印刷和记录媒介复制业	335099	2105	10188	4513
文教、工美、体育和娱乐用品制造业	360617	1748	4639	5206
石油、煤炭及其他燃料加工业	104570	408	10418	398
化学原料和化学制品制造业	4512030	21376	312940	13872
医药制造业	649730	6844	75291	6475
化学纤维制造业	52227	1021	2688	577
橡胶和塑料制品业	1097396	5131	49695	10508
非金属矿物制品业	2414827	14576	107731	15238
黑色金属冶炼和压延加工业	325252	2948	50135	1569
有色金属冶炼和压延加工业	1462420	2848	64892	2908
金属制品业	1255746	7440	70964	14699
通用设备制造业	1901933	12931	121676	21246
专用设备制造业	1594356	10934	162440	17640
汽车制造业	1971225	8529	41507	15102
铁路、船舶、航空航天和其他运输设备制造业	606469	3258	38545	7329
电气机械和器材制造业	2631935	11798	72805	21160
计算机、通信和其他电子设备制造业	2454287	11431	214783	17306
仪器仪表制造业	1125979	5514	96719	9351
其他制造业	35092	207	-819	329
废弃资源综合利用业	92650	997	13353	1221
金属制品、机械和设备修理业	15115	72	832	231
电力、热力、燃气及水生产和供应业	961117	6408	93273	3272
电力、热力生产和供应业	568168	4203	70174	1098
燃气生产和供应业	261399	352	12442	900
水的生产和供应业	131550	1853	10658	1274

表7—8 规模以上工业企业能源购进、消费及库存（2019年）

项 目	购进	消费量合计	#工业生产消 费	年末库存
原煤（吨）	24398541	24348092	24348092	1219520
洗精煤（用于炼焦）（吨）	5121454	4957887	4957887	492904
焦炭（吨）	7063783	8991049	8991049	168530
焦炉煤气（万立方米）	109095	124555	124555	
高炉煤气（万立方米）	409753	2294373	2294373	
转炉煤气（万立方米）	151474	167942	167942	
天然气（气态）（万立方米）	268132	268179	267964	
液化天然气（吨）	1550	1547	1547	3
原油（吨）	29895219	30096591	30096591	688305
汽油（吨）	14876	14995	6976	77
煤油（吨）	148	156	156	7
柴油（吨）	57754	56588	49909	1669
燃料油（吨）	1308	1426	151	15
液化石油气（吨）	57553	408463	408347	1022
炼厂干气（吨）	14367	950971	950971	
石脑油（吨）	2652805	2577093	2577093	61027
润滑油（吨）	2339	2328	1756	32
石蜡（吨）	210	13	13	
溶剂油（吨）	1222	1221	1221	35
石油焦（吨）	166690	257824	257824	4476
其他石油制品（吨）	7269874	14311123	14311123	37050
热力（百万千焦）	58588913	132774952	131616977	
电力（万千瓦时）	2768899	3406456	3395912	
城市生活垃圾（用于燃料）	2096917	2302179	2302179	202876
生物燃料（吨标准煤）	55844	56768	55864	415
其他燃料（吨）	17956	17956	17956	

注：本表口径为年主营业务收入在2000万元及以上的工业企业。

表 7—9　规模以上工业企业能源加工转换与回收利用（2019 年）

能源名称	消费量合计						加工转换产出	回收利用
		加工转换合计	1、火力发电	2、供热	3、炼焦	4、炼油及煤制品		
原煤（吨）	24343947	18730775	14817827	3912949				
洗精煤（用于炼焦）（吨）	4957887	4957887			4957887			
焦炭（吨）	8972571						3401314	
焦炉煤气（万立方米）	123949	11246	4783	6463			129950	
高炉煤气（万立方米）	2255669	1028070	663656	364414				2311629
转炉煤气（万立方米）	167942	93453	69657	23796				194970
天然气（万立方米）	231714	123587	86276	36413		898		
原油（吨）	30093685	30087743				30087743		
汽油（吨）	805						7527199	
煤油（吨）	12						4527175	
柴油（吨）	12071	635	610	25			6148391	
燃料油（吨）	118						247863	
液化石油气（吨）	401044						1611642	
炼厂干气（吨）	938793	110200	37354	72846			970309	
石脑油（吨）	2577093						3169248	
溶剂油（吨）							9875	
石油焦（吨）	253473	21588	7575	14013			1351159	
石油沥青（吨）							1922848	
其他石油制品（吨）	14310241	12446100				12446100	12720042	
热力（百万千焦）	54958534						92935925	
电力（万千瓦时）	1858494						4506772	
城市生活垃圾（用于燃料）	2302179	2302179	2302179					
生物燃料（吨标准煤）								
余热余压（百万千焦）	51956311	18566276	18566276					55380111
其他燃料（吨标准煤）	17956	17956	7397	10559			17956	

注：本表统计口径为年主营业务收入 2000 万元及以上有能源加工活动的工业企业。

表 7—10　规模以上工业企业能源产品生产销售与库存（2019 年）

产品名称	年初产成品库存	本年生产	本年销售	年末产成品库存
原油加工量（吨）		30087743		
汽油（吨）	32893	7527199	7532396	27623
煤油（吨）	51194	4527175	4523227	55130
柴油（吨）	108217	6148391	6198776	57722
润滑油（吨）	2528	37899	38872	1555
燃料油（吨）	565	247863	242884	5427
石脑油（吨）	21441	3169248	3303678.6	23712
溶剂油（吨）		9875	9798	77
石油焦（吨）	1800	1351159	1266234	3255
石油沥青（吨）	5281	2581951	1294006	5576
燃料气（吨）	5281	1611642	1260300	5576
其中：液化石油气		970309	33706	
炼厂干气		1436294	1451434	2215
其他石油制品（吨）	819	12720042	5659761	775
焦炭（吨）		3401314	1467231	
发电量（万千瓦时）		4519628	3882070	
其中：火力发电量		4506772	3869291	
燃煤发电量		3463463	3129884	
燃气发电量		658398	604398	
余热、余压、余气发电量		270062	35210	
垃圾焚烧发电量		114849	99799	
风力发电		6398	6398	
太阳能发电量		6457	6381	
热力（百万千焦）		72178989	74049931	
化石燃料供热		59266182	58809105	
余热余压供热		12912807	15240826	

注：本表统计口径为年主营业务收入在 2000 万元及以上有能源产品生产销售活动的工业企业。

表 7—11　重点能源商品经销表（2019 年）

商品名称	年初商品库存	本年购进	本年销售	年末商品库存
原煤（吨）	1302171	75400261	75553164	956921
洗精煤（用于炼焦）（吨）	2675	7599927	7596783	5250
其他洗煤（吨）	15484	125079	123652	5264
煤制品（吨）	25	14148	14135	28
焦炭（吨）	41568	4436172	4425138	52602
液化天然气（吨）	38	28631	28659	262
汽油（吨）	646498	18167551	18188870	662007
煤油（吨）	36200	835987	829192	42995
柴油（吨）	378986	12272652	12320959	351754
燃料油（吨）	27588	2953925	2890974	90270
液化石油气（吨）	79382	873383	712455	240227
石脑油（吨）		398830	386773	12057
润滑油（吨）	4470	43939	41792	6103
溶剂油（吨）	173	36199	36112	184
石油焦（吨）	7920	830081	827310	9532
石油沥青（吨）	11462	1173460	1181706	3216

注：本表统计口径为有能源经销活动的有资质的建筑业、限额以上批发和零售业、限额以上住宿和餐饮业、有开发经营活动的全部房地产开发经营业和规模以上服务业等重点法人单位。

表 7—12　主要能源品种按工业行业分组消费量（2019 年）

行业分类	原煤（吨）	洗精煤（吨）	其他洗煤（吨）
总　　计	24348092	4957887	
石油和天然气开采业			
有色金属矿采选业			
农副食品加工业			
食品制造业			
酒、饮料和精制茶制造业			
烟草制品业			
纺织业			
纺织服装、服饰业			
皮革、毛皮、羽毛及其制品和制鞋业			
木材加工及木、竹、藤、棕、草制品业			
家具制造业			
造纸及纸制品业			
印刷业和记录媒介复制业			
文教、工美、体育和娱乐用品制造业			
石油加工、炼焦及核燃料加工业	1397195		
化学原料及化学制品制造业	3085125		
医药制造业			
化学纤维制造业	32394		
橡胶和塑料制品业			
非金属矿物制品业	867766		
黑色金属冶炼及压延加工业	1467117	4957887	
有色金属冶炼及压延加工业			
金属制品业			
通用设备制造业			
专用设备制造业			
汽车制造业			
铁路、船舶、航空航天和其他运输设备制造业			
电气机械及器材制造业			
计算机、通信和其他电子设备制造业			
仪器仪表制造业			
其他制造业			
废弃资源综合利用业			
金属制品、机械和设备修理业			
电力、热力的生产和供应业	17498495		
燃气生产和供应业			
水的生产和供应业			

注：本表统计口径为年主营业务收入在 2000 万元及以上的工业企业。

表 7—12　主要能源品种按工业行业分组消费量（2019 年）（续表 1）

行业分类	焦炭（吨）	焦炉煤气（万立方米）	高炉煤气（万立方米）
总　　计	8991049	124555	2294373
石油和天然气开采业			
有色金属矿采选业			
农副食品加工业			
食品制造业			
酒、饮料和精制茶制造业			
烟草制品业			
纺织业			
纺织服装、服饰业			
皮革、毛皮、羽毛及其制品和制鞋业			
木材加工及木、竹、藤、棕、草制品业			
家具制造业			
造纸及纸制品业			
印刷业和记录媒介复制业			
文教、工美、体育和娱乐用品制造业			
石油加工、炼焦及核燃料加工业			
化学原料及化学制品制造业			
医药制造业			
化学纤维制造业			
橡胶和塑料制品业			
非金属矿物制品业	40141	606	17627
黑色金属冶炼及压延加工业	8939412	123949	2255675
有色金属冶炼及压延加工业	11496		
金属制品业			21070
通用设备制造业			
专用设备制造业			
汽车制造业			
铁路、船舶、航空航天和其他运输设备制造业			
电气机械及器材制造业			
计算机、通信和其他电子设备制造业			
仪器仪表制造业			
其他制造业			
废弃资源综合利用业			
金属制品、机械和设备修理业			
电力、热力的生产和供应业			
燃气生产和供应业			
水的生产和供应业			

注：本表统计口径为年主营业务收入在 2000 万元及以上的工业企业。

表 7—12　主要能源品种按工业行业分组消费量（2019 年）（续表 2）

行业分类	转炉煤气（万立方米）	天然气（气态）（万立方米）	液化天然气（液态）（吨）
总　　计	167942	268179	1547
石油和天然气开采业		47	
有色金属矿采选业			
农副食品加工业		406	515
食品制造业		881	67
酒、饮料和精制茶制造业		296	
烟草制品业		362	
纺织业		798	
纺织服装、服饰业		243	
皮革、毛皮、羽毛及其制品和制鞋业			
木材加工及木、竹、藤、棕、草制品业			390
家具制造业		39	
造纸及纸制品业		96	
印刷业和记录媒介复制业		270	
文教、工美、体育和娱乐用品制造业		109	
石油加工、炼焦及核燃料加工业		16058	
化学原料及化学制品制造业		141159	146
医药制造业		328	218
化学纤维制造业		1498	
橡胶和塑料制品业		1422	
非金属矿物制品业		4239	108
黑色金属冶炼及压延加工业	167942	883	
有色金属冶炼及压延加工业		2170	
金属制品业		548	
通用设备制造业		448	
专用设备制造业		1124	
汽车制造业		3631	
铁路、船舶、航空航天和其他运输设备制造业		368	104
电气机械及器材制造业		4163	
计算机、通信和其他电子设备制造业		892	
仪器仪表制造业		14	
其他制造业			
废弃资源综合利用业		274	
金属制品、机械和设备修理业			
电力、热力的生产和供应业		85416	
燃气生产和供应业			
水的生产和供应业			

注：本表统计口径为年主营业务收入在 2000 万元及以上的工业企业。

表 7—12 主要能源品种按工业行业分组消费量（2019 年）（续表 3）

行业分类	原油（吨）	汽油（吨）	煤油（吨）
总 计	30096591	14995	156
石油和天然气开采业	2906	358	
有色金属矿采选业			
农副食品加工业		208	
食品制造业		70	
酒、饮料和精制茶制造业		25	
烟草制品业			
纺织业		104	
纺织服装、服饰业		200	
皮革、毛皮、羽毛及其制品和制鞋业		78	
木材加工及木、竹、藤、棕、草制品业		47	
家具制造业		6	
造纸及纸制品业		74	
印刷业和记录媒介复制业		280	
文教、工美、体育和娱乐用品制造业		178	
石油加工、炼焦及核燃料加工业	17705974	119	
化学原料及化学制品制造业	12387711	673	18
医药制造业		195	
化学纤维制造业		45	
橡胶和塑料制品业		777	
非金属矿物制品业		378	44
黑色金属冶炼及压延加工业		606	
有色金属冶炼及压延加工业		173	2
金属制品业		615	1
通用设备制造业		818	29
专用设备制造业		808	
汽车制造业		2171	
铁路、船舶、航空航天和其他运输设备制造业		689	1
电气机械及器材制造业		3334	1
计算机、通信和其他电子设备制造业		825	61
仪器仪表制造业		488	
其他制造业		13	
废弃资源综合利用业		14	
金属制品、机械和设备修理业			
电力、热力的生产和供应业			
燃气生产和供应业		464	
水的生产和供应业		163	

注：本表统计口径为年主营业务收入在 2000 万元及以上的工业企业。

表 7—12　主要能源品种按工业行业分组消费量（2019 年）（续表 4）

行业分类	柴油（吨）	燃料油（吨）	液化石油气（吨）	炼厂干气（吨）
总　　计	56588	1426	408463	950971
石油和天然气开采业	3700			
有色金属矿采选业				
农副食品加工业	394		31	
食品制造业	1338		206	
酒、饮料和精制茶制造业	34			
烟草制品业	19			
纺织业	82			
纺织服装、服饰业	212		2	
皮革、毛皮、羽毛及其制品和制鞋业	36			
木材加工及木、竹、藤、棕、草制品业	89			
家具制造业	16			
造纸及纸制品业	219			
印刷业和记录媒介复制业	595			
文教、工美、体育和娱乐用品制造业	100		6	
石油加工、炼焦及核燃料加工业	103		5372	776298
化学原料及化学制品制造业	5622	118	398117	173550
医药制造业	1004		1	
化学纤维制造业	520		137	
橡胶和塑料制品业	174			
非金属矿物制品业	23409		29	1123
黑色金属冶炼及压延加工业	5781		2614	
有色金属冶炼及压延加工业	541			
金属制品业	910		216	
通用设备制造业	519		602	
专用设备制造业	1103	6	7	
汽车制造业	1369		11	
铁路、船舶、航空航天和其他运输设备制造业	3747	1269	846	
电气机械及器材制造业	727	33	123	
计算机、通信和其他电子设备制造业	347		31	
仪器仪表制造业	180		102	
其他制造业				
废弃资源综合利用业	838			
金属制品、机械和设备修理业				
电力、热力的生产和供应业	2025		7	
燃气生产和供应业	833			
水的生产和供应业	1		2	

注：本表统计口径为年主营业务收入在 2000 万元及以上的工业企业。

表7—12 主要能源品种按工业行业分组消费量（2019年）（续表5）

行业分类	石脑油（吨）	润滑油（吨）	石蜡（吨）	溶剂油（吨）
总 计	2577093	2328	13	1221
石油和天然气开采业		59		
有色金属矿采选业				
农副食品加工业				
食品制造业				
酒、饮料和精制茶制造业				
烟草制品业				
纺织业				
纺织服装、服饰业				
皮革、毛皮、羽毛及其制品和制鞋业				
木材加工及木、竹、藤、棕、草制品业				
家具制造业				
造纸及纸制品业				492
印刷业和记录媒介复制业				
文教、工美、体育和娱乐用品制造业				
石油加工、炼焦及核燃料加工业				
化学原料及化学制品制造业	2577093	10		725
医药制造业				
化学纤维制造业				
橡胶和塑料制品业				
非金属矿物制品业		69		
黑色金属冶炼及压延加工业				
有色金属冶炼及压延加工业				
金属制品业		26	13	
通用设备制造业		1592		3
专用设备制造业		8		
汽车制造业		489		
铁路、船舶、航空航天和其他运输设备制造业		38		
电气机械及器材制造业		5		
计算机、通信和其他电子设备制造业				
仪器仪表制造业				
其他制造业				
废弃资源综合利用业		32		
金属制品、机械和设备修理业				
电力、热力的生产和供应业				
燃气生产和供应业				
水的生产和供应业				

注：本表统计口径为年主营业务收入在2000万元及以上的工业企业。

表 7—12 主要能源品种按工业行业分组消费量（2019 年）（续表 6）

行业分类	石油焦（吨）	其它石油制品（吨）	热力（百万千焦）	电力（万千瓦时）
总　　计	257824	14311123	132774952	3406456
石油和天然气开采业				13658
有色金属矿采选业				4362
农副食品加工业			510589	11245
食品制造业			967701	14548
酒、饮料和精制茶制造业			266967	11940
烟草制品业				3626
纺织业			80309	17158
纺织服装、服饰业			17820	11429
皮革、毛皮、羽毛及其制品和制鞋业				1491
木材加工及木、竹、藤、棕、草制品业				1439
家具制造业				3996
造纸及纸制品业			15094	7630
印刷业和记录媒介复制业			14615	12013
文教、工美、体育和娱乐用品制造业				4251
石油加工、炼焦及核燃料加工业	79718	8877914	29144906	200794
化学原料及化学制品制造业	3752	5432327	53087886	1008242
医药制造业			833883	33033
化学纤维制造业			2104458	17614
橡胶和塑料制品业			159530	46457
非金属矿物制品业	174354		3644505	127534
黑色金属冶炼及压延加工业			38444945	790333
有色金属冶炼及压延加工业				16487
金属制品业			87487	43789
通用设备制造业		650	34098	84209
专用设备制造业			85183	22375
汽车制造业		232	391026	121920
铁路、船舶、航空航天和其他运输设备制造业			18257	21454
电气机械及器材制造业			1510842	142625
计算机、通信和其他电子设备制造业			544535	266627
仪器仪表制造业			473	13366
其他制造业				7278
废弃资源综合利用业				3416
金属制品、机械和设备修理业				74
电力、热力的生产和供应业			808881	260103
燃气生产和供应业				1177
水的生产和供应业			964	58761

注：本表统计口径为年主营业务收入在 2000 万元及以上的工业企业。

表7—12　主要能源品种按工业行业分组消费量（2019年）（续表7）

行业分类	城市生活垃圾（用于燃料）（吨）	生物燃料（吨标准煤）
总　　计	2302179	56768
石油和天然气开采业		
有色金属矿采选业		
农副食品加工业		3892
食品制造业		3056
酒、饮料和精制茶制造业		6233
烟草制品业		
纺织业		397
纺织服装、服饰业		6542
皮革、毛皮、羽毛及其制品和制鞋业		
木材加工及木、竹、藤、棕、草制品业		
家具制造业		
造纸及纸制品业		
印刷业和记录媒介复制业		853
文教、工美、体育和娱乐用品制造业		1307
石油加工、炼焦及核燃料加工业		
化学原料及化学制品制造业		3638
医药制造业		
化学纤维制造业		
橡胶和塑料制品业		11051
非金属矿物制品业		16772
黑色金属冶炼及压延加工业		
有色金属冶炼及压延加工业		2573
金属制品业		242
通用设备制造业		62
专用设备制造业		
汽车制造业		
铁路、船舶、航空航天和其他运输设备制造业		150
电气机械及器材制造业		
计算机、通信和其他电子设备制造业		
仪器仪表制造业		
其他制造业		
废弃资源综合利用业		
金属制品、机械和设备修理业		
电力、热力的生产和供应业	2302179	
燃气生产和供应业		
水的生产和供应业		

注：本表统计口径为年主营业务收入在2000万元及以上的工业企业。

表 7—13　工业行业综合能耗（2019 年）

行业分类	综合能源消费量 （吨标准煤）	增幅（%）
全部工业企业	38989004	1.81
石油和天然气开采业	27028	-6.14
有色金属矿采选业	5361	-4.67
农副食品加工业	41434	28
食品制造业	66239	-1.62
酒、饮料和精制茶制造业	33910	5.28
烟草制品业	7705	0.31
纺织业	33307	-3.99
纺织服装、服饰业	24491	-4.36
皮革、毛皮、羽毛及其制品和制鞋业	2000	16.89
木材加工和木、竹、藤、棕、草制品业	2613	-17.43
家具制造业	5220	14.15
造纸和纸制品业	11849	6.42
印刷和记录媒介复制业	20064	-7.56
文教、工美、体育和娱乐用品制造业	7965	6.24
石油、煤炭及其他燃料加工业	2991317	0.23
化学原料和化学制品制造业	15702034	4.75
医药制造业	74498	-1.65
化学纤维制造业	109300	-32.25
橡胶和塑料制品业	91950	8.99
非金属矿物制品业	1183420	-3.48
黑色金属冶炼和压延加工业	10393895	3.48
有色金属冶炼和压延加工业	61564	-14.19
金属制品业	87511	0.69
通用设备制造业	114276	2.28
专用设备制造业	45979	-0.77
汽车制造业	209862	-6.31
铁路、船舶、航空航天和其他运输设备制造业	35379	4.05
电气机械和器材制造业	279746	17.63
计算机、通信和其他电子设备制造业	356836	0.12
仪器仪表制造业	16901	3.26
其他制造业	8945	4.82
废弃资源综合利用业	8561	22.77
金属制品、机械和设备修理业	91	99.65
电力、热力生产和供应业	6853450	-4.57
燃气生产和供应业	2276	-14.4
水的生产和供应业	72027	16.07

注：本表统计口径为年主营业务收入在 2000 万元及以上的工业企业。

表 7—14 规模以上工业企业主要单位产品能源消耗

指标名称	计量单位	2019 年	2018 年	比上年增减%
单位油气产量综合能耗	千克标准煤/吨	19.5	24.8	-21.3
单位油气产量耗电	千瓦时/吨	96.4	114.9	-16.1
吨粘胶纤维综合能耗（长丝）	千克标准煤/吨		2936.6	
吨粘胶纤维用电量（长丝）	千瓦时/吨		6285	
炼焦工序单位能耗	千克标准煤/吨	111.1	106.5	4.4
原油加工单位综合能耗	千克标准油/吨	63.6	63.7	
原油加工单位耗电	千瓦时/吨	54.9	56	-1.9
单位烧碱生产综合能耗（离子膜法 30%）	千克标准煤/吨	342.2	363	-5.7
单位烧碱生产耗交流电（离子膜法 30%）	千瓦时/吨	2200.6	2273	-3.2
单位乙烯生产综合能耗	千克标准煤/吨	789.2	801.8	-1.6
单位乙烯生产耗电	千瓦时/吨	114.8	117.8	-2.5
单位合成氨生产综合能耗	千克标准煤/吨	1563.1	1669.5	-6.4
单位合成氨耗电	千瓦时/吨	265.5	288.2	-7.9
单位合成氨耗原料煤	千克标煤/吨	1490.4	1472.8	1.2
吨水泥熟料综合能耗	千克标准煤/吨	105.8	109.7	-3.5
吨水泥熟料综合电耗	千瓦时/吨	52.1	51.7	0.9
吨水泥熟料烧成标准煤耗	千克标准煤/吨	96.4	102.5	-5.9
吨水泥综合能耗	千克标准煤/吨	86.8	90.1	-3.7
吨水泥综合电耗	千瓦时/吨	68.6	67.8	1.2
吨水泥标准煤耗	千克标准煤/吨	82.1	88.8	-7.6
吨钢综合能耗	千克标准煤/吨	593.5	602.4	-1.5
吨钢耗电	千瓦时/吨	387.5	393	-1.4
吨钢可比能耗	千克标准煤/吨	535	534.1	0.2
炼铁工序单位能耗	千克标准煤/吨	392.6	388.8	1.0
铁矿烧结工序单位能耗	千克标准煤/吨	49.8	50	-0.2
转炉炼钢综合工序单位能耗	千克标准煤/吨	-17.8	-15.5	14.8
电炉炼钢综合工序单位能耗	千克标准煤/吨	53.5	63.8	-16.1
电炉炼钢综合电力消耗	千瓦时/吨	272.6	300.2	-9.2
轧钢工序单位能耗	千克标准煤/吨	57.1	56.2	1.5
轧钢工序单位电力消耗	千瓦时/吨	96.2	100.2	-4.0
吨钢耗新水	吨/吨	3	2.9	3.1
电厂火力发电标准煤耗	克标准煤/千瓦时	275.9	277.6	-0.6
电厂火力供电标准煤耗	克标准煤/千瓦时	289	290.9	-0.7
发电厂用电率	%	4.5	4.6	-2.2

注：1、本表统计口径为年耗能万吨及以上工业企业。
　　2、本表中的本、同期指标值为按国家目录统计的生产每单位产品的能源消耗量。

表 7—15　规模以上工业企业取水总量按行业分类（2019 年）

计量单位：万立方米

行业分类	工业取水总量				重复用水总量
	合　计	#自来水	地表水	地下水	
总　　计	180022.63	26381.79	151422.22	190.16	765793.59
石油和天然气开采业	171.73	19.16	91.99	60.58	
有色金属矿采选业	80.21	9.38		70.83	231.84
农副食品加工业	193.68	172.64		20.86	
食品制造业	390.18	389.92	0.26		0.40
酒、饮料和精制茶制造业	355.17	355.17			179.95
烟草制品业	32.16	32.16			266.34
纺织业	115.61	115.61			16.76
纺织服装、服饰业	194.11	145.24	48.71	0.16	1.40
皮革、毛皮、羽毛及其制品和制鞋业	19.05	18.18		0.87	
木材加工和木、竹、藤、棕、草制品业	12.05	12.05			
家具制造业	29.35	28.61		0.74	0.04
造纸和纸制品业	23.30	23.30			
印刷和记录媒介复制业	66.63	66.54		0.09	12.35
文教、工美、体育和娱乐用品制造业	50.90	50.82		0.08	0.10
石油、煤炭及其他燃料加工业	2415.42	44.60	2370.82		1636.00
化学原料和化学制品制造业	14480.16	10691.26	3600.89	7.54	447169.58
医药制造业	604.21	588.08			286.51
化学纤维制造业	6272.00	641.09	5630.90		49.23
橡胶和塑料制品业	203.32	202.79	0.04	0.47	274.29
非金属矿物制品业	1912.79	804.63	1063.51	24.62	894.78
黑色金属冶炼和压延加工业	4616.35	37.77	4578.26	0.32	266808.88
有色金属冶炼和压延加工业	84.43	83.88		0.56	310.10
金属制品业	286.58	285.55	0.54	0.50	7.66
通用设备制造业	455.15	448.39	5.93	0.83	192.39
专用设备制造业	249.49	248.56	0.56	0.29	54.44
汽车制造业	888.67	883.46	4.51		178.13
铁路、船舶、航空航天和其他运输设备制造业	176.99	176.99			457.36
电气机械和器材制造业	917.18	907.38	8.97	0.83	127.03
计算机、通信和其他电子设备制造业	2752.56	2752.19	0.37		1301.80
仪器仪表制造业	114.89	113.16	1.73		
其他制造业	12.11	12.11			
废弃资源综合利用业	85.08	46.98	38.10		49.34
金属制品、机械和设备修理业	0.75	0.75			
金属制品、机械和设备修理业					
电力、热力生产和供应业	11741.44	433.85	9500.52		45286.81
燃气生产和供应业	19.69	19.10			0.10
水的生产和供应业	129999.25	5520.43	124475.63		

注：本表口径为年主营业务收入在 2000 万元及以上的工业企业。

表7—16 2000年以来全社会用电量

计量单位：万千瓦时

年 份	全社会用电量	第一产业用电量	第二产业用电量	第三产业用电量
2000	1377395	—	—	—
2001	1484439	—	—	—
2002	1620788	—	—	—
2003	1840333	—	—	—
2004	2072997	15625	1516541	280799
2005	2466661	14507	1772227	377701
2006	2705710	14117	1906213	435703
2007	2991293	14806	2104964	503645
2008	3107922	15350	2109267	567103
2009	3370545	16264	2274994	626941
2010	3736638	16871	2461481	728152
2011	3997431	18313	2605097	844872
2012	4249554	18853	2699199	930843
2013	4626718	19536	2920266	1011428
2014	4704973	20441	2946677	1130462
2015	4951753	23820	3069749	1204713
2016	5247863	30133	3167669	1285568
2017	5569607	31438	3243525	1483254
2018	6064005	18389	3381783	1734407
2019	6215283	19160	3357175	1872079

表 7—17　2000 年以来工业和城乡居民生活用电量

计量单位：万千瓦时

年　份	工业用电量	城乡居民生活用电量
2000	983357	161776
2001	1050714	214813
2002	1160082	189578
2003	1297208	233660
2004	1476061	260031
2005	1735282	302226
2006	1870393	349677
2007	2071067	367878
2008	2077025	416202
2009	2237473	452346
2010	2426591	530134
2011	2568421	529149
2012	2656421	600659
2013	2867065	675488
2014	2890160	607393
2015	3005429	653471
2016	3108114	764493
2017	3181389	811390
2018	3312687	929426
2019	3272563	966869

表 7—18　主要年份规模以上工业企业职工人数、主营业务收入

年　份	职工人数（万人）	主营业务收入（万元）
1978	—	479852
1979	55.26	567621
1980	58.66	616995
1981	62.90	610863
1982	65.58	668852
1983	70.87	752944
1984	71.41	876503
1985	78.50	1120919
1986	81.32	1151405
1987	85.18	1508476
1988	86.52	1845851
1989	85.66	2202471
1990	86.26	2477840
1992	89.50	4081394
1993	87.95	5642341
1994	90.74	6608363
1995	92.17	8645998
1996	86.92	9197414
1997	81.97	10077056
1998	75.04	11624513
1999	68.13	12534665
2000	62.04	15402200
2004	55.24	30914407
2005	56.27	40273019
2007	59.29	58189978
2008	70.96	66355400
2009	73.39	67309878
2010	80.59	86253519
2011	78.11	104723129
2012	79.71	112832558
2013	79.71	124252054
2014	80.64	130038382
2015	78.42	121806956
2016	74.44	124423598
2017	64.26	109364660
2018	64.41	121572303
2019	57.00	113689366

表 7—19　2019 年大中型工业企业名单

企业名称	规模	企业名称	规模
中国石化股份有限公司金陵分公司	大型	南京钢铁有限公司	大型
中国石化扬子石油化工有限公司	大型	国电南瑞南京控制系统有限公司	大型
南京钢铁股份有限公司	大型	南京乐金化学新能源电池有限公司	大型
上汽大众汽车有限公司南京分公司	大型	中车南京浦镇车辆有限公司	大型
上海梅山钢铁股份有限公司	大型	艾欧史密斯（中国）热水器有限公司	大型
江苏中烟工业有限责任公司南京卷烟厂	大型	仕达利恩（南京）光电有限公司	大型
乐金显示（南京）有限公司	大型	南京金龙客车制造有限公司	大型
乐金化学（南京）信息电子材料有限公司	大型	中国石化集团南京化学工业有限公司	大型
南京汽车集团有限公司	大型	博西华电器（江苏）有限公司	大型
扬子石化-巴斯夫有限责任公司	大型	上汽大通汽车有限公司南京分公司	大型
长安马自达汽车有限公司	大型	南京中电熊猫平板显示科技有限公司	大型
喜星电子（南京）有限公司	大型	南京德朔实业有限公司	大型
南京金江冶金炉料有限公司	大型	熊猫电子集团有限公司	大型
南京南瑞继保工程技术有限公司	大型	台积电（南京）有限公司	大型
南京爱立信熊猫通信有限公司	大型	江苏奥赛康药业有限公司	大型
国电南瑞科技股份有限公司	大型	南京正大天晴制药有限公司	大型
南京高速齿轮制造有限公司	大型	南京群志光电有限公司	大型
南京中车浦镇城轨车辆有限责任公司	大型	瑞仪光电（南京）有限公司	大型
吉宝通讯（南京）有限公司	大型	南京依维柯汽车有限公司	大型

表 7—19　2019 年大中型工业企业名单（续表 1）

企业名称	规模	企业名称	规模
南京南钢产业发展有限公司	大型	南京喜之郎食品有限公司	大型
南京创维家用电器有限公司	大型	长安马自达发动机有限公司	大型
中国石化集团金陵石油化工有限责任公司	大型	中材科技股份有限公司	大型
舍弗勒（南京）有限公司	大型	代傲电子控制（南京）有限公司	大型
中国石油化工股份有限公司华东油气分公司	大型	江苏中圣压力容器装备制造有限公司	大型
南京顶益食品有限公司	大型	南京泉峰汽车精密技术股份有限公司	大型
南京夏普电子有限公司	大型	南京冠盛汽配有限公司	大型
南京康尼机电股份有限公司	大型	英华达（南京）科技有限公司	大型
南京中电熊猫液晶显示科技有限公司	大型	南京高精齿轮集团有限公司	大型
南京港华燃气有限公司	大型	菲尼克斯亚太电气（南京）有限公司	大型
南京南瑞继保电气有限公司	大型	艾欧史密斯（中国）环境电器有限公司	大型
西门子数控（南京）有限公司	大型	南京微创医学科技股份有限公司	大型
南京天加环境科技有限公司	大型	可隆（南京）特种纺织品有限公司	大型
江苏太古可口可乐饮料有限公司	大型	南京京滨化油器有限公司	大型
南京汽轮电机（集团）有限责任公司	大型	南京水务集团有限公司	大型
南京卫岗乳业有限公司	大型	南京金斯瑞生物科技有限公司	大型
南京金陵船厂有限公司	大型	南京瀚宇彩欣科技有限责任公司	大型
南京奥托立夫汽车安全系统有限公司	大型	南京金陵金箔集团股份有限公司	大型
南京造币有限公司	大型	汉桑（南京）科技有限公司	大型

表 7—19　2019 年大中型工业企业名单（续表 2）

企业名称	规模	企业名称	规模
南京 LG 新港新技术有限公司	中型	南京红宝丽聚氨酯有限公司	中型
南京扬子石油化工有限责任公司	中型	南京四方亿能电力自动化有限公司	中型
南京乐金熊猫电器有限公司	中型	南京华信藤仓光通信有限公司	中型
国电南京自动化股份有限公司	中型	东爵有机硅（南京）有限公司	中型
南京中联混凝土有限公司	中型	江苏宝庆珠宝有限公司	中型
南京诚志清洁能源有限公司	中型	江苏中旗科技股份有限公司	中型
塞拉尼斯（南京）化工有限公司	中型	南京汽轮电机长风新能源股份有限公司	中型
南京福邦特东方化工有限公司	中型	南京联塑科技实业有限公司	中型
华能南京金陵发电有限公司	中型	艾欧史密斯（中国）水系统有限公司	中型
江苏苏博特新材料股份有限公司	中型	南京大全电气有限公司	中型
南京健友生化制药股份有限公司	中型	江苏钟山化工有限公司	中型
江苏德纳化学股份有限公司	中型	南京钛白化工有限责任公司	中型
南京邦奇自动变速箱有限公司	中型	安百拓（南京）建筑矿山设备有限公司	中型
南京绿叶制药有限公司	中型	法雷奥凯佩科液力变矩器（南京）有限公司	中型
南京先声东元制药有限公司	中型	江苏塔菲尔新能源科技股份有限公司	中型
南京云海特种金属股份有限公司	中型	南京协众汽车空调集团有限公司	中型
南京汇众汽车底盘系统有限公司	中型	精博电子（南京）有限公司	中型
南京国电南自电网自动化有限公司	中型	诺玛科（南京）汽车零部件有限公司	中型
南京苏美达动力产品有限公司	中型	南京新百药业有限公司	中型
南京创维平面显示科技有限公司	中型	南京兰叶建设集团有限公司	中型
江苏南热发电有限责任公司	中型	南京大吉铁塔制造有限公司	中型
中国石化集团资产经营管理有限公司扬子石化分公司	中型	江苏华瑞服装有限公司	中型
蓝星安迪苏南京有限公司	中型	南京中燃城市燃气发展有限公司	中型
南京莱斯康电子有限公司	中型	布雷博（南京）制动系统有限公司	中型
江苏双龙集团有限公司	中型	南京中车浦镇海泰制动设备有限公司	中型
南京化学工业园热电有限公司	中型	南京乐金汽车零部件有限公司	中型
大唐南京发电厂	中型	南京中联水泥有限公司	中型
南京国轩电池有限公司	中型	南京聚隆科技股份有限公司	中型
南京奥特佳新能源科技有限公司	中型	南京百事可乐饮料有限公司	中型
兰精（南京）纤维有限公司	中型	南京消防器材股份有限公司	中型
南京长安汽车有限公司	中型	华能国际电力股份有限公司南京电厂	中型
扬子江药业集团南京海陵药业有限公司	中型	南京海辰药业股份有限公司	中型
南京炼油厂有限责任公司	中型	南京威尔药业股份有限公司	中型
南京优科制药有限公司	中型	江苏信宁新型建材有限公司	中型
南京创源天地动力科技有限公司	中型	南京宝色股份公司	中型
南京红太阳股份有限公司	中型	马勒发动机零部件（南京）有限公司	中型
中国水泥厂有限公司	中型	南京药石科技股份有限公司	中型

表 7—19　2019 年大中型工业企业名单（续表 3）

企业名称	规模	企业名称	规模
江苏无线电厂有限公司	中型	金陵药业股份有限公司	中型
江苏金陵机械制造总厂	中型	南京际华三五二一特种装备有限公司	中型
艾默生过程控制流量技术有限公司	中型	南京电气绝缘子有限公司	中型
南京莱斯信息技术股份有限公司	中型	南京音飞储存设备（集团）股份有限公司	中型
南京华脉科技股份有限公司	中型	金城化学（江苏）有限公司	中型
南京国盛电子有限公司	中型	南京同仁堂药业有限责任公司	中型
中建五洲工程装备有限公司	中型	南京市比亚迪汽车有限公司	中型
南京华润热电有限公司	中型	南京新联电子股份有限公司	中型
南京迈瑞生物医疗电子有限公司	中型	南京圣和药业股份有限公司	中型
南京恩瑞特实业有限公司	中型	南京中船绿洲机器有限公司滨江公司	中型
南京圣迪奥时装有限公司	中型	苏世博（南京）减振系统有限公司	中型
含羞草（江苏）食品有限公司	中型	南京美高美新材料有限公司	中型
南京锦湖轮胎有限公司	中型	多伦科技股份有限公司	中型
江苏南瑞帕威尔电气有限公司	中型	江苏久吾高科技股份有限公司	中型
基蛋生物科技股份有限公司	中型	南京全信传输科技股份有限公司	中型
南京科远智慧科技集团股份有限公司	中型	南京中电熊猫照明有限公司	中型
布雷博（南京）汽车零部件有限公司	中型	南京威孚金宁有限公司	中型
中国能源建设集团南京线路器材有限公司	中型	南京佳和日化有限公司	中型
霍尼韦尔传感控制（中国）有限公司	中型	赛科利（南京）汽车模具技术应用有限公司	中型
博世汽车技术服务（中国）有限公司	中型	南京爱德印刷有限公司	中型
南京迪威尔高端制造股份有限公司	中型	江苏金陵环境有限公司	中型
南京立业电力变压器有限公司	中型	南京双星塑料模具有限公司	中型
南京安维士传动技术股份有限公司	中型	南京利德东方橡塑科技有限公司	中型
江苏龙蟠科技股份有限公司	中型	南京熊猫电子装备有限公司	中型
南京南瑞水利水电科技有限公司	中型	中船重工鹏力（南京）塑造科技有限公司	中型
开沃新能源汽车集团有限公司	中型	南京金岛服装有限公司	中型
南京星乔威泰克汽车零部件有限公司	中型	蓝深集团股份有限公司	中型
江苏金智科技股份有限公司	中型	南京南方联成汽车零部件有限公司	中型
南京江宁水务集团有限公司	中型	南京我乐定制家具有限公司	中型
弓箭玻璃器皿（中国）有限公司	中型	南京国电南自维美德自动化有限公司	中型
南京龙源环保有限公司	中型	溢泰（南京）环保科技有限公司	中型
南京红太阳生物化学有限责任公司	中型	南京美华羽绒制品有限公司	中型
美埃（中国）环境净化有限公司	中型	南京普天通信股份有限公司	中型
南京法雷奥离合器有限公司	中型	南京洛普科技有限公司	中型
南京威迩德汽车零部件有限公司	中型	南京我乐家居股份有限公司	中型
南京埃斯顿自动化股份有限公司	中型	大协西川东阳汽车部件（南京）有限公司	中型
江苏金海宁新型建材科技有限公司	中型	南京众山电池电子有限公司	中型

表 7—19　2019 年大中型工业企业名单（续表 4）

企业名称	规模	企业名称	规模
亿泰精密工业（南京）有限公司	中型	南京派格斯游乐设备有限公司	中型
南京氟源化工管道设备有限公司	中型	南京金城机械有限公司	中型
南京高立工程机械有限公司	中型	江苏雨润肉食品有限公司	中型
南京佳力图机房环境技术股份有限公司	中型	南京圣诺热管有限公司	中型
南京日立产机有限公司	中型	南京胜捷电机制造有限公司	中型
南京马波斯自动化设备有限公司	中型	南京六和普什机械有限公司	中型
南京大全变压器有限公司	中型	南京甘汁园糖业有限公司	中型
上美塑胶（南京）有限公司	中型	南京百江液化气有限公司	中型
江苏卡思迪莱服饰有限公司	中型	南京越博动力系统股份有限公司	中型
江苏大烨智能电气股份有限公司	中型	胡连电子（南京）有限公司	中型
南京世和基因生物技术有限公司	中型	南京塔塔汽车零部件系统有限公司	中型
南京高精船用设备有限公司	中型	南京云海轻金属精密制造有限公司	中型
艾志（南京）环保管接技术股份有限公司	中型	南京冠佳科技有限公司	中型
南京华格电汽塑业有限公司	中型	南京海欣丽宁长毛绒有限公司	中型
南京雷尔伟新技术股份有限公司	中型	南京飞燕活塞环股份有限公司	中型
南京银茂铅锌矿业有限公司	中型	南京亿高微波系统工程有限公司	中型
南京白敬宇制药有限责任公司	中型	丸仁电子（南京）有限公司	中型
江苏凯米膜科技股份有限公司	中型	南京白象食品有限公司	中型
华润雪花啤酒（南京）有限公司	中型	江苏高淳陶瓷股份有限公司	中型
南京飞腾电子科技有限公司	中型	南京扬子检修安装有限责任公司	中型
南京光明乳品有限公司	中型	南京诺唯赞生物科技有限公司	中型
江苏六维智能物流装备股份有限公司	中型	南京东陶有限公司	中型
南京小洋人生物科技发展有限公司	中型	东盟电气集团南京股份有限公司	中型
南京盛溪印刷包装有限公司	中型	南京中盛铁路车辆配件有限公司	中型
南京大桥机器有限公司	中型	江苏艾思飞精密零部件有限公司	中型
南京磐能电力科技股份有限公司	中型	南京金梦都工贸实业有限责任公司	中型
迈拓仪表股份有限公司	中型	南京志卓电子科技有限公司	中型
南京易亨制药有限公司	中型	南京普爱医疗设备股份有限公司	中型
南京奥联汽车电子电器股份有限公司	中型	江苏康缘阳光药业有限公司	中型
南京腾亚精工科技股份有限公司	中型	立维腾电子（南京）有限公司	中型
江苏盛南服装有限公司	中型	乐金化学（南京）新能源科技有限公司	中型
南京正源搪瓷设备制造有限公司	中型	南京巨鲨显示科技有限公司	中型
海太欧林集团有限公司	中型	南京佳盛机电器材制造有限公司	中型
南京康尼新能源汽车零部件有限公司	中型	南京扬子检维修有限责任公司	中型
南京际华五三零二服饰装具有限责任公司	中型	南京扬子塑料化工有限责任公司	中型
蒂森克虏伯发动机零部件（中国）有限公司	中型	南京康尼精密机械有限公司	中型
南京东润特种橡塑有限公司	中型	江苏集萃药康生物科技有限公司	中型

表7—19　2019年大中型工业企业名单（续表5）

企业名称	规模	企业名称	规模
南京沪江复合材料股份有限公司	中型	南京东屋电气有限公司	中型
南京特种电机厂有限公司	中型	南京江南永新光学有限公司	中型
南京恒电电子有限公司	中型	南京创思特服饰有限公司	中型
南京五洲制冷集团有限公司	中型	南京金浦利轨道车辆装备有限公司	中型
南京万德体育产业集团有限公司	中型	南京舒服特服饰鞋业有限公司	中型
南京南条全兴汽车内饰系统有限公司	中型	南京海尔曼斯集团有限公司	中型
泰艺电子（南京）有限公司	中型	南京速鸿电子科技有限公司	中型
南京臣功制药股份有限公司	中型	南京制药厂有限公司	中型
南京扬子动力工程有限责任公司	中型	中石化南京化工研究院有限公司	中型
南京中民筑友智造科技有限公司	中型	南京克莉丝汀食品有限公司	中型
南京肯特复合材料股份有限公司	中型	南京达盈新型材料有限公司	中型
南京斯瑞奇医疗用品有限公司	中型	南京东亚橡塑制品有限公司	中型
南京熊猫信息产业有限公司	中型	南京东翔制衣有限公司	中型
南京工艺装备制造有限公司	中型	江苏金恒信息科技股份有限公司	中型
南京华东电子信息科技股份有限公司	中型	南京禾诚石化装备工程有限公司	中型
南京西普尔科技实业有限公司	中型	南京圣可尼服饰实业有限公司	中型
伟创力（南京）科技有限公司	中型	江苏花山集团有限公司	中型
南京鑫业电动工具制造有限公司	中型	南京美华羽绒制品有限公司羽绒制品厂	中型
南京苏美达创元制衣有限公司	中型	江苏金丝服装有限公司	中型
南京力高建筑构件有限公司	中型	南京昊天制衣有限公司	中型
南京波长光电科技股份有限公司	中型	南京钢铁集团江苏冶金机械有限公司	中型
江苏东航食品有限公司	中型	南京二机齿轮机床有限公司	中型
江苏本川智能电路科技股份有限公司	中型	南京奥威服装有限公司	中型
南京诺尔曼生物技术有限公司	中型	南京同方制衣有限责任公司	中型
南京海尔曼斯集团服装有限公司	中型	南京益发电气自动化有限公司	中型
永镫科技（南京）有限公司	中型	江苏苏美达创为针织服饰有限公司	中型
南京梅山工程技术新产业开发有限公司	中型	南京南梅金属加工有限公司	中型
南京奥特佳祥云冷机有限公司	中型	美药星（南京）制药有限公司	中型
南京润京乳胶制品有限公司	中型	南京化纤股份有限公司	中型
南京苏美达服装技术研发有限公司	中型	上海瑞博密封件南京有限公司	中型
侨伟运动器材（南京）有限公司	中型	中泰建机（南京）机械科技有限公司	中型
南京长明光电科技有限公司	中型	南京爱沁缘服饰有限公司	中型
南京迦南比逊科技有限公司	中型	南京特朗普汽车零部件有限公司	中型
南京梦丽偲纺织品有限公司	中型	南京群力运动器材有限公司	中型

主要统计指标解释

工业 指从事自然资源的开采，对采掘品和农产品进行加工和再加工的物质生产部门。具体包括：（1）对自然资源的开采，如采矿、晒盐、森林采伐等（但不包括禽兽捕猎和水产捕捞）；（2）对农副产品的加工、再加工，如粮油加工、食品加工、轧花、缫丝、纺织、制革等；（3）对采掘品的加工、再加工，如炼铁、炼钢、化工生产、石油加工、机器制造、木材加工等，以及电力、自来水、煤气的生产和供应等；（4）对工业品的修理、翻新，如机器设备的修理、交通运输工具（包括小卧车）的修理等。

1984年以前农村的村及村以下办工业归属农业，1984年以后划归工业。

国有及国有控股企业 指国有企业加上国有控股企业。国有企业是指企业全部资产归国家所有，并按《中华人民共和国企业法人登记管理条例》规定登记注册的非公司制的经济组织。1957年以前的公私合营和私营工业，后均改造为国营工业，1992年改为国有工业，这部分工业的资料不单独分列时，均包括在国有企业内。国有控股企业是对混合所有制经济的企业进行的“国有控股”分类。它是指这些企业的全部资产中国有资产（股份）相对其他所有者中的任何一个所有者占资（股）最多的企业。该分组反映了国有经济控股情况。

集体企业 指企业资产归集体所有，并按《中华人民共和国企业法人登记管理条例》规定登记注册的经济组织。是社会主义公有制经济的组成部分。包括城乡所有使用集体投资举办的企业，以及部分个人通过集资自愿放弃所有权并依法经工商行政管理机关认定为集体所有制的企业。

股份合作企业 指以合作制为基础，由企业职工共同出资入股，吸收一定比例的社会资产投资组建，实行自主经营，自负盈亏，共同劳动，民主管理，按劳分配与按股分红相结合的一种集体经济组织。

联营企业 指两个及两个以上相同或不同所有制性质的企业法人或事业单位法人，按自愿、平等、互利的原则，共同投资组成的经济组织。联营企业包括：国有联营企业指国有企业与国有企业间的联营；集体联营企业指集体企业与集体企业间的联营；国有与集体联营企业指国有企业与集体企业间的联营。

有限责任公司 指根据《中华人民共和国公司登记管理条例》规定登记注册，由两个以上，五十个以下的股东共同出资，每个股东以其所认缴的出资额对公司承担有限责任，公司以其全部资产对其债务承担责任的经济组织。

有限责任公司包括国有独资公司以及其他有限责任公司。

股份有限公司 指根据《中华人民共和国企业法人登记管理条例》规定登记注册，其全部注册资本由等额股份构成并通过发行股票筹集资本，股东以其认购的股份对公司承担有限责任，公司以其全部资产对其债务承担责任的经济组织。

私营企业 指由自然人投资设立或由自然人控股，以雇佣劳动为基础的营利性经济组织。包括按照《公司法》、《合伙企业法》、《私营企业暂行条例》规定登记注册的私营有限责任公司、私营股份有限公司、私营合伙企业和私营独资企业。

港、澳、台商投资企业 指企业注册登记类型中的港、澳、台资合资、合作、独资经营企业和股份有限公司之和。

外商投资企业 指企业注册登记类型中的中外合资、合作经营企业、外资企业和外商投资股份有限公司之和。

“三资”企业 系指港、澳、台商投资企业和外资企业的简称。

轻工业 指主要提供生活消费品和制作手工工具的工业。按其所使用的原料不同，可分为两大类：（1）以农产品为原料的轻工业，是指直接或间接以农产品为基本原料的轻工业。主要包括食品制造、饮料制造、烟草加工、纺织、缝纫、皮革和毛皮制作、造纸以及印刷等工业；（2）以非农产品为原料的轻工业，是指以工业品为原料的轻工业。主要包括文教体育用品、化学药品制造、合成纤维制造、日用化学制品、日用玻璃制品、日用金属制品、手工工具制造、医疗器械制造、文化和办公用机械制造等工业。

重工业 是指为国民经济各部门提供物质技术基础的主要生产资料的工业。按其生产性质和产品用途，可以分为下列三类：（1）采掘（伐）工业，是指对自然资源的开采，包括石油开采、煤炭开采、金属矿开采、非金属矿开采和木材采伐等工业；（2）原材料工业，指向国民经济各部门提供基本材料、动力和燃料的工业。包括金属冶炼及加工、炼焦及焦炭、化学、化工原料、水泥、人造板以及电力、石油和煤炭加工等工业；（3）加工工业，是指对工业原材料进行再加工制造的工业。包括装备国民经济各部门的机械设备制造工业、金属结构、水泥制品等工业，以及为农业提供的生产资料如化肥、农药等工业。

根据上述划分原则，修理业中以重工业产品为修理作业对象的划为重工业，反之划为轻工业。

工业总产值 是以货币表现的工业企业在一定时期内生产的已出售或可供出售工业产品总量，它反映一定时间内工业生产的总规模和总水平。它包括：在本企业内不再进行加工，经检验、包装入库（规定不需包装的产品除外）的成品价值，对外加工费收入，自制半成品、在产品期末初差额价值。工业总产值采用“工厂法”计算，即以工业企业作为一个整体，按企业工业生产活动的最终成果来计算，企业内部不允许重复计算，不能把企业内部各个车间（分厂）生产的成果相加。但在企业之间、行业之间、地区之间存在着重复计算。

轻重工业总产值的划分是按“工厂法”计算的，即一个工业企业生产的主要产品性质属于轻工业，则该企业的全部总产值作为轻工业总产值；如它的主要产品性质属于重工业，则该企业的全部总产值作为重工业总产值。

实收资本 指企业实际收到的投资人投入的资本。按投资主体可分为国家资本、集体资本、法人资本、个人资本、港澳台资本和外商资本等。

资产合计 指企业拥有或控制的能以货币计量的经济资源。包括各种财产、债权和其他权利。资产按其流动性划分为流动资产、长期投资、固定资产、无形及递延资产和其他资产。

（1）流动资产 指企业可以在一年内或者超过一年的一个生产周期内变现或耗用的资产合计。包括现金及各种存款、短期投资、应收及预付款项、存货等。

（2）固定资产 指企业固定资产净值、固定资产清理、在建工程、待处理固定资产损失所占用的资金合计。

（3）无形资产 指企业长期使用而没有实物形态的资产。包括专利权、非专利技术、商标权、著作权、土地使用权、商誉等。

负债合计 指企业承担的能以货币计量，将以资产或劳务偿付的债务。负债一般按偿还期长短分为流动负债和长期负债、递延税项等。

（1）流动负债 指企业在一年内或者超过一年的一个营业周期内需要偿还的债务合计，其中包括短期借款、应付及预收款项、应付工资、应交税金和应交利润等。

（2）长期负债 指企业在一年以上或者超过一年的一个营业周期以上需要偿还的债务合计，其中包括长期借款、应付债务、长期应付款项等。

所有者权益 指企业投资人对企业净资产的所有权。企业净资产等于企业全部资产减去全部负债后的余额，其中包括投资者对企业的最初投入，以及资本公积金、盈余公积金和未分配利润，对股份制企业即为股东权益。

固定资产原价 指企业在建造、购置、安装、改建、扩建、技术改造某项固定资产时所支出的全部货币总额。它一般包括买价、包装费、运杂费和安装费等。

固定资产净值 是指固定资产原价减去历年已提折旧额后的净额。

流动资产 是指可以在一年或者超过一年的一个营业周期内变现或者耗用的资产，包括现金及各种存款、短期投资、应收及预付货款、存货等。

主营业务收入 指企业销售产品和提供劳务等主要经营业务取得的收入总额。

主营业务成本 指企业销售产品和提供劳务等主要经营业务的实际成本。

主营业务税金及附加 指企业销售产品和提供工业性劳务等主要经营业务应负担的城市维护建设税、消费税、资源税和教育费附加。

主营业务利润 指企业销售产品和提供工业性劳务等主要经营业务收入扣除其成本、费用、税金后的利润。

利润总额　指企业实现的利润。

应交增值税　指企业在报告期内应交纳的增值税额。

能源购进量　根据企业生产、经营性质划分，购进量分两种情况，一种是能源经销企业（批发、零售企业）用于销售的能源购进数量，另一种是能源使用企业用于消费的能源购进数量，分别在不同表式中统计。

能源经销企业能源购进量，指能源经销企业在报告期内购入的、用于销售的各种一次能源和二次能源。能源经销企业能源购进量由能源经销企业（批发、零售企业）填报。

能源使用企业能源购进量，指能源使用单位在报告期内外购的、用于企业消费的各种一次能源和二次能源。能源使用企业能源购进量由能源使用企业填报。

购进量金额　指本单位在报告期实际购进的、已办理验收入库手续的各种一次能源和二次能源的金额。其金额以购货发票上的总金额（含增值税）计算，统计原则、范围与购进量相同。

能源消费量　指能源使用单位在报告期内实际消费的一次能源或二次能源的数量。

能源消费量统计的原则是：

（1）谁消费、谁统计。

（2）何时投入使用，何时计算消费量。

（3）消费量只能计算一次。

（4）耗能工质（如水、氧气、压缩空气等），不论是外购的还是自产自用的，均不统计在能源消费量中（计算单位产品能耗时除外）。

（5）企业自产的能源，凡作为企业生产另一种产品的原材料、燃料，又分别计算产量的，消费量要统计。

工业企业能源消费量　工业企业能源消费包括工业企业在生产过程中作为燃料、动力、原料、辅助材料使用的能源以及工艺用能、非生产用能；作为能源加工转换企业，还要包括能源加工转换的投入量.

工业生产能源消费　指工业企业为进行工业生产活动所使用的能源。

车辆用油　指在厂区内、外进行交通运输活动的车辆所消费的成品油。但是如果工业企业所属的车队是独立核算的企业，其消费的成品油既不能包括在“工业企业能源消费”中，亦不能包括在“车辆用油”中，它的消费应为交通运输业企业消费。

能源加工、转换消费　能源加工、转换是指为了特定的用途，将一种能源（一般为一次能源），经过一定的工艺，加工或转换成另外一种能源（二次能源）。

能源加工转换产出量　指各种能源经过加工转换后产出的各种二次能源产品（包括不作能源使用的其

他副产品和联产品），比如火力发电产出的电力，热电联产同时产出的电力、蒸汽、热水，洗煤产出的洗精煤、洗中煤、煤泥等；炼焦产出的焦炭、焦炉煤气和其他焦化产品；炼油产出的汽油、煤油、柴油、燃料油、液化石油气、炼厂干气和其他石油制品（石脑油、各种原料油、溶剂油、石蜡、润滑油、石油沥青等）；制气产出的是焦炉煤气、其他煤气、焦炭和其他焦化产品（煤焦油、粗苯等）。

能源加工转换损失量 指在能源加工、转换过程中产生的各种损失量，即能源加工、转换过程中投入的能源数量和产出的能源数量之差。

能源用作原材料 指能源产品不作能源使用，即不作燃料、动力使用，而作为生产另外一种产品（非能源产品）的原料或作为辅助材料使用，作原料使用时通常构成这种产品的实体。

综合能源消费量 指报告期内企业实际消费的各种能源的总和。计算综合能源消费量时，需要先将使用的各种能源折算成标准燃料后再进行计算。

能源库存量 本制度中所涉及的能源库存量是指企业能源库存量，它是企业在报告期的某时间点所拥有的各种能源数量。根据企业的生产经营活动性质，企业库存量分为生产企业产成品库存、经销企业（批发、零售企业）用于经营销售的库存、使用企业用于消费的库存。

库存量的核算原则：（1）时点性原则；（2）实际数量原则。

工业取水总量 指工业企业从各种水源提取的，并用于工业生产活动的水量总和，包括自来水、地下水、地表水、海水、苦咸水、经城市污水处理厂处理后回用于工业的水量，以及企业从市场购得的其他水或水的产品（如纯净水、矿泉水、蒸汽、热水、地热水等）。工业取水总量包括主要工业生产用水、辅助生产（包括机修、运输、空压站等）用水和附属生产（包括厂内绿化、职工食堂、非营业的浴室及保健站、厕所等）用水；不包括非工业生产单位的用水，如厂内居民家庭用水和企业附属幼儿园、学校、对外营业的浴室、游泳池等的用水量。

2020南京统计年鉴
NANJING STATISTICAL YEARBOOK

（八）
交通运输和邮电通讯业

CHAPTER 8
TRANSPORTATION, POST AND TELECOMMUNICATION SERVICES

表 8—1　铁路运输基本情况（南京市辖范围）

指　　标	2019 年	2018 年
车站（个）	28	26
货物发送量（万吨）	529.15	576.88
旅客发送量（万人次）	7925.46	7339.30

表 8—2　航空运输情况

指　　标	2019 年	2018 年
民用航空里程（公里）	182781	181732
# 国际航线（公里）	18203	10794
民用机场数（个）	1	1
飞机架数（架）	67	64
旅客吞吐量（万人）	3058.2	2858
货邮吞吐量（万吨）	37.46	36.50

注：货邮吞吐量中不含行李重量；民用航空里程按不重复距离计算。

表 8—3 全社会客货运输（吞吐）量（2019 年）

指　　标	客运量（万人）	旅客周转量（万人公里）	货运量（万吨）	货物周转量（万吨公里）	货物吞吐量（万吨）	集装箱吞吐量（万标箱）
全社会	15902.15	5128826.4	41034.31	33983844	26603.5	331
公路运输	8644	1046558	16886	2748401		
水上运输	23.62	43.08	17061	29952859		
内河	23.62	43.08	4833	2004573		
沿海			8139	10217542		
远洋			4089	17730744		
港口					26566	331
铁路运输	5870.76	2196974	1528.84	798147.9		
民航运输	1363.77	1885251.3	7.46	10967.2	37.5	
管道运输			5551.01	473468.43		

注：本表数据不含城市公共交通，管道运输包括输油管道运输和天然气管道运输；全社会货运量和货物周转量包含管道运输。

表 8—4　公路基本情况

计量单位：公里

指　　标	2019 年	2018 年
公路总里程	10182	10636
按等级分		
高速	614	614
一级	1222	1258
二级	1090	1169
三级	1714	1732
四级	5542	5743
按行政等级分		
国道	827	827
省道	742	736
县道	1984	1976
乡道	4261	4537
村道	2367	2559
按路面标准分		
高级	10172	10560
次高级	10	12
其他	0	61

表 8—5 独立核算内河（沿海）港主要设备及吞吐量

指　　标	2019 年	2018 年
货物吞吐量（万吨）	26566	25411
出口量	9780	9681
# 外贸	1549	1538
进口量（万吨）	16568	15723
# 外贸	1762	1565
箱数（万标箱）	330.54	320.52

表 8—6 全市民用车辆拥有量（2019 年）

计量单位：辆

指　　标	总　计	# 私　人
一、汽车	2699380	2111876
1、载客汽车	2542008	2081689
# 大型	23117	85
轿车	1769476	1494570
2、载货汽车	143116	27399
# 重型	58055	4750
中型	5091	1058
# 普通载货	44173	14419
3、其他汽车	14256	2788
二、摩托车	98038	94244
1、普通	88348	84626
2、轻便	9690	9618
三、拖拉机	5914	5914
1、大型	2024	2024
2、小型	3890	3890
四、挂车	14699	306

表 8—7　邮政电信基本情况（2019 年）

指　　标	2019 年	2018 年
通信业务		
邮电业务总量（亿元）	603.68	470.72
# 邮政业务总量	203.45	161.41
邮电业务收入（亿元）	271.68	251.48
# 邮政业务收入	122.44	110.28
函件（万件）	6370.55	7348.29
# 国际函件	3797.24	4703.38
包裹（万件）	20.45	25.29
# 国际包裹	1.23	0.77
快递（万份）	88279.15	76634.53
# 国际快递	939.76	894.71
固定电话年末用户　（万户）	181.91	201.17
互联网接入用户（万户）	1645.94	1749.98
# 宽带用户	536.81	492.01
移动电话用户（万户）	1307.86	1284.06

注：邮电业务总量为 2010 年不变价计算，2013 年市邮政管理局成立，2014 年邮政业务总量、邮政业务收入等指标口径进行了调整，2014 年邮政业务总量、邮政业务收入由基本邮政业务调整为含快递业务。固定电话、互联网接入用户、宽带用户、移动电话用户数据由南京通信管理办提供。

表 8—8　城市公共交通情况

指　　标	2019 年	2018 年
一、公共汽电车		
1、运营车数（辆）	8700	9246
2、标准运营车数（标台）	10550	11197
3、运营线路长度（公里）	12018	12028
4、公交专用车道长度（公里）	260	221
5、客运总量（万人次）	91518	88985
二、出租汽车		
1、运营车辆（辆）	12083	13354
2、客运总量（万人次）	11442	12255
三、轨道交通		
1、运营车数（辆）	1736	1731
# 地铁	1636	1636
2、标准运营车数（标台）	4090	4142
3、运营线路长度（公里）	394	394
（1）地铁	378	378
（2）轻轨		
（3）有轨电车	17	17
4、客运总量（万人次）	115730	111881
四、客运轮渡		
1、运营船数（艘）	12	15
2、客运总量（万人次）	311	569

表 8—9　主要年份旅客和货物运输量、邮电业务总量

年　份	旅客运输量（万人）	#公路	货物运输量（万吨）	#公路	#水运	邮电业务总量（万元）
1990	4595	3211	9304	3756	3337	9339/19628
1995	10068	8765	12168	5666	4600	117843
2000	15294	13869	14102	7590	4275	515111
2005	20537	18660	18083	10530	6483	717821
2010	39104	36004	34225	17683	11292	1390704
2011	42289	39080	35737	19820	14090	1209088/1514472
2012	46255	42519	41999	22020	15090	1348100
2013	49407	45070	44052	23738	15556	1822877
2014	15269	10596	31798	12143	15056	2111700
2015	15929	10892	29824	12365	13322	2509169
2016	16301	10694	31558	13341	13812	3064151
2017	16418	10160	35462	14974	14840	3346646
2018	15882	9146	38564	15751	15955	4707215
2019	15902	8644	41034	16886	17061	6036800

注：邮电业务总量 1990 年以前为 1980 年不变价，1990 年以后为 1990 年不变价；1990 年当年有两个价格计算的数字。2011 年为 2010 年不变价计算。根据 2013 年交通部和国家统计局开展交通运输经济专项调查的规定，2014 年对公路客运及货运的统计口径进行了调整。

表 8—10　2000 年以来全社会客运周转量

计量单位：万人公里

年　份	全社会客运周转量	公路	铁路	水路	航空
2000	1708277	1235741	327987		144549
2005	2435204	1674203	476469		284532
2010	3297808	1810054	878250		609477
2011	3673170	1968500	995167	28	709475
2012	4143190	2143697	1163900	42	835551
2013	4533225	2274460	1318675	43	940046
2014	3772538	1238040	1474074	37	1060387
2015	4034210	1288416	1593946	38	1151810
2016	4374861	1264667	1742183	39	1367973
2017	4741501	1205101	1942605	41	1593754
2018	4907556	1124968	2084416	42.35	1698130
2019	5128826	1046558	2196974	43.08	1885251

表 8—11　2000 年以来全社会货物周转量

计量单位：万吨公里

年　份	全社会货运周转量	公路	铁路	水路	航空
2000	5258412	463779	922413	3804805	2982
2005	14553118	624339	1291702	12631259	5818
2010	34671721	1323342	842150	32220780	7759
2011	39473702	1522170	996431	36661051	8422
2012	46247288	1681131	978800	43296700	9057
2013	50804593	1865320	932925	47684350	9519
2014	54527587	1778491	86217	52367755	10324
2015	29400713	1821582	751322	26468374	9918
2016	24914558	1917038	688963	21853856	10947
2017	33315320	2197884	710810	30018242	11718
2018	31235666	2532622	734267	27553382	10558
2019	33983844	2748401	798148	29952859	10967

主要统计指标解释

（一）铁路运输

铁路运输 指有固定的运行轨道，以铁路机车、客、货车辆为运输工具，承担旅客、货物运送任务的一种运输方式。具有全天候、大批量、长距离、成本低、高效率的现代化运输特点，是我国综合运输体系中，起骨干力量的重要运输方式。我国铁路运输是由国家铁路、地方铁路、合资铁路和铁路专用线及专用铁道组成，主要承担大宗货物中长距离运输和中长途旅客运输。

铁路旅客周转量 指一定时期内使用铁路客车运送的旅客人数与运输距离的乘积之和。计算公式为：

旅客周转量（人公里）=Σ（实际运送的每一乘客×该旅客出发站与到达站间距离）

=实际运送的旅客人数×旅客平均运程

铁路货物周转量 指一定时期内使用铁路货车完成的货物运量与运送距离的乘积之和。计算公式为：

货物周转量（吨公里）=Σ（每批货物重量×该批货物的运送距离）

=实际运送货物吨数×货物平均运程

（二）公路运输

公路运输 指以汽车为主在公路上运送旅客和货物的一种运输方式。具有线路网密度大、分布广、运输中转环节少等特点，适合承担短途旅客、货物运输及铁路、公路、航空港（站）的集散和接运任务。

公路里程 指在一定时期内实际达到《公路工程技术标准 JTG B01-2003》规定的技术等级的公路，并经公路主管部门正式验收交付使用的公路里程数。包括大、中城市的郊区公路，以及公路通过小城镇（指县城、集镇）街道的公路里程和公路桥梁长度、隧道长度、渡口的宽度以及分期修建的公路已验收交付使用的里程，不包括大中城市的街道、厂矿、林区生产用道和农业生产用道的里程。两条或多条公路共同经由同一路段，只计算一次，不得重复计算里程长度。按公路技术等级分为等级公路和等外公路，其中等级公路分为高速公路、一级公路、二级公路、三级公路和四级公路。

民用汽车拥有量 指报告期末，在公安交通管理部门按照《机动车注册登记工作规范》，已注册登记领有民用车辆牌照的全部汽车数量。汽车拥有量统计的主要分类：根据汽车结构分为载客汽车、载货汽车、其他汽车；根据汽车所有者不同分为个人（私人）汽车、单位汽车；根据汽车的使用性质分为营运汽车、非营运汽车；根据汽车大小规格不同，载客汽车分为大型、中型、小型和微型，载货汽车分为重型、中型、轻型和微型。

其他类型车 指除民用汽车、摩托车及拖拉机以外的其他民用机动车辆，如简易机动车、电瓶车等。

载货挂车　指自身没有动力，需依靠机动牵引车拖带的公路载货用挂车。

公路运输汽车　指在公路运输管理部门注册登记的从事公路运输的营业性及非营业性运输工具。

公路营运汽车拥有量　指报告期末公路运输管理部门注册登记的未办理报废、销、转出手续从事公路运输的营业性客货汽车数量。不包括出租汽车、公共汽车。

普通载货汽车　指具有一般构造的栏板式、平板式及厢式货运汽车，包括自卸车、半挂车、厢式车等。

专用载货汽车　指具有特殊构造及附属设备从事专门用途的货运汽车，包括集装箱车、大件运输车、商品汽车运输车、冷藏保温车、罐车和其他货车。

公路货运量　指一定时期内由各种公路运输工具实际运送到目的地并卸完的货物数量。反映公路货运量的指标有发送货物吨数、到达货物吨数和运送货物吨数。

公路货物周转量　指一定时期内由各种公路运输工具实际完成的货物运量与相应的运送距离的乘积之和。计算公式为：

货物周转量（吨公里）=Σ（每批货物重量×该批货物的运送距离）

公路客运量　指公路运输企业及由其组织的其他单位在一定时期内实际运送的旅客人数。公路客运量的计算方法：不论乘车路程远近和票价的多少，以客票为依据，“人”为计量单位；不足购票年龄的免票儿童不计算客运量。

公路旅客周转量　指一定时期内由各种公路运输工具实际运送的旅客人数与相应的运送距离的乘积之和。计算公式为：

旅客周转量（人公里）=Σ（实际运送的每一旅客×该旅客出发站与到达站间距离）

（三）水路运输

水路运输　指利用船舶、排筏和其他浮运工具，在江、河、湖泊、水库、人工水道和海上运送旅客和货物的一种运输方式。在水运运输中，远洋及江海水运干线具有成本低、运量大的特点，适合于大宗货物的运送；支流小河运输线星罗密布，深入小港小巷，沟通城乡货物运输和人员出入。

水路货运量　指在一定时期内由各种水运工具实际运送的货物数量，包括内河、江海、远洋货运量。

水路货物周转量　指一定时期内由各种水路运输工具实际完成的货物运量与相应的运送距离的乘积之和。

水路客运量　指水运企业及由其组织的其他单位在一定时期内实际运送的旅客人数。

水路旅客周转量　指水运企业和由其组织的其他单位在一定时期内实际运送的旅客人数与相应的运送距离的乘积之和。

（四）港口

港口 指位于江河湖海或水库沿岸，具有一定的设施和条件（如装卸机械、仓库堆场、码头泊位、客运设备等），供船舶停靠、旅客上下、货物装卸、生活物料供应或其他专门业务的地方。包括港内水域及紧接水域的陆地。按港口所处的水域分为海港、河港、湖港等；按港口是否对外国船舶开放分为对外开放港口和不对外开放港口。

港口货物吞吐量 指经由水路进、出港区范围，并经过装卸的货物数量。按货物流向分为进港吞吐量和出港吞吐量，按货物的贸易性质分为内贸和外贸吞吐量。按货物的类别分，可根据现行的交通行业标准《运输货物分类和代码》分类。

（五）民用航空运输

民用航空运输 指利用飞机和空中航线运送旅客和货邮的一种运输方式，具有速度快和不受地形限制的特点。航空运输成本高、运量小，适合对时间要求高的运输事务。

国际航线 指航线中任一航段的起讫点（技术经停点除外）在外国领土上的航线。

民用飞机期末架数 指报告期末实有的、持有有效适航证书的飞机数量。

民用航空客运量 指公共航空运输飞行所载运的旅客人数。成人和儿童各按一人计算，婴儿不计人数。每一特定航班的每一旅客只计算一次。唯一例外的是，乘坐定期航班既经过国内航段又经过国际航段的旅客，同时计算一个国内旅客和一个国际旅客。不定期航班运送的旅客每一特定航班（同一航班）只计算一次。

民用航空旅客周转量 反映旅客在空中实现位移的综合性生产指标，体现航空运输企业所完成的旅客运输工作量。计算单位为人公里（或称“客公里”）。计算公式为：

旅客周转量（人公里）=Σ（航段旅客运输量×航段距离）

民用航空货邮运量 指公共航空运输飞行所载运的货物、邮件重量。每一特定航班的货邮只计算一次。唯一例外的是，定期航班既经过国内航段又经过国际航段运输的货邮，同时各计算一次国内货邮和一次国际货邮。不定期航班运输的货物每一特定航班（同一航班）只计算一次。

民用航空货邮周转量 指一定时期内，公共航空运输单位实际运送的货物、邮件的重量与相应的货邮运输距离乘积之和。计算公式为：

货邮周转量（吨公里）=Σ（每批货邮重量×该批货邮运送距离）

民用航空总周转量 指反映旅客、货邮在空中运载工具的作用下发生位移的综合性指标，体现航空运输过程的生产效果。计算公式为：

民用航空总周转量=旅客周转量+邮件周转量+货物周转量

（六）管道运输

管道运输 指以管道输送的方式将原油、天然气、成品油、其他气体等输送到用户的一种运输形式。包括油气田企业直接通向炼油厂、化工厂、电站等用户及装车站、油码头的管道，炼油厂通向用户（包括商业石油公司油库）的成品油、气管道，管道运输企业通向用户及装车（站）栈桥、油码头的管道；不包括油气田、炼油厂内的集输管线和工艺管线，油气井口输送到集气站或经集气站到净化处理装置的管线。

输油（气）能力 指在油气产量及设备正常的条件下，在年度有效工作时间内，最大可能的输油（气）量。一般按设计能力填报，当实际条件发生很大变化时，则按上级批准的查定能力计算。在计算输油气管道的输送能力时，对于一条输油气管道的输送能力只能根据干线的输送能力来确定，可以不考虑干线与支线的能力平衡。在几条输油气管线连网时，该管网的输油气能力则应根据各输油气管网的运行情况由有关部门综合确定，而不是把各条管道的能力简单相加。

输油（气）量 指输油气管道实际输送的油气数量。计算一条管线的管输量指首站和各进油点的输出量之和。一个单位管几条输油气管线，在计算输油气量时，应分别列出每条管线的输油气量。天然气按一千立方米折一吨原油计算。

输油（气）周转量 指在一定时期内输油气管道输送油气数量与输送距离的乘积。计算公式为：

输油气周转量=输油气量×输油气里程-自用量×输油气里程

（七）城市公共交通

城市公共交通 指城市中供公众乘用的、经济方便的各种交通方式的总称。包括公共汽车、电车、轨道交通（地铁、轻轨、有轨电车、索道、缆车）、出租汽车、公共轮渡等客运交通设施。

运营线路总长度 指全部运营线路长度之和。计算公式为：

运营线路长度=Σ各条运营线路长度

=Σ〔1/2（上行起点至终点里程+下行起点至终点里程+上下行终点掉头里程〕

单向行驶的环行线路长度等于起点至终点里程与终点下客站至起点里程之和的一半，不包括折返、试车、联络线等非运营线路。

公交专用车道 指为了调整公共交通车辆与其他社会车辆的路权使用分配关系，提高公共交通车辆运营速度和道路资源利用率，而科学、合理设置的公共交通优先车道、专用车道（路）、路口专用线（道）、专用街道、单向优先专用线（道）等。

运营车数 指城市中用于公共交通运营业务的全部车辆数。地铁和轻轨在统计时一自然节为一辆。出租汽车指已经领取出租汽车专用牌照的运营车辆，包括技术完好的、在修的、长期行驶的以及拟报废尚未经上级机关批准的车辆。

轮渡运营船数 指用于城市客渡运营业务的全部船舶数。不含旅游客轮（长途旅游，市内供游人游览江、河、湖泊的船只）。

城市公共交通客运总量 指报告期内城市公共交通各种运输方式运送乘客的总人次。

（八）邮电通信

邮电业务总量（又称通信业务总量） 指以价值量形式表现的邮电通信企业为社会提供各类邮电通信服务的总数量。邮电业务量按专业分类包括函件、包件、汇票、报刊发行、邮政快件、特快专递、邮政储蓄、集邮、传真、长途电话、出租电路、移动电话、分组交换数据通信、出租代维等。计算方法为各类产品乘以相应的平均单价（不变价）之和，再加上出租电路和设备、代用户维护电话交换机和线路等的服务收入。该指标综合反映了一定时期邮电业务发展的总成果，是研究邮电业务量构成和发展趋势的重要指标。计算公式为：

邮电业务总量=Σ（各类邮电业务量×不变单价）+出租代维及其他业务收入

=邮政业务总量+电信业务总量

移动电话用户 指通过移动电话交换机进入移动电话网、占用移动电话号码的电话用户。用户数量以报告期末在移动电话营业部门实际办理登记手续进入移动电话网的户数进行计算，一部移动电话统计为一户。

固定电话用户 指在电信运营企业营业网点办理开户登记手续并已接入固定电话网上的全部电话用户。包括普通电话用户、公用电话用户、窄带综合业务数字网（N—ISDN）用户、智能网专用接入终端用户等。按行政区划分为城市电话用户和农村电话用户。1997 年以前，“市内电话用户”是指接入县城及县以上城市电话网的电话用户；“农村电话用户”是指接入县邮电局农话台及县以下农村电话交换点，以县城为中心（除市话用户外）联通县、乡（镇）、行政村、村民小组的用户。从 1997 年起，电话用户数分组调整为以用户所在区域划分为“城市电话用户”和“乡村电话用户”，与过去的按市内电话和农村电话划分方法不同。而电话用户总数、电话机总部数统计范围不变。

（九）
固定资产投资和建筑业

CHAPTER 9
INVESTMENT IN FIXED ASSETS AND CONSTRUCTION

表 9—1　全社会固定资产投资（2019 年）

计量单位：亿元

指　　标	2019 年	2019 年为上年%
全市投资总额	5082.77	108.0
按产业分		
第一产业	2.31	138.3
第二产业	802.51	105.7
# 工业	801.66	110.2
第三产业	4277.95	108.8
# 房地产开发投资	2501.26	106.2
按经济类型分		
国有经济	2414.10	113.7
非国有经济	2668.66	102.8
# 外资	496.21	85.5
私营、个体经济	1109.48	93.8

注：因国家固定资产投资方法制度改革，2018 年起数据按新制度执行，基期数同口径调整。

表 9—2　全社会房屋建筑面积（2019 年）

计量单位：万平方米

指　　标	施工面积		竣工面积	
		#住　宅		#住　宅
全　　市	11817.48	6003.84	1856.35	1124.85
一、城乡投资	2820.53	184.68	274.01	33.12
二、房地产开发投资	8996.95	5819.16	1582.34	1091.73

表9—3　项目固定资产投资（2019年）

计量单位：万元

指　　标	计　划 总投资	累计完成 投　　资
总　　计	161708906	69044019
一、按登记注册类型		
内资	147004068	62244221
国有	28674502	14030166
集体	48615	20405
股份合作	66400	57600
联营企业	20978	16000
国有联营		
集体联营		
国有与集体联营	4978	
其他联营	16000	16000
有限责任公司	73358123	30321712
国有独资公司	27353501	11846992
其他有限责任公司	46004622	18474720
股份有限公司	5398235	2958253
私营	29562087	10825283
其他	9875128	4014802
港澳台商投资	7985706	3621661
合资经营	1737123	585573
合作经营	51151	2346
独资	6154584	3010500
股份有限	29248	13542
其他港澳台商投资企业	13600	9700
外商投资	6718132	3178137
合资经营	2834135	1430212
合作经营		
独资	3866097	1735505
股份有限	13000	12420
其他外商投资企业	4900	
个体经营	1000	
个体户	1000	
个人合伙		
二、按国民经济行业		
农、林、牧、渔业	417656	34718
采矿业		

表9—3　项目固定资产投资（2019年）（续表1）

计量单位：万元

指　　标	计　划 总投资	累计完成 投　　资
制造业	49884606	16749082
电力、燃气及水的生产和供应业	1865433	1088590
建筑业	29647	23491
批发和零售业	1037273	570594
交通运输、仓储和邮政业	24330123	10364148
住宿和餐饮业	1027718	607584
信息传输、计算机服务和软件业	5708993	2259571
金融业	1383858	816211
房地产业	10416690	4163346
租赁和商务服务业	10192269	4525795
科学研究、技术服务和地质勘查业	11111209	4845030
水利、环境和公共设施管理业	31488569	15141832
居民服务和其他服务业	708770	411004
教育	4030182	2397507
卫生、社会保障和社会福利业	2425207	1344117
文化、体育和娱乐业	4836956	3207700
公共管理和社会组织	813747	493699
国际组织		
三、按隶属关系		
中央	7556003	3670291
省		
市		
区		
其他	94693990	37733120
四、按建设性质		
新建	116811627	45068342
扩建	21641193	11489259
改建	19198626	10153500

表9—3　项目固定资产投资（2019年）（续表2）

计量单位：万元

指　　标	计　划 总投资	累计完成 投　　资
单纯建造生活设施	8428	2453
迁建	3181044	1716813
恢复	61500	44100
单纯购置	806488	569552
五、按控股情况		
国有控股	90836715	43488493
集体控股	1697849	840435
私人控股	47376303	15092148
港澳台商控股	7464912	3580035
外商控股	4530114	2134197
六、按期末项目建设状态		
在建	140663526	54005375
全部投产	16729281	13538801
全部停缓建	4316099	1499843
七、按投资规模		
100-500万元		
500-1000万元	4000	
1000-3000万元	67601	
3000-5000万元	381673	
5000万元-1亿元	970789	81567
1亿元-5亿元	3399168	2256453
5亿元-10亿元	24075731	13571895
10亿元以上	22234118	11757745

表 9—3　项目固定资产投资（2019 年）（续表 3）

计量单位：万元

指　　标	本　年 完成投资	#住　宅	本年新增 固定资产
总　计	25815082	306673	9276403
一、按登记注册类型			
内资	23165525	289673	8341792
国有	5454356	207495	2249073
集体	21115		20405
股份合作	5600		
联营企业	17937		16000
国有联营			
集体联营			
国有与集体联营	1937		
其他联营	16000		16000
有限责任公司	10184414	68991	3235198
国有独资公司	3876098	850	1026265
其他有限责任公司	6308316	68141	2208933
股份有限公司	855786	594	842667
私营	4795755	10572	1646323
其他	1830562	2021	332126
港澳台商投资	933920		200308
合资经营	213675		5500
合作经营	2346		
独资	712141		194808
股份有限	5758		
其他港澳台商投资企业			
外商投资	1715476	17000	734303
合资经营	665611	17000	383146
合作经营			
独资	1043853		338737
股份有限	5420		12420
其他外商投资企业	592		
个体经营	161		
个体户	161		
个体合伙			
二、按国民经济行业			
农、林、牧、渔业	34766		3250
采矿业			

表9—3 项目固定资产投资（2019年）（续表4）

计量单位：万元

指　　标	本年完成投资	#住　宅	本年新增固定资产
制造业	7500345	34858	2344608
电力、燃气及水的生产和供应业	516299	850	186192
建筑业	10772		18391
批发和零售业	136727		151384
交通运输、仓储和邮政业	3250212		384253
住宿和餐饮业	302440		160950
信息传输、计算机服务和软件业	1255390	17000	768617
金融业	202581		390485
房地产业	1166127	123127	399782
租赁和商务服务业	1675721	350	836653
科学研究、技术服务和地质勘查业	1020975	7003	531585
水利、环境和公共设施管理业	6307615	97072	1981602
居民服务和其他服务业	172905		92179
教育	1130501	25435	481749
卫生、社会保障和社会福利业	260862		400640
文化、体育和娱乐业	643662		98151
公共管理和社会组织	227182	978	45932
国际组织			
三、按隶属关系			
中央	1292303	350	834020
省			
市			
区			
其他	14175851	198324	5166392
四、按建设性质			
新建	16480227	226865	4615843
扩建	3644051	68029	1797215
改建	4933188	11409	2127274

表 9—3　项目固定资产投资（2019 年）（续表 5）

计量单位：万元

指　　标	本　年 完成投资	#住　宅	本年新增 固定资产
单纯建造生活设施	2261		
迁建	367892	370	396619
恢复	14100		
单纯购置	373363		339452
五、按控股情况			
国有控股	15557327	254447	5826988
集体控股	310290	4000	85029
私人控股	6295868	35509	2111539
港澳台商控股	882546		200308
外商控股	1308772		418583
六、按期末项目建设状态			
在建	20932760	276642	606411
全部投产	4739622	30031	8661717
全部停缓建	142700		8275
七、按投资规模			
100 万元以下			
100-500 万元	3195		
500-1000 万元	33766		
1000-3000 万元	166929		
3000-5000 万元	435298	2910	34737
5000 万元-1 亿元	1488888	14212	999492
1 亿元-5 亿元	6827827	79216	3452363
5 亿元-10 亿元	4617562	111271	2293415
10 亿元以上	12241617	99064	2496396

表 9—3　项目固定资产投资（2019 年）（续表 6）

计量单位：万元

指　　标	资金来源				
	上年末结余资金	本年资金来源			
		小　计	国家预算内资金	国内贷款	利用外资
总　计	951038	21298437	2276616	2151134	188794
一、按登记注册类型					
内资	828566	19374943	2276616	2098808	55041
国有	462307	3819280	368798	768105	4000
集体		1205			
股份合作		601			
联营企业		16000	16000		
国有联营					
集体联营					
国有与集体联营					
其他联营		16000	16000		
有限责任公司	206380	9365744	1082071	892256	20150
国有独资公司	30121	3892249	844438	162755	
其他有限责任公司	176259	5473495	237633	729501	20150
股份有限公司	55609	776042		250189	
私营	81485	3994403	2000	188258	30890
其他	22785	1401668	807747		1
港澳台商投资	25376	617122		35313	2617
合资经营	10444	168462		20000	
合作经营	2500				
独资	11707	446847		15313	2617
股份有限	725	1813			
其他港澳台商投资					
外商投资	97096	1306372		17013	131136
合资经营	13487	462885		3321	48100
合作经营					
独资	83609	838057		13692	83036
股份有限		5430			
其他外商投资企业					
个体经营					
个体户					
个人合伙					
二、按国民经济行业					
农、林、牧、渔业	3800	16731			
采矿业					

表 9—3 项目固定资产投资（2019 年）（续表 7）

计量单位：万元

指标	资金来源				
	上年末结余资金	本年资金来源			
		小计	国家预算内资金	国内贷款	利用外资
制造业	241861	5927269	111126	286744	131908
电力、燃气及水的生产和供应业	3571	279772		54223	
建筑业		8672			
批发和零售业	11191	123599		16773	
交通运输、仓储和邮政业	26627	2996426	729830	11847	43235
住宿和餐饮业	18098	258652	2000	94043	
信息传输、计算机服务和软件业	19614	1084988	630	7152	13650
金融业	29840	178708		5039	
房地产业	61205	962434		142093	
租赁和商务服务业	4549	1604514		275215	
科学研究、技术服务和地质勘查业	57509	916174	36862	64382	
水利、环境和公共设施管理业	150339	4773235	1169272	901140	
居民服务和其他服务业	10	170233	10777	13315	
教育	27550	988233	76045	131260	1
卫生、社会保障和社会福利业	258886	246636	16374	28310	
文化、体育和娱乐业	5455	597545	53500	107559	
公共管理和社会组织	30933	164616	70200	12039	
国际组织					
三、按隶属关系					
中央	61595	1120360	100202	195069	
省					
市					
区					
其他	365816	11563842	130434	957655	171144
四、按建设性质					
新建	674849	13834181	1676943	1315841	113443
扩建	167385	3032229	413328	357914	15051
改建	71155	3889629	184045	416096	53800

表9—3 项目固定资产投资（2019年）（续表8）

计量单位：万元

指标	上年末结余资金	资金来源 本年资金来源 小计	国家预算内资金	国内贷款	利用外资
单纯建造生活设施		2100		2100	
迁建	26186	293071	2300	49173	6500
恢复	100	14110		10010	
单纯购置	11363	233117			
五、按控股情况					
国有控股	650402	13143004	2244706	1680299	17651
集体控股	5500	261537		115500	
私人控股	119555	5201491	2000	221964	30890
港澳台商控股	21242	555728		15313	2617
外商控股	84496	978819		16613	131136
六、按期末项目建设状态					
在建	589363	17632610	2131446	1974459	95002
全部投产	360461	3581242	145170	166217	93792
全部停缓建	1214	84585		10458	
七、按投资规模					
100万元以下					
100-500万元					
500-1000万元					
1000-3000万元					
3000-5000万元	2108	62587		320	
5000万元-1亿元	62288	1189438	70934	87001	
1亿元-5亿元	277790	5568255	284786	417808	117542
5亿元-10亿元	115703	3903020	264925	355245	51452
10亿元以上	493149	10575137	1655971	1290760	19800

表9—3　项目固定资产投资（2019年）（续表9）

计量单位：万元

指　　标	本年资金来源	
	自筹资金	其他资金来源
总　　计	13988683	2660196
一、按登记注册类型		
内资	12329288	2582176
国有	2186400	491977
集体	1205	
股份合作		601
联营企业		
国有联营		
集体联营		
国有与集体联营		
其他联营		
有限责任公司	6006053	1342810
国有独资公司	1871774	1013282
其他有限责任公司	4134279	329528
股份有限公司	519162	6691
私营	3554412	208233
其他	62056	531864
港澳台商投资	565086	14106
合资经营	148462	
合作经营		
独资	414811	14106
股份有限	1813	
其他港澳台商投资企业		
外商投资	1094309	63914
合资经营	400146	11318
合作经营		
独资	688733	52596
股份有限	5430	
其他外商投资企业		
个体经营		
个体户		
个人合伙		
二、按国民经济行业		
农、林、牧、渔业	7451	9280
采矿业		

表9—3 项目固定资产投资（2019年）（续表10）

计量单位：万元

指　　标	本年资金来源	
	自筹资金	其他资金来源
制造业	5197708	189173
电力、燃气及水的生产和供应业	223449	2100
建筑业	8672	
批发和零售业	99455	7371
交通运输、仓储和邮政业	1540501	671013
住宿和餐饮业	161901	708
信息传输、计算机服务和软件业	1060366	3190
金融业	173669	
房地产业	787937	10000
租赁和商务服务业	1019974	309325
科学研究、技术服务和地质勘查业	633839	181091
水利、环境和公共设施管理业	1766988	935835
居民服务和其他服务业	137757	8384
教育	683182	97745
卫生、社会保障和社会福利业	151313	50639
文化、体育和娱乐业	259247	177239
公共管理和社会组织	75274	7103
国际组织		
三、按隶属关系		
中央	809376	15713
省		
市		
区		
其他	9094277	1199722
四、按建设性质		
新建	8745650	1971694
扩建	2086752	159184
改建	2911215	302069

表 9—3 项目固定资产投资（2019 年）（续表 11）

计量单位：万元

指　　标	本年资金来源	
	自筹资金	其　他 资金来源
单纯建造生活设施		
迁建	165473	69625
恢复		4100
单纯购置	79593	153524
五、按控股情况		
国有控股	7448211	1729733
集体控股	144636	1401
私人控股	4698498	237529
港澳台商控股	523692	14106
外商控股	772982	58088
六、按期末项目建设状态		
在建	11055759	2342930
全部投产	2885798	290265
全部停缓建	47126	27001
七、按投资规模		
100 万元以下		
100-500 万元		
500-1000 万元		
1000-3000 万元		
3000-5000 万元	56250	6017
5000 万元-1 亿元	912455	119048
1 亿元-5 亿元	4272622	464887
5 亿元-10 亿元	2888297	343101
10 亿元以上	5859059	1727143

表 9—4　全社会工业投资（2019 年）

计量单位：万元

指　　标	计　划 总投资	累计完成 投　　资
总　　计	51750039	17837672
一、按登记注册类型		
内资	40287027	12236076
国有	2423098	798838
集体	1400	
股份合作	4000	
联营企业		
国有联营		
集体联营		
国有与集体联营		
其他联营		
有限责任公司	19118850	4514679
国有独资公司	971462	497191
其他有限责任公司	18147388	4017488
股份有限公司	2211612	1101166
私营	16412730	5751749
其他	115337	69644
港澳台商投资	5558772	2873806
合资经营	1064935	320043
合作经营	51151	2346
独资	4442686	2551417
股份有限		
其他港澳台商投资		
外商投资	5903240	2727790
合资经营	2511386	1216014
合作经营		
独资	3386954	1511776
股份有限		
其他外商投资企业	4900	
个体经营	1000	
个体户	1000	
个人合伙		

表9—4　全社会工业投资（2019年）（续表1）

计量单位：万元

指　　标	计　划 总投资	累计完成 投　　资
二、按国民经济行业		
采矿业		
煤炭开采和洗选业		
石油和天然气开采业		
黑色金属矿采选业		
有色金属矿采选业		
非金属矿采选业		
开采辅助活动		
其他采矿业		
制造业	49884606	16749082
农副食品加工业	117000	84738
食品制造业	198710	78336
饮料制造业	13472	9200
烟草制品业		
纺织业		
纺织服装、鞋、帽制造业	78000	44517
皮革、毛皮、羽毛（绒）及其制品业	15441	11755
木材加工及木、竹、藤、棕、草制品业	6000	5360
家具制造业	39005	16850
造纸及纸制品业	19550	10420
印刷业和记录媒介的复制业	78500	25759
文教体育用品制造业	671900	92098
石油加工、炼焦及核燃料加工业	136576	111254
化学原料及化学制品制造业	2870048	1494074
医药制造业	3249553	1477933
化学纤维制造业	69595	34619
橡胶和塑料制品业	256426	86418

表 9—4 全社会工业投资（2019 年）（续表 2）

计量单位：万元

指　　标	计 划 总投资	累计完成 投　资
非金属矿物制品业	825932	344412
黑色金属冶炼及压延加工业	636910	256972
有色金属冶炼及压延加工业	201090	118540
金属制品业	649906	193474
通用设备制造业	3059011	1246935
专用设备制造业	2164373	864262
汽车制造业	4999761	2523856
铁路船舶航空航天制造业	1569596	636009
电气机械及器材制造业	5806457	1526705
通信设备、计算机及其他电子设备制造业	19731246	4478988
仪器仪表及文化、办公用机械制造业	1111694	424435
工艺品及其他制造业	790000	345307
废弃资源和废旧材料回收加工业	241254	203512
金属制品、机械和设备修理业	277600	2344
电力、燃气及水的生产和供应业	1865433	1088590
电力、热力的生产和供应业	810802	473800
燃气生产和供应业	18082	4911
水的生产和供应业	1036549	609879
三、按隶属关系		
中央	2049261	1189152
省		
市		
区		
其他	45262731	14745053
四、按建设性质		
新建	31499381	7696605
扩建	6154218	2940506
改建	12311450	6185163

表9—4 全社会工业投资（2019年）（续表3）

计量单位：万元

指 标	计 划 总投资	累计完成 投 资
单纯建造生活设施		
迁建	1564127	869261
恢复		
单纯购置	220863	146137
五、按控股情况		
国有控股	8376035	3607365
集体控股	429919	169796
私人控股	29934919	8159929
港澳台商控股	5388921	2897533
外商控股	3943931	1854348
六、按期末项目建设状态		
在建	44992473	12567997
全部投产	5916995	4977512
全部停缓建	840571	292163
七、按投资规模		
100万元以下		
100-500万元	1500	
500-1000万元	26291	
1000-3000万元	142813	
3000-5000万元	372927	63946
5000万元-1亿元	1424324	855355
1亿元-5亿元	10073234	4969859
5亿元-10亿元	6894595	3357664
10亿以上	32814355	8590848

表9—4 全社会工业投资（2019年）（续表4）

计量单位：万元

指标	本年完成投资	#住宅	本年新增固定资产
总计	8016644	35708	2530800
一、按登记注册类型			
内资	5952501	35708	1803529
国有	518094		109813
集体			
股份合作	4000		
联营企业			
国有联营			
集体联营			
国有与集体联营			
其他联营			
有限责任公司	2084070	27945	576090
国有独资公司	339354	850	94080
其他有限责任公司	1744716	27095	482010
股份有限公司	422850	594	384284
私营	2891588	7169	733342
其他	31899		
港澳台商投资	549392		140404
合资经营	80353		5500
合作经营	2346		
独资	466693		134904
股份有限			
其他港澳台商投资企业			
外商投资	1514590		586867
合资经营	578855		248140
合作经营			
独资	935143		338727
股份有限			
其他外商投资企业	592		
个体经营	161		
个体户	161		
个人合伙			

表 9—4　全社会工业投资（2019 年）（续表 5）

计量单位：万元

指　标	本年完成投　资	#住　宅	本年新增固定资产
二、按国民经济行业			
采矿业			
煤炭开采和洗选业			
石油和天然气开采业			
黑色金属矿采选业			
有色金属矿采选业			
非金属矿采选业			
开采辅助活动			
其他采矿业			
制造业	7500345	34858	2344608
农副食品加工业	7197		
食品制造业	36851		16343
饮料制造业	9200		
烟草制品业			
纺织业			
纺织服装、鞋、帽制造业	28577	300	18517
皮革、毛皮、羽毛（绒）及其制品业	1655		
木材加工及木、竹、藤、棕、草制品业	3860		
家具制造业	6950	2160	1500
造纸及纸制品业	9235		7550
印刷业和记录媒介的复制业	22626		3917
文教体育用品制造业	27181		
石油加工、炼焦及核燃料加工业	79654		91797
化学原料及化学制品制造业	533009	594	428838
医药制造业	521536		105920
化学纤维制造业	33997		
橡胶塑料制品业	54947		45567

表9—4 全社会工业投资（2019年）（续表6）

计量单位：万元

指 标	本年完成投 资	#住 宅	本年新增固定资产
非金属矿物制品业	221353	809	119945
黑色金属冶炼及压延加工业	190219		52781
有色金属冶炼及压延加工业	39767		
金属制品业	120709	600	2422
通用设备制造业	554214		108100
专用设备制造业	587090		231533
汽车制造业	842554	200	339370
铁路船舶航空航天制造业	308237		81194
电气机械及器材制造业	975997		177563
通信设备、计算机及其他电子设备 制造业	1926395	3850	411398
仪器仪表及文化、办公用机械制造业	208352	2158	46861
工艺品及其他制造业	70474	24187	1011
废弃资源和废旧材料回收加工业	76165		52481
金属制品、机械和设备修理业	2344		
电力、燃气及水的生产和供应业	516299	850	186192
电力、热力的生产和供应业	186557		98791
燃气生产和供应业	4911		111
水的生产和供应业	324831	850	87290
三、按隶属关系			
中央	586429		418532
省			
市			
区			
其他	6380305	35708	1852679
四、按建设性质			
新建	3224216	26645	632059
扩建	1393191	7599	436397
改建	3195922	1444	1336978

表 9—4 全社会工业投资（2019 年）（续表 7）

计量单位：万元

指　标	本年完成投　资	#住　宅	本年新增固定资产
单纯建造生活设施			
迁建	177973	20	119714
恢复			
单纯购置	25342		5652
五、按控股情况			
国有控股	2045479	850	815874
集体控股	109448		37204
私人控股	3769794	32106	1009788
港澳台商控股	560804		140404
外商控股	1173882		418573
六、按期末项目建设状态			
在建	5939743	34758	220208
全部投产	2061331	950	2302317
全部停缓建	15570		8275
七、按投资规模			
100 万元以下			
100-500 万元	1057		
500-1000 万元	12942		
1000-3000 万元	78374		
3000-5000 万元	175568	2910	29842
5000 万元-1 亿元	651301	320	357238
1 亿元-5 亿元	2920832	8291	1349832
5 亿元-10 亿元	1367318		328896
10 亿以上	2809252	24187	464992

表 9—4　全社会工业投资（2019 年）（续表 8）

计量单位：万元

指标名称	上年末结余资金	本年资金来源合计			
		小计	国家预算内资金	国内贷款	利用外资
总　　计	245432	6207041	111126	340967	131908
一、按登记注册类型					
内资	150561	4845862	111126	312991	37390
国有	23396	341974	4920	5755	4000
集体					
股份合作					
联营企业					
国有联营					
集体联营					
国有与集体联营					
其他联营					
有限责任公司	47200	1648782	73560	83279	6500
国有独资公司	2191	306910	48160	52536	
其他有限责任公司	45009	1341872	25400	30743	6500
股份有限公司	26119	397694		135209	
私营	53846	2426766	2000	88748	26890
其他		30646	30646		
港澳台商投资	12229	244557		10963	2617
合资经营	22	29380			
合作经营	2500				
独资	9707	215177		10963	2617
股份有限					
其他港澳台商企业					
外商投资	82642	1116622		17013	91901
合资经营	887	388629		3321	48100
合作经营					
独资	81755	727993		13692	43801
股份有限					
其他外商投资企业					
个体经营					
个体户					
个人合伙					

表 9—4　全社会工业投资（2019 年）（续表 9）

计量单位：万元

指标名称	上年末结余资金	本年资金来源合计			
		小计	国家预算内资金	国内贷款	利用外资
二、按国民经济行业					
采矿业					
煤炭开采和洗选业					
石油和天然气开采业					
黑色金属矿采选业					
有色金属矿采选业					
非金属矿采选业					
开采辅助活动					
其他采矿业					
制造业	241861	5927269	111126	286744	131908
农副食品加工业	10	7207			
食品制造业		31057		2000	
饮料制造业		9201			
烟草制品业					
纺织业					
纺织服装、鞋、帽制造业	102	25295			
皮革、毛皮、羽毛（绒）及其制品业		1250			
木材加工及木、竹、藤、棕、草制品业		3860			
家具制造业		7660			
造纸及纸制品业	450	8785			
印刷业和记录媒介的复制业		16280			
文教体育用品制造业	96	26432			
石油加工、炼焦及核燃料加工业		76090		42600	
化学原料及化学制品制造业	13649	417245		68821	
医药制造业	15320	440764		3956	
化学纤维制造业		22494			
橡胶和塑料制品业		54008			

表 9—4　全社会工业投资（2019 年）（续表 10）

计量单位：万元

指标名称	上年末结余资金	本年资金来源合计			
		小计	国家预算内资金	国内贷款	利用外资
非金属矿物制品业	3740	189342		6523	7700
黑色金属冶炼及压延加工业		156417			
有色金属冶炼及压延加工业	40	18000			
金属制品业	4820	144295		5000	15800
通用设备制造业	29714	478105	2000	96839	3100
专用设备制造业	4783	506040	2520	8029	30001
汽车制造业	20710	549914			6100
铁路、船舶航空航天制造业	314	272187	43660	11000	4000
电气机械及器材制造业	18211	702054		35281	48100
通信设备、计算机及其他电子设备制品业	115071	1459983	30646	3795	10607
仪器仪表及文化、办公用机械制造业	3843	179743	6900		
工艺品及其他制造业	750	61489		2900	6500
废弃资源和废旧材料回收加工业	10238	59720	25400		
金属制造品、机械和设备修理业		2352			
电力、燃气及水的生产和供应业	3571	279772		54223	
电力、热力的生产和供应业	400	150061		34764	
燃气生产和供应业	200	4895			
水的生产和供应业	2971	124816		19459	
三、按隶属关系					
中央	1871	472640	50560	155069	
省					
市					
区					
其他	210141	4971695	52236	153607	127908
四、按建设性质					
新建	115346	2456698	30646	85602	70208
扩建	72399	1137001	46060	37980	1400
改建	45672	2405642	34420	201464	53800

表 9—4 全社会工业投资（2019 年）（续表 11）

计量单位：万元

指标名称	上年末结余资金	本年资金来源			
		小计	国家预算内资金	国内贷款	利用外资
单纯建造生活设施					
迁建	2515	193934		15921	6500
恢复					
单纯购置	9500	13766			
五、按控股情况					
国有控股	40200	1654556	103316	198120	4000
集体控股	500	90270			
私人控股	75402	3083163	2000	106551	26890
港澳台商控股	9742	257218		10963	2617
外商控股	82642	843533		16613	91901
六、按期末项目建设状态					
在建	203522	4727663	109126	279524	38117
全部投产	41910	1468169	2000	61085	93791
全部停缓建		11209		358	
七、按投资规模					
100 万元以下					
100-500 万元					
500-1000 万元					
1000-3000 万元					
3000-5000 万元	1508	53474		320	
5000 万元-1 亿元	25636	543481	2520	46640	
1 亿元-5 亿元	104639	2375314	22810	103316	103891
5 亿元-10 亿元	51786	1094942	85796	31300	12217
10 亿以上	61863	2139830		159391	15800

表9—4 全社会工业投资（2019年）（续表12）

计量单位：万元

指标	本年资金来源	
	自筹资金	其他资金来源
总计	5421157	191273
一、按登记注册类型		
内资	4248616	125129
国有	315739	11560
集体		
股份合作		
联营企业		
国有联营		
集体联营		
国有与集体联营		
其他联营		
有限责任公司	1408445	76998
国有独资公司	194164	12050
其他有限责任公司	1214281	64948
股份有限公司	259285	3200
私营	2265147	33371
其他		
港澳台商投资	222921	8056
合资经营	29380	
合作经营		
独资	193541	8056
股份有限		
其他港澳台商投资企业		
外商投资	949620	58088
合资经营	331116	6092
合作经营		
独资	618504	51996
股份有限		
其他外商投资企业		
个体经营		
个体户		
个人合伙		

表9—4　全社会工业投资（2019年）（续表13）

计量单位：万元

指　标	本年资金来源	
	自筹资金	其他资金来源
二、按国民经济行业		
采矿业		
煤炭开采和洗选业		
石油和天然气开采业		
黑色金属矿采选业		
有色金属矿采选业		
非金属矿采选业		
开采辅助活动		
其他采矿业		
制造业	5197708	189173
农副食品加工业	7207	
食品制造业	18447	
饮料制造业	9201	
烟草制品业		
纺织业		
纺织服装、鞋、帽制造业	24795	500
皮革、毛皮、羽毛（绒）及其制品业	1250	
木材加工及木、竹、藤、棕、草制品业	3860	
家具制造业	7660	
造纸及纸制品业	8785	
印刷业和记录媒介的复制业	16280	
文教体育用品制造业	18972	7460
石油加工、炼焦及核燃料加工业	33490	
化学原料及化学制品制造业	322048	26376
医药制造业	436808	
化学纤维制造业	22494	
橡胶和塑料制品业	54008	

表 9—4　全社会工业投资（2019 年）（续表 14）

计量单位：万元

指　　标	本年资金来源	
	自筹资金	其他资金来源
非金属矿物制品业	163049	12070
黑色金属冶炼及压延加工业	156417	
有色金属冶炼及压延加工业	18000	
金属制品业	72415	51080
通用设备制造业	363936	12230
专用设备制造业	455242	10248
汽车制造业	543525	289
船舶航空航天制造业	206637	6890
电气机械及器材制造业	603943	14730
通信设备、计算机及其他电子设备	1370083	44852
仪器仪表及文化、办公用机械制造业	170543	2300
工艺品及其他制造业	51941	148
废弃资源和废旧材料回收加工业	34320	
金属制品、机械和设备修理业	2352	
电力、燃气及水的生产和供应业	223449	2100
电力、热力的生产和供应业	115297	
燃气生产和供应业	4895	
水的生产和供应业	103257	2100
三、按隶属关系		
中央	264798	2213
省		
市		
区		
其他	4500969	126365
四、按建设性质		
新建	2194594	65038
扩建	1027854	23707
改建	2075446	40512

表 9—4　全社会工业投资（2019 年）（续表 15）

计量单位：万元

指　标	本年资金来源	
	自筹资金	其他资金来源
单纯建造生活设施		
迁建	109497	62016
恢复		
单纯购置	13766	
五、按控股情况		
国有控股	1313262	35858
集体控股	89470	800
私人控股	2890751	46361
港澳台商控股	235582	8056
外商控股	677531	57488
六、按期末项目建设状态		
在建	4115618	174668
全部投产	1294688	16605
全部停缓建	10851	
七、按投资规模		
100 万元以下		
100-500 万元		
500-1000 万元		
1000-3000 万元		
3000-5000 万元	48750	4404
5000 万元-1 亿元	465276	29045
1 亿元-5 亿元	2053917	80770
5 亿元-10 亿元	939879	25750
10 亿以上	1913335	51304

表 9—5　房地产开发投资、资金和土地情况（2019 年）

计量单位：万元

项　目	合计	内资				
		内资小计	国有	集体	股份合作	国有联营
计划总投资	169133952	150678461	2271310			
累计完成投资	103138571	90947019	1029686			
本年完成投资额	25012573	22699839	254654			
建筑工程	10355561	9132160	131686			
安装工程	954189	881605	2640			
设备工器具购置	514649	485532	545			
其它费用	13188174	12200542	119783			
#土地购置费	12223645	11396188	119783			
住宅	17358489	16219582	214460			
其中：90 平方米及以下	4595824	4333814	82545			
144 平方米以上	4095594	3714856	42106			
别墅、高档公寓	468788	425645				
办公楼	1704443	1443074	4783			
商业营业用房	2917648	2400605	8819			
其他	3031993	2636578	26592			
本年新增固定资产	11794376	10600492				

表 9—5 房地产开发投资、资金和土地情况（2019 年）（续表 1）

计量单位：万元

项　目	内资					
	国有与集体联营企业	其他联营企业	有限责任公司	国有独资公司	其他有限责任公司	股份有限公司
计划总投资				14713793	87489106	4996800
累计完成投资				10431027	49249168	3099964
本年完成投资额				1784442	13242491	1117313
建筑工程				781937	5056474	381678
安装工程				41228	602148	23901
设备工器具购置				24613	314975	11333
其它费用				936664	7268894	700401
#土地购置费				852967	6801936	647325
住宅				1277435	9253680	689829
其中：90 平方米及以下				382978	2494860	129619
144 平方米以上				169425	2191546	189955
别墅、高档公寓					291959	10
办公楼				8364	1121210	34666
商业营业用房				103717	1481797	108177
其他				394926	1385804	284641
本年新增固定资产				530593	6400123	488188

表 9—5　房地产开发投资、资金和土地情况（2019 年）（续表 2）

计量单位：万元

项　目	内		资			
	私营企业小计	私营独资	私营合伙	私营有限责任公司	私营股份有限公司	其他企业
计划总投资	41207452	426000		39878372	808880	94200
累计完成投资	27137174	65049		26329675	740442	2008
本年完成投资额	6300939	60549		6159660	78722	2008
建筑工程	2780385	29841		2716058	32478	2008
安装工程	211688	5118		204075	2495	
设备工器具购置	134066	70		130056	3940	
其它费用	3174800	25520		3109471	39809	
#土地购置费	2974177	24000		2913339	36838	
住宅	4784178	24471		4732336	26813	558
其中：90 平方米及以下	1243812	7471		1226586	9247	508
144 平方米以上	1121824			1121621	203	
别墅、高档公寓	133676			133676		
办公楼	274051			265613	8438	
商业营业用房	698095	19512		646936	31647	
其他	544615	16566		514775	11824	1450
本年新增固定资产	3181588	10		3173533	8000	45

表9—5 房地产开发投资、资金和土地情况（2019年）（续表3）

计量单位：万元

项 目	小计	港澳台商投资		
		与港澳台商合资经营	港澳台商独资	港澳台商股份
计划总投资	14406928	9269596	4888170	
累计完成投资	8830397	4882951	3915446	
本年完成投资额	1884693	1351698	500995	
建筑工程	939996	646386	273489	
安装工程	55089	24461	30628	
设备工器具购置	23263	2987	20276	
其它费用	866345	677864	176602	
#土地购置费	805457	654778	138800	
住宅	823384	570007	221377	
其中：90平方米及以下	194455	139769	54686	
144平方米以上	222171	142590	47581	
别墅、高档公寓	31456	31401	55	
办公楼	233257	115139	118118	
商业营业用房	463751	363404	100347	
其他	364301	303148	61153	
本年新增固定资产	535694	190814	344880	

表 9—5 房地产开发投资、资金和土地情况（2019 年）（续表 4）

计量单位：万元

项 目	小 计	外商投资			
		中外合资经营	中外合作经营	外资企业	外商投资股份有限公司
计划总投资	4048563	2225300	332000	1332956	
累计完成投资	3361155	1885980	275614	929703	
本年完成投资额	428041	97901	45053	224901	
建筑工程	283405	71109	43896	108214	
安装工程	17495	16338	1157		
设备工器具购置	5854	5854			
其它费用	121287	4600		116687	
#土地购置费	22000			22000	
住宅	315523	54445	44337	157967	
其中：90 平方米及以下	67555	13548	6338	6953	
144 平方米以上	158567	13926	14861	111722	
别墅、高档公寓	11687	1641	10046		
办公楼	28112			27077	
商业营业用房	53292	39958	216	12841	
其他	31114	3498	500	27016	
本年新增固定资产	658190	550000	30590	77600	

表9—5 房地产开发投资、资金和土地情况（2019年）（续表5）

计量单位：万元

项目	合计	内资				
		内资小计	国有	集体	股份合作	国有联营
本年资金来源合计						
1.上年末结余资金	15801110	14296577	95463			
2.本年资金来源小计	34993700	32094185	472919			
（1）国内贷款	5425194	4904698	55623			
其中：银行贷款	5010395	4513559	31923			
非银行金融机构贷款	414799	391139	23700			
（2）利用外资	18208					
其中：外商直接投资						
（3）自筹资金	10930400	9777972	348313			
其中：自有资金						
（4）其他资金来源	1228612	1119337				
其中：定金及预收款	11975602	11257209	68983			
个人按揭贷款	5415684	5034969				
本年各项应付款合计	6045537	5797002	383688			
其中：工程款	3562835	3337955	223194			

表 9—5 房地产开发投资、资金和土地情况（2019 年）（续表 6）

计量单位：万元

项　目	内资					
	国有集体联营企业	其他联营企业	有限责任公司	国有独资公司	其他有限责任公司	股份有限公司
本年资金来源合计						
1.上年末结余资金				1153270	7781865	1250198
2.本年资金来源小计				3139758	18367450	900897
（1）国内贷款				393230	3159481	248300
其中：银行贷款				393230	2935009	248300
非银行金融机构贷款					224472	
（2）利用外资						
其中：外商直接投资						
（3）自筹资金				1047251	5531684	303417
其中：自有资金						
（4）其他资金来源				35337	891042	
其中：定金及预收款				986782	6053386	269784
个人按揭贷款				677158	2731857	79396
本年各项应付款合计				509537	2719500	269017
其中：工程款				183128	1709809	130742

表 9—5　房地产开发投资、资金和土地情况（2019 年）（续表 7）

计量单位：万元

项　目	内　资					
	私营企业小计	私营独资企业	私营合伙企业	私营有限责任公司	私营股份有限公司	其他企业
本年资金来源合计						
1.上年末结余资金	4015781	12625		3911078	92078	
2.本年资金来源小计	9213161	21000		9042245	120481	29435
（1）国内贷款	1048064	6000		1017064		25000
其中：银行贷款	905097	6000		874097		25000
非银行金融机构贷款	142967			142967		
（2）利用外资						
其中：外商直接投资						
（3）自筹资金	2547307	8000		2472466	66841	
其中：自有资金						
（4）其他资金来源	192958	7000		155842	30116	
其中：定金及预收款	3878274			3864905	9264	4105
个人按揭贷款	1546558			1531968	14260	330
本年各项应付款合计	1915260	49049		1764548	101663	
其中：工程款	1091082	25049		1044505	21528	

表9—5 房地产开发投资、资金和土地情况（2019年）（续表8）

计量单位：万元

项 目	小 计	港澳台商投资		
		与港澳台商合资经营	港澳台商独资	港澳台商股份
本年资金来源合计				
1.上年末结余资金	1178147	499992	585555	
2.本年资金来源小计	2385333	1401158	964054	
（1）国内贷款	252385	190225	62160	
其中：银行贷款	228725	190225	38500	
非银行金融机构贷款	23660		23660	
（2）利用外资	18208	18208		
其中：外商直接投资				
（3）自筹资金	1127238	810040	297077	
其中：自有资金				
（4）其他资金来源	109275	45121	64154	
其中：定金及预收款	558581	187727	370854	
个人按揭贷款	319646	149837	169809	
本年各项应付款合计	228602	180168	48434	
其中：工程款	204947	169085	35862	

表9—5　房地产开发投资、资金和土地情况（2019年）（续表9）

计量单位：万元

项　目	小　计	外商投资			
		中外合资经营	中外合作经营	外资企业	外商投资股份有限公司
本年资金来源合计					
1.上年末结余资金	326386	228560	31451	60408	
2.本年资金来源小计	514182	92206	36698	332759	
（1）国内贷款	268111	12000		256111	
其中：银行贷款	268111	12000		256111	
非银行金融机构贷款					
（2）利用外资					
其中：外商直接投资					
（3）自筹资金	25190			25190	
其中：自有资金					
（4）其他资金来源					
其中：定金及预收款	159812	42998	25943	51458	
个人按揭贷款	61069	37208	10755		
本年各项应付款合计	19933	15616		2087	
其中：工程款	19933	15616		2087	

表 9—6 房地产开发施工、竣工和销售按用途分组（2019 年）

项 目	计量单位	合计数	住宅	其中		
				90 平方米及以下	144 平方米以上	别墅、高档公寓
房屋施工面积	平方米	89969546	58191560	21310443	8839727	2708823
其中：新开工面积	平方米	19892972	13737593	4803743	1424800	363915
房屋竣工面积	平方米	15823432	10917345	3683290	1409126	285514
其中：不可销售面积	平方米	901114	32647	10458		
商品住宅竣工套数	套		100961	45967	7351	1586
竣工房屋价值	万元	7664352	5314517	1407805	806284	282615
出租房屋面积	平方米	110335	674		674	
商品房销售面积	平方米	13206462	11371912	3280044	1403175	260726
其中：现房销售面积	平方米	4264639	3684694	1638458	189080	76908
期房销售面积	平方米	8941823	7687218	1641586	1214095	183818
商品房销售额	万元	25101472	22093544	4187903	3894260	714145
其中：现房销售额	万元	5405139	4818528	1132645	452976	182633
期房销售额	万元	19696333	17275016	3055258	3441284	531512
商品住宅销售套数	套		111248	44471	7043	1551
其中：现房销售套数	套		39486	21862	880	451
期房销售套数	套		71762	22609	6163	1100

表 9—6　房地产开发施工、竣工和销售按用途分组（2019 年）（续表）

项　目	计量单位	办公楼	商业营业用房	其他
房屋施工面积	平方米	6775217	9436574	15566195
其中：新开工面积	平方米	1139929	1503147	3512303
房屋竣工面积	平方米	911804	1401748	2592535
其中：不可销售面积	平方米	19781	172268	676418
竣工房屋价值	万元			
出租房屋面积	平方米	631006	895236	823593
商品房销售面积	平方米		109661	
其中：现房销售面积	平方米	457798	761404	615348
期房销售面积	平方米	103378	161041	315526
商品房销售额	万元	354420	600363	299822
其中：现房销售额	万元	809315	1619652	578961
期房销售额	万元	148543	264512	173556

表 9—7　房地产企业财务状况（2019 年）

项　目	计量单位	合　计	内资				
			内资小计	国有	集体	股份合作	国有联营
企业个数	个	599	538	10			
流动资产合计	千元	1484141798	1302048021	12252735			
其中：存货		760834923	691565577	7372977			
固定资产原价	千元	26776145	20470344	78776			
累计折旧	千元	5897997	4985795	25180			
其中：本年折旧		1168400	934793	2866			
资产总计	千元	1695400184	1463115785	12477914			
负债合计	千元	1293187650	1139969785	11558492			
所有者权益合计	千元	402212534	323146000	919422			
营业收入	千元	244534423	215906409	150842			
营业成本	千元	180431256	161002660	76984			
营业税金及附加	千元	13393233	11250002	11627			
营业利润	千元	39002933	34359515	98875			
其他业务利润	千元	354945	281673				
投资收益	千元	3559254	3488133	2480			
补贴收入	千元						
营业外收入	千元	369450	351722	88			
营业外支出	千元	736110	693997	1161			
利润总额	千元	38693293	34074467	97802			
应交所得税	千元	10137741	8933044	8808			
应付职工薪酬（本年贷方累计发生数）	千元	4785880	3884020	23916			

表 9—7 房地产企业财务状况（2019 年）（续表 1）

项 目	计量单位	内资					
		国有与集体联营企业	其他联营企业	有限责任公司	国有独资公司	其他有限责任公司	股份有限公司
企业个数	个				25	287	24
流动资产合计	千元				130615221	823741213	61203350
其中：存货					61037704	467758237	34451406
固定资产原价	千元				650034	13021003	879216
累计折旧	千元				73579	3474912	408544
其中：本年折旧					25746	583112	45946
资产总计	千元				151759996	922801901	70058100
负债合计	千元				100977195	729916069	56507335
所有者权益合计	千元				50782801	192885832	13550765
营业收入	千元				12773264	124970397	8624938
营业成本	千元				10301987	90119570	8975114
营业税金及附加	千元				571429	7501052	398052
营业利润	千元				1222107	21572976	810244
其他业务利润	千元				1987	104029	247
投资收益	千元				58964	3290248	-79190
补贴收入	千元						
营业外收入	千元				3147	133147	81901
营业外支出	千元				8556	252021	41657
利润总额	千元				1216698	21437754	850487
应交所得税	千元				258472	6073846	392763
应付职工薪酬（本年贷方累计发生数）	千元				242865	2433473	182733

表 9—7 房地产企业财务状况（2019 年）（续表 2）

项 目	计量单位	内资					
		私营企业小计	私营独资企业	私营合伙企业	私营有限责任公司	私营股份有限公司	其他企业
企业个数	个	192			187	5	
流动资产合计	千元	274235502			272110772	2124730	
其中：存货		120945253			120593207	352046	
固定资产原价	千元	5841315			5838620	2695	
累计折旧	千元	1003580			1001094	2486	
其中：本年折旧		277123			277054	69	
资产总计	千元	306017874			303812534	2205340	
负债合计	千元	241010694			239712973	1297721	
所有者权益合计	千元	65007180			64099561	907619	
营业收入	千元	69386968			67923033	1463935	
营业成本	千元	51529005			50230600	1298405	
营业税金及附加	千元	2767842			2725262	42580	
营业利润	千元	10655313			10583958	71355	
其他业务利润	千元	175410			175410		
投资收益	千元	215631			215631		
补贴收入	千元						
营业外收入	千元	133439			133253	186	
营业外支出	千元	390602			390293	309	
利润总额	千元	10471726			10400494	71232	
应交所得税	千元	2199155			2072318	126837	
应付职工薪酬（本年贷方累计发生数）	千元	1001033			991004	10029	

表 9—7　房地产企业财务状况（2019 年）（续表 3）

项　目	计量单位	小 计	港澳台商投资		
			与港澳台商合资经营	港澳台商独资经营	港澳台商投资股份
企业个数	个	48	23	1	24
流动资产合计	千元	135803911	65247333	1738264	68818314
其中：存货		48964836	37412458	1067575	10484803
固定资产原价	千元	4130182	1050222	34	3079926
累计折旧	千元	779599	170491	6	609102
其中：本年折旧		174227	54066	5	120156
资产总计	千元	181357764	75441157	1763466	104153141
负债合计	千元	114504092	44477408	790377	69236307
所有者权益合计	千元	66853672	30963749	973089	34916834
营业收入	千元	23845168	12515302		11329866
营业成本	千元	16159841	9435690		6724151
营业税金及附加	千元	1589385	570082	782	1018521
营业利润	千元	4271879	1930739	-30388	2371528
其他业务利润	千元	63607	50308		13299
投资收益	千元	21810	4446		17364
补贴收入	千元				
营业外收入	千元	15412	8401	400	6611
营业外支出	千元	31758	8585		23173
利润总额	千元	4255325	1930348	-29988	2354965
应交所得税	千元	1092021	698564		393457
应付职工薪酬（本年贷方累计发生数）	千元	749818	481852	464	267502

表9—7 房地产企业财务状况（2019年）（续表4）

项　目	计量单位	小　计	外商投资			
			中外合资经营	中外合作经营	外资企业	外商投资股份有限公司
企业个数	个	13	6	1	4	1
流动资产合计	千元	46289866	26059592	2655058	14846983	216792
其中：存货		20304510	5697915	27704	12271997	177072
固定资产原价	千元	2175619	333631	2145	1785626	8552
累计折旧	千元	132603	42802	1790	60828	7088
其中：本年折旧		59380	7370	273	50734	
资产总计	千元	50926635	28111751	2656823	17390820	230166
负债合计	千元	38713773	21820488	1872443	12186132	237794
所有者权益合计	千元	12212862	6291263	784380	5204688	-7628
营业收入	千元	4782846	821883	2277383	1675279	
营业成本	千元	3268755	417313	1943981	905748	
营业税金及附加	千元	553846	288991	64890	192433	
营业利润	千元	371539	-275704	273160	421367	-1364
其他业务利润	千元	9665	9663		2	
投资收益	千元	49311	26657	22654		
补贴收入	千元					
营业外收入	千元	2316	1988		328	
营业外支出	千元	10355	523	1436	8396	
利润总额	千元	363501	-274238	271724	413299	-1364
应交所得税	千元	112676	-59209	35614	136271	
应付职工薪酬（本年贷方累计发生数）	千元	152042	62304	3600	78646	276

表9—8　全市建筑业企业基本情况（2019年）

（总承包、专业承包）

指标名称	计量单位	合　计	总承包及专业承包
企业个数	个	1707	1707
建筑业总产值	万元	42359544	42359544
固定资产原价	万元	3595564	3595564
#本年折旧	万元	264069	264069
资产合计	万元	47494810	47494810
负债合计	万元	33440639	33440639
实收资本	万元	6526863	6526863
营业收入	万元	42305063	42305063
# 主营业务收入	万元	42113893	42113893
营业成本	万元	38832593	38832593
# 主营业务成本	万元	38689699	38689699
营业税金及附加	万元	217279	217279
# 主营业务税金及附加	万元	208323	208323
销售费用	万元	151865	151865
管理费用	万元	1241926	1241926
财务费用	万元	319961	319961
利润总额	万元	1344518	1344518
应付职工薪酬（本年贷方累计发生额）	万元	5982167	5982167

表9—9 全市建筑业企业生产情况（2019年）

（总承包及专业承包）

指　　标	2019年	2018年	2019年为上年%
建筑合同额（万元）	91055895	84006558	108
上年结转建筑合同额	45919325	36495774	126
本年新签建筑合同额	45136570	47510785	95
建筑业总产值（万元）	42359544	39031848	109
建筑工程产值	37667428	34647244	109
安装工程产值	3620652	3759634	96
其他产值	1071464	624970	171
竣工产值（万元）	27027225	24441658	111
房屋施工面积（万平方米）	27479.16	27080.93	101
房屋竣工面积（万平方米）	6639.87	6184.02	107
#住宅	5015.69	4227.23	119
建筑业全员劳动生产率（元/人）	377528	342969	110

表9—10 按行业分建筑业企业生产情况（2019年）

（总承包及专业承包）

指　　标	房屋建筑业	土木工程建筑业
企业个数（个）	584	427
建筑合同额（万元）	53371019	20403202
上年结转建筑合同额	28164943	11092951
本年新签建筑合同额	25206076	9310221
建筑业总产值（万元）	23533927	9602512
建筑工程产值	22542107	9104059
安装工程产值	196919	300005
其他产值	794901	198448
竣工产值（万元）	15592387	5382848
房屋施工面积（万平方米）	25143.50	1154.18
房屋竣工面积（万平方米）	6182.64	192.83
#住宅	4794.24	95.89
全员劳动生产率（元/人）	349816	474414

表9—10 按行业分建筑业企业生产情况（2019年）（续表）

（总承包及专业承包）

指　　标	建筑安装业	建筑装饰和其他建筑业
企业个数（个）	322	374
建筑合同额（万元）	11732263	5549412
上年结转建筑合同额	5020761	1640640
本年新签建筑合同额	6711502	3908772
建筑业总产值（万元）	5479004	3744101
建筑工程产值	2564527	3456736
安装工程产值	2864404	259324
其他产值	50073	28041
竣工产值（万元）	3612685	2439306
房屋施工面积（万平方米）	978.27	203.21
房屋竣工面积（万平方米）	176.95	87.45
#住宅	94.73	30.84
全员劳动生产率（元/人）	448507	300239

表 9—11 按经济类型分建筑业企业生产情况（2019 年）

（总承包及专业承包）

指　　标	总　　计	国有经济	集体经济	其他经济
企业个数（个）	1707	84	28	1595
建筑合同额（万元）	91055895	42073534	1258994	47723367
上年结转建筑合同额	45919325	22447085	786019	22686220
本年新签建筑合同额	45136570	19626449	472975	25037147
建筑业总产值（万元）	42359544	15223153	535585	26600806
建筑工程产值	37667428	12933808	238537	24495083
安装工程产值	3620652	1676882	294099	1649671
其他产值	1071464	612463	2949	456052
竣工产值（万元）	27027225	9403832	240573	17382820
房屋施工面积（万平方米）	27479.16	11028.33	18.97	16431.87
房屋竣工面积（万平方米）	6639.87	2402.26	17.47	4220.15
#住宅	5015.69	1871.70	6.42	3137.57
全员劳动生产率（元/人）	377528	57263	33564	31659

表 9—12　全市建筑业企业财务情况（2019 年）

（总承包及专业承包）

计量单位：万元

指　　标	总　　计	国有经济	集体经济	其他经济
资产合计	47494810	17289148	2425720	27779942
流动资产合计	40179018	14312358	2139798	23726862
# 存　货	7811502	2618923	291363	4901217
固定资产原价	3595564	1172513	130547	2292505
累计折旧	1793107	620093	54496	1118519
# 本年折旧	264069	102790	6612	154667
负债合计	33440639	14071886	1935921	17432832
所有者权益合计	14051943	3215034	489799	10347110
营业收入	42305063	16357903	1281837	24665323
# 主营业务收入	42113893	16277825	1253065	24583003
营业成本	38832593	15220763	1138639	22473192
# 主营业务成本	38689699	15153474	1121543	22414682
营业税金及附加	217279	46439	3857	166984
#主营业务税金及附加	208323	44993	3179	160151
销售费用	151865	43932	2391	105542
管理费用	1241926	358222	53829	829875
财务费用	319961	91237	-18004	246728
利润总额	1344518	422290	103860	818368
应付职工薪酬（本年贷方累计发生额）	5982167	1874138	66202	4041827

表9—13 主要年份全社会固定资产投资完成额

计量单位：亿元

年 份	全社会固定资产投资完成额	#城镇固定资产投资	#房地产开发投资
1949	0.02	0.02	
1952	0.26	0.26	
1957	1.18	1.18	
1962	0.76	0.76	
1965	1.44	1.44	
1970	1.53	1.53	
1975	2.96	2.96	
1978	6.63	6.35	
1979	7.01	6.86	
1980	7.82	7.56	
1985	27.65	24.28	
1990	42.65	36.80	
1991	49.71	40.91	2.58
1995	233.86	133.63	59.45
1997	351.66	223.79	72.89
1998	376.60	217.96	101.06
1999	373.01	211.94	97.91
2000	412.20	241.95	99.34
2004	1201.88	703.92	292.88
2005	1402.72	820.30	296.14
2007	1867.96	1041.95	445.97
2008	2154.17	1226.16	508.17
2009	2668.03	1572.08	595.68
2010	3306.05	2029.87	754.76
2011	4010.03	2563.86	896.73
2012	4683.45	3122.05	1015.76
2013	5265.55	4620.72	1120.18
2014	5460.03	—	1125.49
2015	5484.47	—	1429.02.
2016	5533.56	—	1845.60
2017	4212.66	—	2170.21
2018	4718.05	—	2354.17
2019	5082.77		2501.26

注：1、国家固定资产投资方法制度改革，2018年数据按新制度执行。2017年数同口径调整。
2、城镇固定资产投资包括以前年度基本建设、更新改造、城镇集体和其他投资，2005年起不再细分。

表 9—14　2000 年以来固定资产投资情况

计量单位：亿元

年　份	全社会固定资产投资额	第一产业	第二产业	#工业投资	第三产业	#房地产开发投资
2000	412.20	3.44	110.09	108.42	298.67	99.34
2001	464.91	5.30	169.27	158.55	290.34	111.00
2002	602.95	1.42	236.97	240.00	364.56	137.63
2003	954.05	3.75	357.71	356.06	592.59	183.80
2004	1201.88	5.83	481.5	458.54	714.55	292.88
2005	1402.72	4.78	586.43	582.04	811.51	296.14
2006	1613.55	6.90	738.12	732.63	868.53	351.17
2007	1867.96	10.81	936.79	930.42	920.36	445.97
2008	2154.17	12.43	1088.93	1081.09	1052.81	508.17
2009	2668.03	12.24	1311.31	1300.40	1344.48	595.68
2010	3306.05	21.21	1618.41	1601.31	1666.43	754.76
2011	4010.03	29.31	2041.43	2000.22	1939.29	896.73
2012	4683.45	23.59	2414.95	2400.93	2244.91	1015.76
2013	5265.55	23.55	2518.53	2509.40	2723.47	1120.18
2014	5460.03	34.87	2180.71	2152.36	3244.45	1125.49
2015	5484.47	36.95	2093.03	2071.66	3354.49	1429.02
2016	5533.56	40.78	1784.22	1761.65	3708.57	1845.60
2017	4312.66	2.16	699.84	684.94	3600.33	2170.21
2018	4718.05	1.67	774.02	745.9	3942.36	2354.17
2019	5082.77	2.31	802.51	801.66	4277.95	2501.26

注：因国家固定资产投资方法制度改革，2018 年数据按新制度执行。2017 年数同口径调整。

表 9—15　2000 年以来房屋竣工面积与商品房销售情况

计量单位：万平方米、亿元

年　　份	房屋竣工面积	商品房销售面积	商品房销售额
2000	383.11	222.23	62.11
2001	402.76	281.60	81.85
2002	434.59	382.05	111.66
2003	392.82	444.48	139.90
2004	644.45	607.96	213.73
2005	646.09	943.81	384.37
2006	807.46	1010.50	452.41
2007	682.97	1137.88	603.51
2008	1062.26	703.55	359.46
2009	1516.28	1186.94	852.81
2010	1039.57	823.17	787.38
2011	1169.09	767.70	714.72
2012	1699.73	950.87	960.98
2013	1039.39	1222.01	1404.75
2014	967.40	1207.58	1352.20
2015	1449.10	1543.16	1772.89
2016	1241.33	1558.18	2766.35
2017	1077.49	1429.61	2237.74
2018	1245.44	1224.20	2404.09
2019	1582.34	1320.65	2510.15

主要统计指标解释

全社会固定资产投资　固定资产投资是社会固定资产再生产的主要手段。固定资产投资额是以货币表现的建造和购置固定资产活动的工作量，它是反映固定资产投资规模、速度、比例关系和使用方向的综合性指标。

房地产开发投资　指房地产开发公司、商品房建设公司及其他房地产开发法人单位和附属于其他法人单位实际从事房地产开发或经营的活动单位统一开发的包括统代建、拆迁还建的住宅、厂房、仓库、饭店、宾馆、度假村、写字楼、办公楼等房屋建筑物和配套的服务设施，土地开发工程（如道路、给水、排水、供电、供热、通讯、平整场地等基础设施工程）的投资；　不包括单纯的土地交易活动。

固定资产投资按国民经济行业分　建设项目归哪个行业，按其建成投产后的主要产品或主要用途及社会经济活动性质来确定。**固定资产投资按建设性质分**　建设项目的性质一般分为新建、扩建、改建、迁建、恢复。

（1）新建：一般是指从无到有、“平地起家”新开始建设的单位。有的单位原有的基础很小，经过建设后其新增加的固定资产价值超过原有固定资产价值（原值）三倍以上的也算新建。

（2）扩建：一般是指为扩大原有产品的生产能力，在厂内或其他地点增建主要生产车间（或主要工程）、独立的生产线或分厂的企业；　事业单位和行政单位在原单位增建业务用房（如学校增建教学用房、医院增建门诊部或病床用房、行政机关增建办公楼等）也作为扩建。

（3）改建：一般是指现有企业、事业单位为了技术进步，提高产品质量，增加花色品种，促进产品升级换代，降低消耗和成本，加强资源综合利用和三废治理、劳保安全等，采用新技术、新工艺、新设备、新材料等对现有设施、工艺条件进行技术改造或更新（包括相应配套的辅助性生产、生活福利设施）。有的企业为充分发挥现有生产能力，进行填平补齐而增建不增加本单位主要产品生产能力的车间等，也属于改建。

固定资产投资按构成分　固定资产投资活动按其工作内容和实现方式分为建筑安装工程，设备、工具、器具购置，其他费用三个部分。

（1）建筑安装工程（建筑安装工作量）：指各种房屋、建筑物的建造工程和各种设备、装置的安装工程。包括各种房屋建造工程，各种用途设备基础和各种工业窑炉的砌筑工程；为施工而进行的各种准备工作和临时工程以及完工后的清理工作等；铁路、道路的铺设，矿井的开凿及石油管道的架设等；水利工程；防空地下建筑等特殊工程；以及各种机械设备的安装工程；为测定安装工程质量，对设备进行的试运工作。在安装工程中，不包括被安装设备本身的价值。

（2）设备、工具、器具购置：指购置或自制达到固定资产标准的设备、工具、器具的价值，固定资产的标准按财务部门规定。新建单位、扩建单位的新建车间按照设计和计划要求购置或自制的全部设备、工具、器具，不论是否达到固定资产标准均计入“设备、工具、器具购置”中。

（3）其他费用：指在固定资产建造和购置过程中发生的，除建筑安装工程和设备、工具、器具购置以外的各种应摊入固定资产的费用。

固定资产投资的资金来源 根据固定资产投资的资金来源不同，分为国家预算内资金、国内贷款、利用外资、自筹资金和其他资金来源。

（1）国家预算内资金：指中央财政和地方财政中由国家统筹安排的基本建设拨款和更新改造拨款，以及中央财政安排的专项拨款中用于基本建设的资金和基本建设拨款改贷款的资金等。

（2）国内贷款：指报告期内企、事业单位向银行及非银行金融机构借入的用于固定资产投资的各种国内借款。包括银行利用自有资金及吸收的存款发放的贷款、上级主管部门拨入的国内贷款、国家专项贷款（包括煤代油贷款、劳改煤矿专项贷款等）、地方财政专项资金安排的贷款、国内储备贷款、周转贷款等。

（3）利用外资：指报告期内收到的用于固定资产投资的国外资金，包括统借统还、自借自还的国外贷款，中外合资项目中的外资，以及对外发行债券和股票等。国家统借统还的外资指由我国政府出面同外国政府、团体或金融组织签订贷款协议、并负责偿还本息的国外贷款。

（4）自筹资金：指建设单位报告期内收到的，用于进行固定资产投资的上级主管部门、地方和企、事业单位自筹资金。

（5）其他资金来源：指报告期内收到的除以上各种拨款、借款、自筹资金以外其他用于固定资产投资的资金。

施工项目 指报告期内曾进行建筑或安装工程施工活动的建设项目，包括报告期内新开工项目、报告期以前年度开工跨入报告期继续施工的项目以及报告期施过工并在报告期内全部建成投产或停缓建的项目。

全部建成投产项目 工业项目是指设计文件规定形成生产能力的主体工程及其相应配套的辅助设施全部建成，经负荷试运转，证明具备生产设计规定合格产品的条件，并经过验收鉴定合格或达到竣工验收标准，与生产性工程配套的生活福利设施可以满足近期正常生产的需要，正式移交生产的建设项目。非工业项目是指设计文件规定的主体工程和相应的配套工程全部建成，能够发挥设计规定的全部效益，经验收鉴定合格或达到竣工验收标准，正式移交使用的建设项目。

新增生产能力 指通过固定资产投资活动而增加的设计能力或工程效益，它是用实物形态表示的固定资产投资的成果。新增生产能力的计算，是以能独立发挥生产能力或工程效益的单项工程（或项目）为对象。当单项工程（或项目）建成，经有关部门鉴定合格，正式移交投入生产，即可计算新增生产能力。

新增生产能力或工程效益有以下几种表现形式：

（1）以建设项目或单项工程建成后的年产能力表示，如煤炭开采、石油开采等。

（2）以建设项目或单项工程建成后处理原料的能力表示，如选矿工程的年处理矿石能力、洗煤厂年洗原煤能力等。

（3）以新增的主要设备数量或容量表示，如棉纺锭锭数、发电机组容量等。

（4）以建筑物容积、容量、面积或长度表示，如水库容量、铁路公路里程等。

新增生产能力的数量一般按设计能力计算。设计能力是指设计文件中规定的在正常情况下能够达到的生产能力，而不论投产后的实际产量如何。以设备数量、建筑物容积、面积、长度等表示的新增生产能力或工程效益，则按建成的实际数量计算。

房屋建筑面积 指从房屋外墙线算起的各层平面面积的总和，包括可供使用的有效面积和房屋结构（如柱、墙）占用的面积。多层建筑按各层（包括地下室）面积总和计算。

住宅建筑面积 指施工和竣工房屋建筑面积中供居住用的施工和竣工房屋建筑面积。

施工面积 指报告期内施工的全部房屋建筑面积。包括本期新开工的面积、上期跨入本期继续施工的房屋面积、上期停缓建在本期恢复施工的房屋面积、本期竣工的房屋面积及本期施工后又停缓建的房屋面积。

竣工面积 指在报告期内房屋建筑按照设计要求已全部完工，达到住人和使用条件，经验收鉴定合格，正式移交使用单位的建筑面积。

房屋建筑面积竣工率 指一定时期内房屋竣工面积占同期房屋施工面积的比率。它是从房屋建筑施工速度的角度反映投资效果和建筑业经济效益的指标。

新增固定资产 指通过投资活动所形成的新的固定资产价值，包括已经建成投入生产或交付使用的工程价值和达到固定资产标准的设备、工具、器具的价值及有关应摊入的费用。它是以价值形式表示的固定资产投资成果的综合性指标，可以综合反映不同时期、不同部门、不同地区的固定资产投资成果。

建设项目投产率 指一定时期内全部建成投入生产项目个数与同期正式施工项目个数的比率。它是从项目建设速度的角度反映投资效果的指标。

建设周期 是指报告期（年）所有正式施工项目全部建成平均需要的时间。它是从宏观角度反映建设速度的指标。建设周期的计算方法有两种。

（1）按建设项目计算：建设周期=报告期正式施工项目个数/报告期全部建成投产项目个数。

（2）按投资额计算：建设周期=报告期正式施工项目计划总投资之和/报告期正式施工项目完成投资之和。

建筑业统计单位 指从事房屋、构筑物建造、装饰装修、设备安装活动和工程准备、提供施工设备服务等其他建筑活动的法人企业。建筑业法人企业应同时具备的条件是：①依法成立，有自己的名称、组织机构和场所，能够承担民事责任；②独立拥有和使用资产，承担负债，有权与其他单位签订合同；③独立核算盈亏，能够编制资产负债表。

建筑业总产值（即自行完成施工产值） 是以货币表现的建筑业企业在一定时期内生产的建筑业产品和服务的总和。建筑业总产值包括：

（1）建筑工程产值：指列入建筑工程预算内的各种工程价值。

（2）安装工程产值：指设备安装工程价值，不包括被安装设备本身价值。

（3）其他产值：指建筑业总产值中除建筑工程、安装工程以外的产值。包括房屋、构筑物修理所完成的产值（不包括被修理的房屋、构筑物本身的价值）、非标准设备制造产值、总包企业向分包企业收取的管理费和不能明确划分的施工活动所完成的产值。

建筑业增加值 指建筑业企业在报告期内以货币表现的建筑业生产经营活动的最终成果。目前建筑业增加值采用分配法（收入法）计算，即从收入的角度出发，根据生产要素在生产过程中应得的收入份额计算。具体计算公式为：

建筑业增加值=本年提取的固定资产折旧+本年应付工资总额+本年应付福利费总额+管理费用中的劳动待业保险费、税金+工程结算税金及附加+营业利润

房屋建筑施工面积 指在报告期内施过工的全部房屋建筑面积，包括本期新开工的房屋面积、上期跨入本期继续施工的房屋面积、上期停缓建在本期恢复施工的房屋面积、本期竣工的房屋面积及本期施工后又停缓建的房屋面积。

房屋建筑竣工面积 指在报告期内房屋建筑按照设计要求全部完工，达到了住人和使用条件，经检查验收鉴定合格的房屋建筑面积。

自有机械设备年末总台数 指归本企业（或单位）所有，属于本企业（或单位）固定资产的生产性机械设备年末总台数。包括施工机械、生产设备、运输设备以及其他设备。

自有机械设备年末总功率 指本企业（或单位）自有施工机械、生产设备、运输设备以及其他设备等列为固定资产的生产性机械设备年末总功率，按设定能力或查定能力计算。包括机械本身的动力和为该机械服务的单独动力设备，如电动机等。计算单位用千瓦，动力换算可按1马力＝0.735千瓦折合成千瓦数。电焊机、变压器、锅炉不计算动力。

工程结算收入 指企业承包工程实现的工程价款结算收入，以及向发包单位收取的除工程价款以外按规定列作营业收入的各种款项，如临时设施费、劳动保险费、施工机械调迁费等以及向发包单位收取的各种索赔款。

工程结算利润 指已结算工程实现的利润，如亏损以“－”号表示。

计算公式为：工程结算利润＝工程结算收入－工程结算成本－工程结算税金及附加

企业总收入 指与企业生产经营直接有关的各项收入，包括工程结算收入和其他业务收入。

计算公式为：：企业总收入＝工程结算收入＋其他业务收入

计算建筑业劳动生产率的平均人数 指建筑业企业（或单位）报告期实际拥有的、与建筑施工活动有关的人员的平均人数，包括参加本企业（或单位）建筑施工活动的非本企业（或单位）人员，但不包括企业内部社会服务性机构的人员以及由本企业支付工资但所从事的工作与本企业生产基本无关的人员。

2020' NANJING STATISTICAL YEARBOOK

2020南京统计年鉴
NANJING STATISTICAL YEARBOOK

（十）批发和零售业、住宿和餐饮业

CHAPTER 10 WHOLESALE AND RETAIL TRADE, ACCOMMODATIONS AND CATERING

表 10—1　社会消费品零售总额（2019 年）

计量单位：亿元

指　　标	2019 年	2019 年为上年%
社会消费品零售总额	7136.32	105.3
一、按销售单位所在地分		
城镇	6750.72	—
其中：城区	6006.90	—
乡村	385.60	—
二、按行业分		
（一）批发和零售业小计	6741.19	—
限额以上	3253.54	—
（二）住宿和餐饮业小计	395.13	—
限额以上	195.21	—

注：2019 年社零数据为全国第四次经济普查调整数。限额以上为年报口径。

表 10—2 限额以上批发和零售业、住宿和餐饮业基本情况（2019 年）

指　标	法人企业（个）	所属全部批零住餐活动单位（个）	其他行业所属批零住餐产业活动单位（个）	年末营业面积（平方米）	年末从业人员（个）
总　计	4032	11246	70	9015349	312937
一、批发和零售业小计	3380	9174	18	6770900	232641
（一）批发业	2049	2536	6	290817	103458
其中：国有控股	207	373		65959	20984
1、按登记注册类型分组					
内资	2011	2424	5	280761	88867
国有	12	40	2	1753	1531
集体	5	6		400	167
股份合作					
联营企业					
有限责任公司	476	692	1	109843	34963
股份有限公司	53	79		16763	12428
私营企业	1424	1566	2	138535	36594
其他内资	41	41		13467	3184
港澳台投资企业	17	23			1287
外商投资企业	21	89	1	10056	13304
2、按国民经济行业分组					
农、林、牧、渔产品批发	47	95		13246	3375
食品、饮料及烟草制品批发	166	221	2	29797	12188
纺织、服装及家庭用品批发	252	322	1	51521	32233
文化、体育用品及器材批发	96	172		24732	5648
医药及医疗器材批发	164	189		32658	13877
矿产品、建材及化工产品批发	774	891	2	54311	16027
机械设备、五金产品及电子产品批发	471	564	1	74651	17328
贸易经纪与代理	34	34		1700	1200
其他批发业	45	48		8201	1582
3、按经营方式分组					
独立门店	766	939	3	123747	28167
连锁总店（总部）	11	37		4186	8503
连锁门店	6	71		17682	1850
其他	1266	1489	3	145202	64938

表 10—2　限额以上批发和零售业、住宿和餐饮业基本情况（2019 年）（续表 1）

指　　标	法人企业（个）	所属全部批零住餐活动单位（个）	其他行业所属批零住餐产业活动单位（个）	年末营业面积（平方米）	年末从业人员（个）
（二）零售业	1331	6638	12	6480083	129183
其中：国有控股	84	679		1117097	13303
1、按经济注册类型分组					
内资	1285	5735	8	4837999	93303
国有	9	47	1	46060	708
集体	8	45	1	14970	501
股份合作	2	2		256	28
联营企业					
有限责任公司	293	2779		2242373	39916
股份有限公司	29	247	1	766189	5641
私营企业	887	2558	5	1739341	43838
其他内资	57	57		28810	2671
港澳台投资企业	25	149	1	384179	12280
外商投资企业	21	754	3	1257905	23600
2、按国民经济行业分组					
综合零售	84	1472	1	2913884	43624
百货零售	45	111	1	1172578	10456
超级市场零售	28	841		1601287	31426
其他综合零售	4	11		8391	515
食品、饮料及烟草制品专门零售	213	1896	4	164703	10511
纺织、服装及日用品专门零售	105	340	1	397765	15817
文化、体育用品及器材专门零售	163	357	3	219958	11763
医药及医疗器材专门零售	63	1120		227332	8080
汽车、摩托车、零配件和燃料及其他动力销售	324	727	2	1871769	19743
家用电器及电子产品专门零售	212	487		543960	13947
五金、家具及室内装饰材料专门零售	100	115	1	67811	1882
货摊、无店铺及其他零售业	67	124		72901	3816

表10—2　限额以上批发和零售业、住宿和餐饮业基本情况（2019年）（续表2）

指　　标	法人企业（个）	所属全部批零住餐活动单位（个）	其他行业所属批零住餐产业活动单位（个）	年末营业面积（平方米）	年末从业人员（个）
3、按经营方式分组					
独立门店	892	2065	7	4062518	58096
连锁总店（总部）	38	3208	1	1763343	38733
连锁门店	22	514	1	290330	3260
其他	379	851	3	363892	29094
4、按零售业态分组					
有店铺零售	1088	6348	10	6335692	119582
食杂店	13	16		16765	238
便利店	21	1271		863443	15657
折扣店	5	11		25795	188
超市	32	108		42842	5722
大型超市	16	113		794607	15952
仓储会员店	6	18		103987	1806
百货店	73	268	1	1024754	18017
专业店	443	3017	4	1887034	31632
专卖店	328	1315	4	988414	23494
家具建材商店	30	34		45247	792
购物中心	17	39	1	481229	2031
厂家直销中心	104	138		61575	4053
无店铺零售	243	290	2	144391	9601
电视购物	4	4		6484	975
邮购	2	2		6680	790
网上商店	50	62	1	33988	2695
自动售货亭	1	7			222
电话购物	5	5		1400	80

表 10—2 限额以上批发和零售业、住宿和餐饮业基本情况（2019 年）（续表 3）

指 标	法人企业（个）	所属全部批零住餐活动单位（个）	其他行业所属批零住餐产业活动单位（个）	年末营业面积（平方米）	年末从业人员（个）
二、住宿和餐饮业小计	652	2072	52	2244449	80296
（一）住宿业	274	298	38	934872	23190
其中：国有控股	62	75		310818	10595
1、按登记注册类型分组					
内资	262	286	31	857300	20599
国有	20	20	3	66066	3290
集体	3	4		5951	214
股份合作			1		
联营企业	1	1		1982	33
有限责任公司	94	106	10	495774	9912
股份有限公司	9	15	1	53364	2140
私营企业	135	140	15	234163	5010
其他内资			1		
港澳台投资企业	7	7	4	63612	1567
外商投资企业	5	5	3	13960	1024
2、按国民经济行业分组					
旅游饭店	119	137	31	663092	17052
一般旅馆	137	143	6	219310	4545
其他住宿服务	15	15	1	48070	1540
3、按星级等级分组					
一星	2	2		21435	130
二星	3	3		9850	152
三星	19	23	3	82958	1981
四星	25	26	7	189458	3712
五星	15	18	8	115268	4653
其他	210	226	20	515903	12562
4、按经营方式分组					
独立门店	201	218	33	772912	19332
连锁总店（总部）	1	3		17959	375
连锁门店	44	45	2	69677	1180
其他	28	32	3	74324	2303

表10—2 限额以上批发和零售业、住宿和餐饮业基本情况（2019年）（续表4）

指 标	法人企业（个）	所属全部批零住餐活动单位（个）	其他行业所属批零住餐产业活动单位（个）	年末营业面积（平方米）	年末从业人员（个）
（二）餐饮业	378	1774	14	1309577	57106
其中：国有控股	20	26		91649	2779
1、按登记注册类型分组					
内资	362	967	14	1083849	37758
国有	7	9	4	14730	832
集体					
股份合作					
联营企业					
有限责任公司	84	383	6	402921	15783
股份有限公司	2	2	1	15360	106
私营企业	269	573	3	650838	21037
其他内资					
港澳台投资企业	6	327		51742	9507
外商投资企业	10	480		173986	9841
2、按国民经济行业分组					
正餐服务	329	587	12	996776	31569
快餐服务	28	826	2	239610	19293
饮料及冷饮服务	5	59		8985	1671
其他餐饮业	11	284		31651	3974
3、按经营方式分组					
独立门店	299	660	9	720163	24190
连锁总店（总部）	23	852		378147	22571
连锁门店	18	188		70518	4927
其他	38	74	5	140749	5418

表 10—2 限额以上批发和零售业、住宿和餐饮业基本情况（2019 年）（续表 5）

指 标	法人企业（个）	所属全部批零住餐活动单位（个）	其他行业所属批零住餐产业活动单位（个）	年末营业面积（平方米）	年末从业人员（个）
补充资料：					
批发业 其他有限责任公司	442	635	1	105345	32379
其中：1、国有控股	137	231		48378	13646
2、集体控股	11	18		285	229
股份有限公司	53	79		16763	12428
其中：1、国有控股	24	45		11330	3223
2、集体控股	1	1			6
零售业 其他有限责任公司	286	2772		2220768	39401
其中：1、国有控股	63	450		471694	10450
2、集体控股	9	99		22463	938
股份有限公司	29	247	1	766189	5641
其中：1、国有控股	5	175		577738	1630
2、集体控股	4	5		66300	786
住宿业 其他有限责任公司	86	98	9	436507	8139
其中：1、国有控股	27	34		139570	3252
2、集体控股	3	3		27600	506
股份有限公司	9	15	1	53364	2140
其中：1、国有控股	5	11		40014	1633
2、集体控股	1	1		750	187
餐饮业 其他有限责任公司	79	378	6	358726	15300
其中：1、国有控股	8	12		32724	1464
2、集体控股	3	5		3521	115
股份有限公司	2	2	1	15360	106
其中：1、国有控股					
2、集体控股					

表10—3 限额以上批发和零售业商品购进、库存总额（2019年）

计量单位：万元

指　　标	购进总额	#进　口	年末库存总额
总　　计	161966451	7178822	14956943
（一）批发业	135912372	6956781	12077289
# 国有控股	53837676	4048948	3046620
1、按登记注册类型分组			
内资企业	130407534	6839753	11616465
国有企业	1895109	3097	246440
集体企业	260289		3677
股份合作企业			
联营企业			
有限责任公司	54023435	5157719	3533435
股份有限公司	48242316	763297	6319565
私营企业	25857581	912751	1503302
其他企业	128804	2890	10047
港、澳、台商投资企业	1505398	67055	87139
外商投资企业	3999441	49973	373685
2、按国民经济行业分组			
农、林、牧、渔产品批发	664381	59500	118514
食品、饮料及烟草制品批发	5082590	98547	478973
纺织、服装及日用品批发	41980018	1230252	6453598
文化、体育用品及器材批发	2340609	110273	348186
医药及医疗器材批发	5548965	45242	1032452
矿产品、建材及化工产品批发	59122635	4252337	2352390
机械设备、五金产品及电子产品批发	18471303	851549	1150066
贸易经纪与代理	1306098	247964	111805
其他批发业	1395774	61117	31306
3、按经营方式分组			
独立门店	31872844	1460980	2413512
连锁总店（总部）	43609545		5903442
连锁门店	1189023	88	168978
其他	59240960	5495713	3591358

表 10—3　限额以上批发和零售业商品购进、库存总额（2019 年）（续表 1）

计量单位：万元

指　　标	购进总额	#进 口	年末库存总额
（二）零售业	26054079	222041	2879654
其中：国有控股	4399217	14487	502353
1、按经济注册类型分组			
内资企业	20685259	184214	2104766
国有企业	311719		21197
集体企业	88520		11814
股份合作企业	1547		68
联营企业			
有限责任公司	7900026	90211	1087338
股份有限公司	2570308		113875
私营企业	9654287	94004	864932
其他企业	158851		5542
港、澳、台商投资企业	2021759	36707	152084
外商投资企业	3347061	1120	622803
2、按国民经济行业分组			
综合零售	5270330	12803	722751
百货零售	1226522	5471	257737
超级市场零售	3790137	935	456816
其他综合零售	18683	6398	1727
食品、饮料及烟草制品零售	948014	4370	112482
纺织、服装及日用品零售	1837574	1357	197673
文化、体育用品及器材零售	1781975	8158	629165
医药及医疗器材零售	533611	778	62940
汽车、摩托车、零配件和燃料及其他动力销售	8665819	154419	753408
家用电器及电子产品零售	2655447	28942	316417
五金、家具及室内装修材料零售	279869	10791	44788
货摊、无店铺及其他零售业	4081438	425	40030
3、按经营方式分组			
独立门店	13187325	157790	1373255
连锁总店（总部）	8234650	935	942626
连锁门店	726700		95459
其他	3905405	63317	468314

表 10—3 限额以上批发和零售业商品购进、库存总额（2019 年）（续表 2）

计量单位：万元

指　　标	购进总额	#进　口	年末库存总额
4、按零售业态分组			
有店铺零售	20247784	205154	2666238
食杂店	21351		2372
便利店	2634564		255079
折扣店	26194		2955
超市	295016	282	38847
大型超市	1088412	935	170097
仓储会员店	337252		42741
百货店	1343510		337092
专业店	7470975	64868	996906
专卖店	5225090	132641	706231
家居建材店	133892	5660	34752
购物中心	1265739		46779
厂家直销中心	405790	769	32388
无店铺零售	5806296	16887	213416
电视购物	182899		9578
邮购	25712		1009
网上商店	4435391	800	77622
自动售货亭	8568		725
电话购物	14238	117	2261
补充资料：			
批发业：其他有限责任公司	47389181	4539984	2589893
其中：1、国有控股	25628141	2774180	1080974
2、集体控股	132338	16	5016
股份有限公司	48242316	763297	6319565
其中：1、国有控股	20178496	653937	836272
2、集体控股	53039		232
零售业：其他有限责任公司	7782174	90211	1084366
其中：1、国有控股	2414045	14487	408660
2、集体控股	156921		16072
股份有限公司	2570308		113875
其中：1、国有控股	1570848		69525
2、集体控股	408691		1857

表 10—4　限额以上批发和零售业商品销售总额（2019 年）

计量单位：万元

指　　标	商品销售总额	批发额	#出口	零售额
总　　计	156107058	123571620	7204116	32535439
（一）批发业	124744261	119862067	7196357	4882194
# 国有控股	43684415	42863649	3533144	820767
1、按登记注册类型分组				
内资企业	119046944	114522928	7166409	4524016
国有企业	2411675	2389182	34186	22493
集体企业	269216	268998		218
股份合作企业				
联营企业				
有限责任公司	57256958	55421284	3758245	1835674
股份有限公司	30783169	30375779	960533	407390
私营企业	28157458	25939843	2410369	2217615
其他企业	168469	127843	3075	40626
港、澳、台商投资企业	1684801	1684801	9856	
外商投资企业	4012517	3654338	20092	358179
2、按国民经济行业分组				
农、林、牧、渔产品批发	718271	680939	25795	37332
食品、饮料及烟草制品批发	5818967	4636932	204215	1182035
纺织、服装及日用品批发	37860881	36309492	3372943	1551389
文化、体育用品及器材批发	2420217	2285398	146357	134819
医药及医疗器材批发	6103124	5866461	203581	236663
矿产品、建材及化工产品批发	49049769	48006896	1634301	1042873
机械设备、五金产品及电子产品批发	19683223	19055104	1301579	628118
贸易经纪与代理	1552126	1517451	281243	34676
其他批发业	1537684	1503394	26343	34290
3、按经营方式分组				
独立门店	34136211	32965603	1420175	1170608
连锁总店（总部）	25911147	25492104		419044
连锁门店	1046943	161295		885648
其他	63649961	61243066	5776183	2406895

表10—4 限额以上批发和零售业商品销售总额（2019年）（续表1）

计量单位：万元

指标名称	商品销售总额	批发额	#出口	零售额
（二）零售业	31362797	3709552	7759	27653244
其中：国有控股	5136345	891045		4245300
1、按经济注册类型分组				
内资企业	24280596	2177777	7759	22102819
国有企业	324598	41324		283274
集体企业	96254	24000		72254
股份合作企业	1867	279		1589
联营企业				
有限责任公司	9260030	897839	196	8362191
股份有限公司	3412207	515362		2896844
私营企业	10946650	678151	6970	10268499
其他企业	238991	20823	592	218168
港、澳、台商投资企业	2360420	11087		2349332
外商投资企业	4721781	1520688		3201093
2、按国民经济行业分组				
综合零售	7432732	1701934		5730798
百货零售	3431641	486706		2944935
超级市场零售	3719686	1047256		2672429
其他综合零售	36717			36717
食品、饮料及烟草制品零售	1299064	140233	592	1158831
纺织、服装及日用品零售	2369144	81206	5939	2287938
文化、体育用品及器材零售	2336951	98789	800	2238162
医药及医疗器材零售	725178	25529	196	699649
汽车、摩托车、零配件和燃料及其他动力销售	9661191	1202281		8458910
家用电器及电子产品零售	2904033	338942		2565092
五金、家具及室内装修材料零售	348553	39190		309364
货摊、无店铺及其他零售业	4285950	81448	232	4204502

表 10—4 限额以上批发和零售业商品销售总额（2019 年）（续表 2）

计量单位：万元

指标名称	商品销售总额	批发额	#出口	零售额
3、按经营方式分组				
独立门店	16075837	1332516	4100	14743321
连锁总店（总部）	9712242	1552767		8159475
连锁门店	764026	43693		720333
其他	4810692	780577	3659	4030115
4、按零售业态分组				
有店铺零售	24996210	3416579	7278	21579632
食杂店	28045	1298		26747
便利店	2653043	1279554		1373490
折扣店	34518	4632		29886
超市	391629	76957		314672
大型超市	999442	45		999397
仓储会员店	336161	321		335840
百货店	3556084	501268		3054815
专业店	8746732	902461	2639	7844271
专卖店	5953529	529975		5423554
家居建材店	172330	16923		155407
购物中心	1574183	2987		1571196
厂家直销中心	550516	100159	4640	450357
无店铺零售	6366587	292974	481	6073613
电视购物	212117	49936		162182
邮购	51209	6863		44346
网上商店	4722350	33221	232	4689129
自动售货亭	12624	3716		8908
电话购物	19020	1771	53	17249
补充资料：				
批发业：其他有限责任公司	50403200	48630603	3529450	1772598
其中：1、国有控股	27623945	26906658	2514941	717287
2、集体控股	147964	144543	43636	3421
股份有限公司	30783169	30375779	960533	407390
其中：1、国有控股	7309437	7291502	755222	17935
2、集体控股	53442	53442		
零售业：其他有限责任公司	9137108	897839	196	8239269
其中：1、国有控股	2929055	343598		2585457
2、集体控股	181818	9320		172498
股份有限公司	3412207	515362		2896844
其中：1、国有控股	1775017	506123		1268894
2、集体控股	480976			480976

表 10—5 限额以上批发和零售业法人企业主要财务状况（2019 年）

计量单位：万元

指　标	资产总计	负债合计	所有者权益	#实收资本
总计	103167714	79213058	23962065	12447180
一、批发业	80028462	63722314	16325552	9796808
其中：国有控股	24262891	18768322	5494570	3544108
1、按登记注册类型分组				
内资企业	74925349	60508044	14436709	8703081
国有企业	1193344	223630	969715	57381
集体企业	569389	202128	367261	65463
股份合作企业				
联营企业				
有限责任公司	26931805	21421049	5510756	3286994
股份有限公司	35970905	30364901	5606005	2595798
私营企业	10211424	8279086	1951742	2681634
其他企业	48482	17251	31231	15810
港、澳、台商投资企业	2340107	1551175	788931	822365
外商投资企业	2763006	1663094	1099912	271362
2、按国民经济行业分组				
农、林、牧、渔产品批发	721966	440561	281406	164568
食品、饮料及烟草制品批发	3034993	1584203	1450909	296280
纺织、服装及日用品批发	34800452	27951932	6848520	1529637
文化、体育用品及器材批发	3438300	1793136	1645164	434072
医药及医疗器材批发	4581162	3543141	1038021	551277
矿产品、建材及化工产品批发	20205516	17968031	2256771	3514450
机械设备、五金产品及电子产品批发	11973522	9402477	2571045	3168088
贸易经纪与代理	905989	767787	138202	95582
其他批发业	366561	271047	95514	42854
3、按经营方式分组				
独立门店	19296983	13619920	5696467	2247380
连锁总店（总部）	28789652	25457501	3332151	1779923
连锁门店	411791	141122	270669	68367
其他	31530036	24503771	7026265	5701137

表 10—5　限额以上批发和零售业法人企业主要财务状况（2019 年）（续表 1）

计量单位：万元

指　　标	资产总计	负债合计	所有者权益	
				#实收资本
二、零售业	23139253	15490744	7636513	2650372
其中：国有控股	6424678	4024901	2399777	423710
1、按登记注册类型分类				
内资企业	17910683	12185951	5712736	2087928
国有企业	161185	88453	72733	6380
集体企业	20053	11831	8222	1447
股份合作企业	701	336	365	61
联营企业				
有限责任公司	9032307	6483254	2537053	930206
股份有限公司	4481987	2265911	2216076	345577
私营企业	4144892	3310659	834234	782518
其他企业	69558	25508	44053	21741
港、澳、台商投资企业	1557149	1059932	497218	188551
外商投资企业	3671421	2244861	1426560	373893
2、按国民经济行业分组				
综合零售	10946494	7035354	3911140	925407
百货零售	8507128	4560375	3946753	726969
超级市场零售	1918484	1918671	-187	181476
其他综合零售	26790	22058	4732	3300
食品、饮料及烟草制品零售	753084	433505	307583	210782
纺织、服装及日用品零售	1397978	1104705	293274	168605
文化、体育用品及器材零售	2083923	1332949	750974	365400
医药及医疗器材零售	387002	302154	84848	66481
汽车、摩托车、零配件和燃料及其他动力销售	4501111	2843522	1657590	519247
家用电器及电子产品零售	1815957	1337249	478708	232628
五金、家具及室内装修材料零售	247388	188587	58801	51889
货摊、无店铺及其他零售	1006317	912721	93596	109935

表10—5 限额以上批发和零售业法人企业主要财务状况（2019年）（续表2）

计量单位：万元

指　　标	资产总计	负债合计	所有者权益	#实收资本
3、按经营方式分组				
独立门店	15185553	9166450	6019107	1675618
连锁总店（总部）	5094331	4222675	871657	491450
连锁门店	403314	251212	152102	84674
其他	2456055	1850408	593648	398631
4、按零售业态分组				
有店铺零售	21350816	14020766	7330051	2449342
食杂店	11337	7855	3482	2493
便利店	1912234	1701183	211051	101895
折扣店	8704	10259	-1555	1000
超市	186487	123422	63064	73265
大型超市	426837	429954	-3118	61352
仓储会员店	82982	252790	-169808	37292
百货店	8511113	4643673	3867440	675699
专业店	6014724	4169155	1845569	699007
专卖店	2712180	1621785	1090396	596457
家居建材商店	123704	90179	33525	25940
购物中心	1065276	796179	269097	98896
厂家直销中心	295238	174331	120907	76045
无店铺零售	1788437	1469979	306462	201031
电视购物	102762	35755	67006	24600
邮购	36691	18891	17800	5200
网上商店	949558	953678	-4120	63270
自动售货亭	2918	2850	68	500
电话购物	6678	4056	2622	1820
补充资料：				
批发业：其他有限责任公司	23916342	19322582	4593760	2756668
其中：1、国有控股	11363954	8580542	2783412	1292413
2、集体控股	58253	27234	31019	28740
股份有限公司	35970905	30364901	5606005	2595798
其中：1、国有控股	8690130	7865683	824447	1663988
2、集体控股	34915	14275	20640	20800
零售业：其他有限责任公司	6049016	4593204	1443811	816073
其中：1、国有控股	1900264	1233679	666585	277297
2、集体控股	62921	53156	9765	9135
股份有限公司	4481987	2265911	2216076	345577
其中：1、国有控股	1379938	812720	567218	25900
2、集体控股	1731113	426467	1304645	134663

表10—5 限额以上批发和零售业法人企业主要财务状况（2019年）（续表3）

计量单位：万元

指　　标	主营业务收入	营业成本	管理费用
总　计	138556227	130298249	2288182
一、批发业	111575259	106500802	1336646
其中：国有控股	39021821	37478615	340523
1、按登记注册类型分组			
内资企业	106481207	102083108	1227979
国有企业	1696086	1273876	39450
集体企业	238967	230947	6601
股份合作企业			
联营企业			
有限责任公司	51570367	49889368	389480
股份有限公司	27182128	26375887	350751
私营企业	25627619	24190233	434336
其他企业	166040	122797	7361
港、澳、台商投资企业	1570519	1733657	38961
外商投资企业	3523533	2684038	69706
2、按国民经济行业分组			
农、林、牧、渔产品批发	679418	619499	18377
食品、饮料及烟草制品批发	5344462	4677258	103129
纺织、服装及日用品批发	33781174	31896552	458330
文化、体育用品及器材批发	2236802	2032265	84150
医药及医疗器材批发	5734058	5186491	136364
矿产品、建材及化工产品批发	43381203	42266919	299851
机械设备、五金及电子产品批发	17621531	17141967	203874
贸易经纪与代理	1418148	1352904	21550
其他批发业	1378463	1326948	11021
3、按经营方式分组			
独立门店	30708030	29121659	384172
连锁总店（总部）	22793261	22209275	266681
连锁门店	1025877	992484	19973
其他	57048091	54177384	665820

表 10—5　限额以上批发和零售业法人企业主要财务状况（2019 年）（续表 4）

计量单位：万元

指　　标	主营业务收入	营业成本	管理费用
二、零售业	26980968	23797447	951536
其中：国有控股	4650946	4115368	116250
1、按登记注册类型分类			
内资企业	20864240	18595166	770920
国有企业	286943	279190	3998
集体企业	40312	32786	2419
股份合作企业	1716	1429	82
联营企业			
有限责任公司	8233490	7236620	327774
股份有限公司	2475917	2108255	77608
私营企业	9589207	8767827	350616
其他企业	236655	169061	8423
港、澳、台商投资企业	2099071	1752653	51636
外商投资企业	4017658	3449628	128980
2、按国民经济行业分组			
综合零售	6009320	5079099	286860
百货零售	2429330	1869810	176710
超级市场零售	3329669	2975218	66807
其他综合零售	35285	26759	2255
食品、饮料及烟草制品零售	1036393	815659	56662
纺织、服装及日用品零售	2017416	1591413	50356
文化、体育用品及器材零售	2127448	1738244	113902
医药及医疗器材专门零售	650749	505473	27095
汽车、摩托车、零配件和燃料及其他动力销售	8511637	7965283	148859
家用电器及电子产品零售	2526715	2255798	104925
五金、家具及室内装修材料零售	311232	249221	21503
货摊、无店铺及其他零售	3790059	3597259	141374

表 10—5 限额以上批发和零售业法人企业主要财务状况（2019 年）（续表 5）

计量单位：万元

指 标	主营业务收入	营业成本	管理费用
3、按经营方式分组			
独立门店	13464476	11942118	443475
连锁总店（总部）	8694111	7650953	346526
连锁门店	685037	590056	25302
其他	4137345	3614320	136233
4、按零售业态分组			
有店铺零售	21417050	18619810	756202
食杂店	27182	22778	1188
便利店	2365973	2200765	80370
折扣店	30236	24352	2147
超市	366106	291686	16832
大型超市	901463	744007	27693
仓储会员店	295283	255375	5763
百货店	2524990	1905816	163447
专业店	7682784	6696665	246782
专卖店	5243253	4833950	146608
家居建材商店	153151	117470	14030
购物中心	1315320	1100503	28118
厂家直销中心	511310	426446	23225
无店铺零售	5563918	5177637	195334
电视购物	187684	161245	2135
邮购	46517	22472	1009
网上商店	4081201	3881652	144489
自动售货亭	14596	8031	1323
电话购物	17917	16591	750
补充资料：			
批发业：其他有限责任公司	45445966	43875962	337697
其中：1、国有控股	24838755	24082641	157658
2、集体控股	140478	136561	2512
股份有限公司	27182128	26375887	350751
其中：1、国有控股	6362579	6108692	91632
2、集体控股	51994	51627	47
零售业：其他有限责任公司	8125859	7147023	324445
其中：1、国有控股	2694860	2364194	100149
2、集体控股	159908	146498	4492
股份有限公司	2475917	2108255	77608
其中：1、国有控股	1561512	1382389	8774
2、集体控股	203659	164966	35378

表 10—5 限额以上批发和零售业法人企业主要财务状况（2019 年）（续表 6）

计量单位：万元

指　　标	财务费用	营业利润	利润总额	本年应交增值税
总　计	897496	1679978	1695257	764142
一、批发业	748945	1036175	1035197	452383
其中：国有控股	201497	748943	782517	157387
1、按登记注册类型分组				
内资企业	708655	840708	832026	365444
国有企业	-19372	206902	210801	56200
集体企业	-5163	10962	10351	1462
股份合作企业				
联营企业				
有限责任公司	315193	420345	388322	150852
股份有限公司	307077	-49258	-43225	49121
私营企业	108684	226013	240034	107349
其他企业	2235	25743	25743	460
港、澳、台商投资企业	31614	-37290	-38541	40257
外商投资企业	8676	232758	241712	46683
2、按国民经济行业分组				
农、林、牧、渔产品批发	5943	20131	23842	1522
食品、饮料及烟草制品批发	-5523	278278	292130	74960
纺织、服装及日用品批发	239715	236724	266041	104751
文化、体育用品及器材批发	-11979	163778	164739	5308
医药及医疗器材批发	41444	102861	107727	69444
矿产品、建材及化工产品批发	286537	176223	190003	74272
机械设备、五金及电子产品批发	173746	31461	-40372	104331
贸易经纪与代理	16029	4240	8139	14444
其他批发业	3033	22479	22949	3351
3、按经营方式分组				
独立门店	125641	616182	640081	152737
连锁总店（总部）	206255	-152301	-157534	33648
连锁门店	-884	16345	16538	-335
其他	417934	555949	536113	266334

表 10—5　限额以上批发和零售业法人企业主要财务状况（2019 年）（续表 7）

计量单位：万元

指　　标	财务费用	营业利润	利润总额	本年应交增值税
二、零售业	148551	643803	660060	311758
其中：国有控股	10257	215889	221026	37795
1、按登记注册类型分类				
内资企业	131052	307412	323704	257465
国有企业	1022	-6525	-4543	1766
集体企业	103	-316	-188	726
股份合作企业		115	117	30
联营企业				
有限责任公司	54543	102414	110101	99668
股份有限公司	31798	121875	125508	24589
私营企业	41917	50285	53074	130569
其他企业	1669	39564	39634	117
港、澳、台商投资企业	27352	88860	88850	43247
外商投资企业	-9854	247531	247506	11047
2、按国民经济行业分组				
综合零售	59653	266421	267817	48206
百货零售	59067	298761	297661	21536
超级市场零售	-8439	43967	43879	26698
其他综合零售	220	3688	3985	612
食品、饮料及烟草制品零售	7726	49509	53194	14402
纺织、服装及日用品零售	26974	73601	72185	67563
文化、体育用品及器材零售	3772	110498	113084	8980
医药及医疗器材零售	2420	11698	14100	13663
汽车、摩托车、零配件和燃料及其他动力销售	38413	145485	152877	95230
家用电器及电子产品零售	3234	-8046	-6131	42209
五金、家具及室内装修材料零售	3072	9263	8775	5721
无店铺及其他零售	3287	-14627	-15841	15786

表10—5 限额以上批发和零售业法人企业主要财务状况（2019年）（续表8）

计量单位：万元

指　　标	财务费用	营业利润	利润总额	本年应交增值税
3、按经营方式分组				
独立门店	138092	436196	447708	155747
连锁总店（总部）	-12088	166288	166608	32377
连锁门店	185	5185	6934	6756
其他	22362	36135	38811	116879
4、按零售业态分组				
有店铺零售额	139346	620328	636000	249741
食杂店	81	2038	2099	271
便利店	-7382	-42757	-40796	7264
折扣店	-72	676	629	809
超市	1746	4958	4751	6671
大型超市	4113	-5217	-5680	10620
仓储会员店	4389	966	1760	3453
百货店	57181	268792	265559	26106
专业店	22343	252674	262171	98631
专卖店	26184	-6839	-2111	62465
家居建材商店	1257	7225	7160	3569
购物中心	26452	87479	89110	25478
厂家直销中心	3055	50334	51349	4406
无店铺零售	9205	23475	24060	62018
电视购物	-1721	541	563	1433
邮购	64	5288	5281	2115
网上商店	4849	-18438	-19230	26868
自动售货亭	-34	-475	-473	236
电话购物	39	110	119	86
补充资料：				
批发业：其他有限责任公司	294127	373895	319760	135207
其中：1、国有控股	106040	328472	335504	62503
2、集体控股	405	-2304	-2179	2016
股份有限公司	307077	-49258	-43225	49121
其中：1、国有控股	93762	167118	167650	23040
2、集体控股	505	-189	-188	9
零售业：其他有限责任公司	52691	95645	106366	99369
其中：1、国有控股	3759	121960	124517	26439
2、集体控股	458	-633	-564	1637
股份有限公司	31798	121875	125508	24589
其中：1、国有控股	3624	93684	97317	9292
2、集体控股	15580	5500	5084	4158

表10—6　限额以上住宿和餐饮业经营情况（2019年）

计量单位：万元

指　　标	营业额	#客房收入	#餐费收入
总　计	2643501	551364	1907292
（一）住宿业	910939	487913	324261
其中：国有控股	281757	114880	106941
1、按登记注册类型分组			
内资	780565	422041	269830
国有	70921	29227	33089
集体	4715	2467	1502
股份合作	22739	11886	10496
联营企业	1237	552	499
有限责任公司	344227	176598	126122
股份有限公司	93329	36561	31754
私营企业	239894	163183	64433
其他内资	3504	1567	1936
港澳台投资企业	65947	34755	27416
外商投资企业	64427	31118	27016
2、按国民经济行业分组			
旅游饭店	705452	337434	277600
一般旅馆	168578	129347	32973
民宿服务	850	614	188
露营地服务	274	186	73
其他住宿业	35784	20333	13428
3、按星级等级分组			
一星	3694	2492	1202
二星	4264	1565	1779
三星	40618	19220	17924
四星	143927	67395	52527
五星	251934	113720	100742
其他	466503	283520	150088
4、按经营方式分组			
独立门店	759298	388747	279794
连锁总店（总部）	11628	5526	6019
连锁门店	57172	44539	9362
其他	82842	49101	29087

表 10—6 限额以上住宿和餐饮业经营情况（2019 年）（续表 1）

指　　标	营业额	#客房收入	#餐费收入
（二）餐饮业	1732563	63451	1583030
其中：国有控股	57807	17176	31837
1、按登记注册类型分组			
内资	1075423	63451	964201
国有	27597	4790	18339
集体			
股份合作			
联营企业			
有限责任公司	513003	33593	455273
股份有限公司	35854		35854
私营企业	498969	25069	454736
其他内资			
港澳台投资企业	190386		189104
外商投资企业	466754		429725
2、按国民经济行业分组			
正餐服务	927995	62683	825035
快餐服务	627252		590790
饮料及冷饮服务	48657		48486
餐饮配送及外卖送餐服务	27408		26923
其他餐饮业	101251	769	91798
3、按经营方式分组			
独立门店	635924	51408	540738
连锁总店（总部）	818093	4538	776426
连锁门店	104971	2883	101296
其他	173575	4622	164570

表 10—6　限额以上住宿和餐饮业经营情况（2019 年）（续表 2）

计量单位：万元

指　　标	#商品销售收入	#其他收入	其中：外卖送餐服务收入
总　计	44841	140005	35756
（一）住宿业	16317	82447	62
其中：国有控股	6560	53377	
1、按登记注册类型分组			
内资	14505	74188	62
国有	398	8206	
集体	161	586	
股份合作		357	
联营企业		186	
有限责任公司	7851	33656	3
股份有限公司	2808	22206	
私营企业	3287	8991	59
其他内资			
港澳台投资企业	636	3141	
外商投资企业	1176	5118	
2、按国民经济行业分组			
旅游饭店	13501	76918	62
一般旅馆	2667	3591	
民宿服务		48	
露营地服务	6	9	
其他住宿业	143	1880	
3、按星级等级分组			
一星	0		
二星	61	859	
三星	401	3073	
四星	3504	20501	3
五星	6841	30631	
其他	5511	27384	59
4、按经营方式分组			
独立门店	14054	76703	62
连锁总店（总部）		83	
连锁门店	1379	1891	
其他	885	3770	

表10—6 限额以上住宿和餐饮业经营情况（2019年）（续表3）

指 标	#商品销售收入	#其他收入	其中：外卖送餐服务收入
（二）餐饮业	28523	57558	35694
其中：国有控股	1100	7694	
1、按登记注册类型分组			
内资	25334	22437	580
国有	216	4253	
集体			
股份合作			
联营企业			
有限责任公司	10333	13805	71
股份有限公司			
私营企业	14786	4378	509
其他内资			
港澳台投资企业	1282		
外商投资企业	1907	35121	35114
2、按国民经济行业分组			
正餐服务	19130	21148	530
快餐服务	1102	35361	35114
饮料及冷饮服务	148	23	
餐饮配送及外卖送餐服务	485		
其他餐饮业	7658	1026	50
3、按经营方式分组			
独立门店	22809	20969	537
连锁总店（总部）	1990	35137	35114
连锁门店	555	238	
其他	3169	1214	43

表 10—6　限额以上住宿和餐饮业经营情况（2019 年）（续表 4）

计量单位：万元

指　标	客房数（间）	床位数（张）	餐位数（位）
总　计	59764	89721	444890
（一）住宿业	51136	75338	100194
其中：国有控股	12733	19819	38275
1、按登记注册类型分组			
内资	45813	67555	88211
国有	3490	5750	11197
集体	297	475	341
股份合作	433	594	941
联营企业	199	372	500
有限责任公司	19511	28563	45293
股份有限公司	2608	3967	7789
私营企业	19165	27663	20950
其他内资	110	171	1200
港澳台投资企业	3389	5007	8884
外商投资企业	1934	2776	3099
2、按国民经济行业分组			
旅游饭店	30184	45111	81170
一般旅馆	18290	25934	14446
民宿服务	237	264	40
露营地服务	62	112	200
其他住宿业	2363	3917	4338
3、按星级等级分组			
一星	301	437	1485
二星	275	470	680
三星	3025	5055	10156
四星	6356	9890	18677
五星	7679	10856	19114
其他	33500	48630	50082
4、按经营方式分组			
独立门店	38741	57870	90231
连锁总店（总部）	172	286	1400
连锁门店	6737	9225	2427
其他	5486	7957	6136

表 10—6　限额以上住宿和餐饮业经营情况（2019 年）（续表 5）

指　　标	客房数（间）	床位数（张）	餐位数（位）
（二）餐饮业	8628	14383	344696
其中：国有控股	1777	2913	12367
1、按登记注册类型分组			
内资	8628	14383	256217
国有	597	972	6460
集体			
股份合作			
联营企业			
有限责任公司	4422	7103	85186
股份有限公司			8300
私营企业	3609	6308	156271
其他内资			
港澳台投资企业			21467
外商投资企业			67012
2、按国民经济行业分组			
正餐服务	8426	14016	233509
快餐服务			87552
饮料及冷饮服务			1213
餐饮配送及外卖送餐服务			14300
其他餐饮业	202	367	8122
3、按经营方式分组			
独立门店	7005	12088	145850
连锁总店（总部）	640	764	106762
连锁门店	353	554	18583
其他	630	977	73501

表 10—7 限额以上住宿和餐饮业法人企业主要财务状况（2019 年）

计量单位：万元

指 标	资产总计	负债合计	所有者权益合计	#实收资本
总 计	2857017	1770227	1089045	1041515
（一）住宿业	1960119	1153247	808778	806596
国有控股	906421	371616	536292	363909
1、按登记注册类型分组				
内资	1411230	665832	747305	577174
国有	195110	44184	150926	30427
集体	8462	6262	2200	4301
股份合作				
联营企业	531	988	-457	300
有限责任公司	517269	278862	239894	313547
股份有限公司	364173	64887	299286	150817
私营企业	325685	270649	55455	77782
其他内资				
港澳台投资企业	333353	372035	-38682	89775
外商投资企业	215536	115381	100155	139648
2、按国民经济行业分组				
旅游饭店	1699487	953884	747090	719183
一般旅馆	184472	136042	48849	67060
民宿服务	2143	1729	414	81
露营地服务	64	402	-337	200
其他住宿业	73953	61191	12762	20072
3、按星级等级分组				
一星	2748	2352	396	600
二星	6024	2274	3750	1839
三星	37354	36693	2148	25360
四星	231805	93886	137919	150992
五星	849686	554898	294788	317274
其他	832503	463145	369777	310531
4、按经营方式分组				
独立门店	1585594	887388	700112	642458
连锁总店（总部）	26322	26803	-481	1000
连锁门店	36591	27318	9273	11621
其他	311613	211738	99875	151517

表 10—7 限额以上住宿和餐饮业法人企业主要财务状况（2019 年）（续表 1）

计量单位：万元

指 标	资产总计	负债合计	所有者权益合计	
				#实收资本
（二）餐饮业	896898	616980	280267	234919
国有控股	116669	74173	42497	42636
1、按登记注册类型分组				
内资	678960	512299	167011	178581
国有	14533	11094	3440	2048
集体				
股份合作				
联营企业				
有限责任公司	340128	223280	117189	67512
股份有限公司	1186	960	227	500
私营企业	323113	276966	46156	108521
其他内资				
港澳台投资企业	106368	66543	39825	37763
外商投资企业	111569	38138	73431	18574
2、按国民经济行业分组				
正餐服务	644344	472085	172609	174205
快餐服务	202518	120093	82424	48800
饮料及冷饮服务	15972	12037	3935	1124
餐饮配送及外卖送餐服务	5470	2337	3132	3297
其他餐饮业	28594	10427	18167	7492
3、按经营方式分组				
独立门店	496280	368395	127893	159805
连锁总店（总部）	300513	178008	122505	58463
连锁门店	33706	36099	-2393	4931
其他	66400	34479	32262	11720

表 10—7 限额以上住宿和餐饮业法人企业主要财务状况（2019 年）（续表 2）

计量单位：万元

指标	营业收入	#其中：主营业务收入	营业成本	税金及附加
总计	2262006	2244555	959126	17143
（一）住宿业	635794	625118	190463	13330
国有控股	270733	267144	77268	6926
1、按登记注册类型分组				
内资	551034	540855	165706	10191
国有	64082	61861	17715	542
集体	4449	4449	1275	27
股份合作				
联营企业	1167	1167	274	2
有限责任公司	247325	243869	79835	4320
股份有限公司	81455	81387	19525	3041
私营企业	152556	148123	47083	2258
其他内资				
港澳台投资企业	40058	40010	11565	1210
外商投资企业	44702	44254	13191	1930
2、按国民经济行业分组				
旅游饭店	462024	452383	129337	11460
一般旅馆	140018	139079	48519	1573
民宿服务	826	826	1277	4
露营地服务	274	274	42	
其他住宿业	32653	32558	11288	293
3、按星级等级分组				
一星	3485	3485	2338	4
二星	4066	4066	3571	30
三星	33369	33201	12758	219
四星	94327	91341	32373	2171
五星	163948	163547	40337	5993
其他	336598	329479	99086	4914
4、按经营方式分组				
独立门店	524859	516263	157586	11768
连锁总店（总部）	10942	10942	1822	36
连锁门店	38507	37714	13408	358
其他	61486	60199	17646	1169

表 10—7 限额以上住宿和餐饮业法人企业主要财务状况（2019 年）（续表 3）

计量单位：万元

指　　标	营业收入	#其中：主营业务收入	营业成本	税金及附加
（二）餐饮业	1626212	1619437	768664	3813
国有控股	55625	53811	17517	608
1、按登记注册类型分组				
内资	990121	983464	453871	3314
国有	17399	15624	6941	255
集体				
股份合作				
联营企业				
有限责任公司	496699	495847	212957	888
股份有限公司	5545	5545	3721	3
私营企业	470478	466448	230252	2167
其他内资				
港澳台投资企业	185687	185569	69466	144
外商投资企业	450404	450404	245326	355
2、按国民经济行业分组				
正餐服务	876069	870819	408250	3220
快餐服务	584633	583630	280203	313
饮料及冷饮服务	45646	45646	19183	27
餐饮配送及外卖送餐服务	26666	26214	17990	37
其他餐饮业	93200	93128	43038	215
3、按经营方式分组				
独立门店	592489	588829	285541	3119
连锁总店（总部）	782174	781976	356758	439
连锁门店	99108	98758	41123	73
其他	152442	149874	85241	182

表 10—7 限额以上住宿和餐饮业法人企业主要财务状况（2019 年）（续表 4）

计量单位：万元

指　　标	销售费用	管理费用	研发费用	财务费用
总　计	783377	386083	14	31042
（一）住宿业	214485	223829	3	23747
国有控股	96051	103107		1362
1、按登记注册类型分组				
内资	184537	198159	3	11502
国有	34128	26880		-1587
集体	1750	1379		14
股份合作				
联营企业	1245	302		2
有限责任公司	80552	86303	2	7214
股份有限公司	19969	30864		914
私营企业	46894	52433	2	4945
其他内资				
港澳台投资企业	13012	15255		7425
外商投资企业	16936	10415		4820
2、按国民经济行业分组				
旅游饭店	161052	164200		22719
一般旅馆	44024	44681	3	787
民宿服务	162	31		66
露营地服务	270	138		1
其他住宿业	8976	14779		174
3、按星级等级分组				
一星	137	216		6
二星	25	249		2
三星	14386	9400		269
四星	29293	30654		435
五星	53436	55440		13421
其他	117209	127870	3	9614
4、按经营方式分组				
独立门店	175048	188337	3	14124
连锁总店（总部）	4339	3181		1371
连锁门店	13695	10756		164
其他	21403	21555		8089

表 10—7　限额以上住宿和餐饮业法人企业主要财务状况（2019 年）（续表 5）

计量单位：万元

指　　标	销售费用	管理费用	研发费用	财务费用
（二）餐饮业	568892	162253	11	7295
国有控股	21402	15241		84
1、按登记注册类型分组				
内资	368378	113886	11	6569
国有	6984	3283		-26
集体				
股份合作				
联营企业				
有限责任公司	198433	39852	10	2065
股份有限公司	1157	526		0
私营企业	161804	70225	1	4529
其他内资				
港澳台投资企业	98248	7338		1190
外商投资企业	102266	41030		-464
2、按国民经济行业分组				
正餐服务	313339	102993	11	6377
快餐服务	185446	51836		751
饮料及冷饮服务	20155	2794		77
餐饮配送及外卖送餐服务	4081	1451		3
其他餐饮业	45870	3179		86
3、按经营方式分组				
独立门店	210501	83935	10	4987
连锁总店（总部）	268392	54242		1696
连锁门店	50186	7454		170
其他	39812	16622		442

表 10—7 限额以上住宿和餐饮业法人企业主要财务状况（2019 年）（续表 6）

计量单位：万元

指　　标	营业利润	利润总额	所得税费用	应交增值税
总　计	90710	91705	36011	27385
（一）住宿业	-22694	-20111	6073	14557
国有控股	-9301	-7565	3149	6603
1、按登记注册类型分组				
内资	-13087	-10455	5509	11964
国有	-13438	-12783	84	1987
集体	5	22	6	251
股份合作				
联营企业	-655	-694		24
有限责任公司	-9111	-8614	2081	5379
股份有限公司	10656	11433	2269	1216
私营企业	-544	182	1069	3109
其他内资				
港澳台投资企业	-7018	-6963	312	1450
外商投资企业	-2590	-2694	253	1142
2、按国民经济行业分组				
旅游饭店	-19910	-17664	4936	11000
一般旅馆	851	1073	1065	3261
民宿服务	-639	-634		-204
露营地服务	-243	-223		
其他住宿业	-2754	-2663	72	500
3、按星级等级分组				
一星	34	82	5	8
二星	194	222	5	164
三星	-3629	-3551	32	1328
四星	1293	1245	1275	2128
五星	-924	586	2770	3108
其他	-19662	-18695	1987	7820
4、按经营方式分组				
独立门店	-13983	-11882	5715	12772
连锁总店（总部）	193	224		12
连锁门店	-597	-568	130	940
其他	-8307	-7885	228	833

表 10—7 限额以上住宿和餐饮业法人企业主要财务状况（2019 年）（续表 7）

计量单位：万元

指标	营业利润	利润总额	所得税费用	应交增值税
（二）餐饮业	113404	111816	29938	12828
国有控股	1394	1499	277	1985
1、按登记注册类型分组				
内资	41852	39950	12730	9525
国有	-47	-46	41	906
集体				
股份合作				
联营企业				
有限责任公司	43078	43780	11102	2600
股份有限公司	138	136	5	39
私营企业	-1317	-3919	1583	5980
其他内资				
港澳台投资企业	9187	9247	1751	1744
外商投资企业	62365	62619	15457	1560
2、按国民经济行业分组				
正餐服务	42249	42081	12604	9591
快餐服务	66220	64978	16117	2648
饮料及冷饮服务	3534	3514	689	27
餐饮配送及外卖送餐服务	338	363	23	234
其他餐饮业	1063	880	505	328
3、按经营方式分组				
独立门店	3772	2481	2801	7550
连锁总店（总部）	99219	100023	23493	3576
连锁门店	-142	-1926	856	140
其他	10555	11238	2788	1563

表 10—8 亿元以上商品交易市场基本情况（2019 年）

指　　标	市场个数（个）	年末摊位总量（个）	年末出租摊位数	#出租率（%）
合　　计	39	39918	37667	94.4
一、按经营环境分				
（一）露天式	2	913	402	44.0
（二）封闭式	37	39005	37265	95.5
（三）其他				
二、按经营方式分				
（一）批发	15	21582	20025	92.8
（二）零售	24	18336	17642	96.2
三、按市场类别分				
（一）综合市场	13	16785	15845	94.4
综合贸易市场	13	16785	15845	94.4
生产资料综合市场				
工业消费品综合市场	1	844	844	100.0
农产品综合市场	7	5669	5065	89.3
其他综合市场	5	10272	9936	96.7
（二）专业市场	26	23133	21822	94.3
生产资料市场	4	9677	9050	93.5
木材市场				
建材市场	4	9677	9050	93.5
金属材料市场				
农产品市场	7	3040	2930	96.4
粮油市场	1	256	256	100.0
肉禽蛋市场	3	1451	1431	98.6
水产品市场	1	766	766	100.0
蔬菜市场	1	400	310	77.5
干鲜果品市场				
食品、饮料及烟酒市场				
纺织、服装、鞋帽市场	2	3754	3754	100.0
服装市场	2	3754	3754	100.0
其他纺织服装鞋帽市场				
日用品及文化用品市场				
图书、报刊杂志市场				
其他日用品及文化用品市场				
电器、通讯器材、电子设备市场	1	200	193	96.5
家具、五金及装饰材料市场	9	3832	3317	86.6
家具市场	4	1481	1345	90.8
装饰材料市场	5	2351	1972	83.9
五金材料市场				
汽车、摩托车及零配件市场	3	2630	2578	98.0
汽车市场	2	2130	2078	97.6

表10—8 亿元以上商品交易市场基本情况（2019年）（续表1）

指　　标	本年商品成交额（亿元）	营业面积（万平方米）
合　　计	1471.48	288.22
一、按经营环境分		
（一）露天式	34.75	5.85
（二）封闭式	1436.73	282.37
（三）其他		
二、按经营方式分		
（一）批发	1159.41	141.59
（二）零售	312.07	146.63
三、按市场类别分		
（一）综合市场	878.02	125.76
综合贸易市场	878.02	125.76
生产资料综合市场		
工业消费品综合市场	8.80	1.73
农产品综合市场	623.31	53.82
其他综合市场	245.91	70.21
（二）专业市场	593.45	162.46
生产资料市场	54.71	24.81
木材市场		
建材市场	54.71	24.81
金属材料市场		
农产品市场	386.50	36.93
粮油市场	26.63	8.10
肉禽蛋市场	291.39	18.17
水产品市场	47.83	5.52
蔬菜市场	17.85	4.70
干鲜果品市场		
食品、饮料及烟酒市场		
纺织、服装、鞋帽市场	30.42	8.40
服装市场	30.42	8.40
其他纺织服装鞋帽市场		
日用品及文化用品市场		
图书、报刊杂志市场		
其他日用品及文化用品市场		
电器、通讯器材、电子设备市场	3.85	0.42
家具、五金及装饰材料市场	33.90	76.90
家具市场	15.92	32.26
装饰材料市场	17.98	44.64
五金材料市场		
汽车、摩托车及零配件市场	84.07	15.00
汽车市场	78.57	8.80

表 10—8　亿元以上商品交易市场基本情况（2019 年）（续表 2）

指　　标	年末已出租摊位数（个）	成交额（亿元）
总　　计	37667	1471.48
1.粮油、食品类	9605	989.10
其中：粮油类	2361	0.23
肉禽蛋类	3499387	259.59
水产品类	1760	194.27
蔬菜类	2504	104.39
干鲜果品类	640	79.98
2.饮料类	352	42.56
3.烟酒类	193	59.66
4.服装、鞋帽、针纺织品类	5812	63.54
（1）服装类	3797	36.17
（2）鞋帽类	886	11.44
（3）针纺织品类	1129	15.93
5.化妆品类	16	0.10
6.金银珠宝类	10	0.02
7.日用品类	2537	57.18
其中：可穿戴智能设备	6	0.15
8.五金、电料类	630	22.25
9.体育、娱乐用品类	13	0.13
10.书报杂志类	2	0.00
11.电子出版物及音像制品类	2	0.00
12.家用电器及音像器材类	328	1.65
13.中西药品类		
其中：西药类		
14.文化办公用品类	213	4.20
15.家具类	2113	19.97
16.通讯器材类		
17.煤炭及制品类		
18.木材及制品类	15	0.32
19.石油及制品类		
20.化工材料及制品类		
其中：化肥类		
21.金属材料类		
22.建筑及装潢材料类	12663	124.91
23.机电产品及设备类		
其中：农机类		
24.汽车类	2585	84.28
25.种子饲料类		
26.棉麻类		
27.其他类	578	1.61

表10—9 批发和零售业、住宿和餐饮业连锁总店经营情况（2019年）

计量单位：个

指　　标	连锁总店（个）	连锁门店（个）	# 直营店	# 加盟店
总　　计	38	1661	8557	214
一、批发业	5	4685	3385	13
二、零售业	25	5277	454	773
按零售业态分				
食杂店				
便利店				
折扣店				
超市	2	1712	1442	27
大型超市	3	18	18	
仓储会员店				
百货店	1	289	289	
专业店	19	4188	2385	183
加油站	2	3326	3326	
专卖店	3	429	429	
家居建材商店				
购物中心				
厂家直销中心				
其他				
三、住宿业				
四、餐饮业	8	699	668	31
按行业代码分组				
正餐服务	3	11	11	
快餐服务	4	652	652	
饮料及冷饮服务				
餐饮配送及外卖送餐服务				
其他餐饮业	1	36	5	31

表 10—9 批发和零售业、住宿和餐饮业连锁总店经营情况（2019 年）（续表 1）

计量单位：万元

指　　标	商品购进总额	#接受统一配送商品金额		
			接受自有配送中心商品金额	接受非自有配送中心商品金额
总　　计	26224829	25447133	2248365	9482
一、批发业	1743923	1743923	17429345	1578
二、零售业	8419145	798326	4969211	81238
按零售业态分				
食杂店				
便利店				
折扣店				
超市	3596426	3586283	3586283	
大型超市	395575	73541		45218
仓储会员店				
百货店	13619	13619	13619	
专业店	422923	391629	127838	362
加油站	1641448	1641448	1641448	
专卖店	58936	58936	8226	1578
家居建材商店				
购物中心				
厂家直销中心				
其他				
三、住宿业				
四、餐饮业	374761	35884	989	7666
按行业代码分组				
正餐服务	8582	8582	847	121
快餐服务	35767	18730	1348	7545
饮料及冷饮服务				
餐饮配送及外卖送餐服务				
其他餐饮业	8572	8572		

表10—9 批发和零售业、住宿和餐饮业连锁总店经营情况（2019年）（续表2）

指　　标	商品销售总额（万元）	#商品零售额	零售营业面积（万平方米）	餐饮营业面积（万平方米）	年末从业人员数（人）
总　　计	2676663	23224424	1182871	22173	1642
一、批发业	1861754	16917765	71626		2849
二、零售业	814369	636659	4786845		6222
按零售业态分					
食杂店					
便利店					
折扣店					
超市	3661377	2636377	2546677		4161
大型超市	442328	442328	18851		2997
仓储会员店					
百货店	951334	951334	935999		54
专业店	416994	26245	11161		16545
加油站	17476136	16539546	69992		23554
专卖店	59557	52794	16934		1612
家居建材商店					
购物中心					
厂家直销中心					
其他					
三、住宿业					
四、餐饮业				22173	16133
按行业代码分组					
正餐服务				26359	861
快餐服务				188444	14999
饮料及冷饮服务					
餐饮配送及外卖送餐服务					
其他餐饮业				69	273

表 10—9 批发和零售业、住宿和餐饮业连锁总店经营情况（2019 年）（续表 3）

指　　标	营业额（万元）	#餐费和商品销售额	餐位数（个）
总　　计	56434	524652	67228
一、批发业			
二、零售业			
按零售业态分			
食杂店			
便利店			
折扣店			
超市			
大型超市			
仓储会员店			
百货店			
专业店			
加油站			
专卖店			
家居建材商店			
购物中心			
厂家直销中心			
其他			
三、住宿业			
四、餐饮业	56434	524652	67228
按连锁经营业务的行业代码分组			
正餐服务	19237	19237	3983
快餐服务	52973	49392	62465
饮料及冷饮服务			
餐饮配送及外卖送餐服务			
其他餐饮业	11495	11495	78

表 10—10　主要年份社会消费品零售总额

计量单位：亿元

年　份	社会消费品零售总额	增　速
1949	0.77	
1952	2.49	
1957	4.33	
1962	5.22	
1965	5.28	
1970	6.13	
1975	8.26	
1978	10.69	
1980	15.84	
1985	34.84	
1990	72.79	
1992	105.69	
1993	141.34	33.7
1994	209.05	47.9
1995	269.21	28.8
1996	314.91	17
1997	395.22	25.5
1998	439.03	11.1
1999	484.89	10.4
2000	538.17	11.0
2005	1082.36	15.4
2006	1261.33	16.5
2007	1507.10	19.5
2008	1814.05	20.4
2009	2119.24	16.8
2010	2526.10	19.2
2011	3000.59	18.8
2012	3474.30	15.8
2013	4124.39	18.7
2014	4583.36	11.1
2015	5069.67	10.6
2016	5627.29	11
2017	6228.81	10.7
2018	6778.60	8.8
2019	7136.32	5.3

注：1992 年后数据为全国第四次经济普查调整后的数据。

主要统计指标解释

社会消费品零售总额 指批发和零售业、住宿和餐饮业以及其他行业直接售给城乡居民和社会集团的消费品零售额。其中，对居民的消费品零售额，是指售予城乡居民用于生活消费的商品金额；对社会集团的消费品零售额，是指售给机关、社会团体、部队、学校、企事业单位、居委会或村委会等，公款购买的用作非生产、非经营使用与公共消费的商品金额。

社会消费品零售总额包括：售给城乡居民作为生活消费用的商品和修建房屋用的建筑材料的金额，以及售给来华的外国人、华侨、港澳台同胞的消费品金额；售给社会集团用作非生产、非经营使用与公共消费的商品金额。

不包括：

（1）农民之间相互买卖的商品；

（2）城市居民间或居民委托信托商店卖出的商品；

（3）售给农业、工业、建筑业等行业用于生产的商品；

（4）售予从事批发和零售业务的单位或个体户用于转卖的商品；

（5）售予从事餐饮业务的单位或个体户用于转卖或加工后转卖的商品；

（6）售予从事住宿或其他居民服务业的单位或个体户用于经营或转卖的商品；

（7）售予城乡居民已确知是用于生产、经营的商品；

（8）售予各类农业生产者的生产资料类商品；

（9）售予企业单位生产上专用的劳动保护用品；

（10）售予城乡居民的商品房。

商品购进总额 指从本企业以外的单位和个人购进（包括从国外直接进口）作为转卖或加工后转卖的商品金额（含增值税）。本指标反映批发和零售业从国内外市场上购进商品的总价。

商品销售额 指对本单位以外的单位和个人出售的商品金额（包括售给本单位消费用的商品，含增值税），本指标反映批发和零售业在国内市场上销售商品以及出口商品的总量。

商品批发额 指商品零售额以外的一切商品销售额。包括售给生产经营单位用于生产或经营用的商品销售额；售给批发零售贸易业、餐饮业用于转卖或加工后转卖的商品销售额；直接向国（境）外出口和委托外贸部门代理出口的商品销售额。

商品零售额 指售给城乡居民用于生活消费、售给社会集团用公款购买用作非生产、非经营使用的商品销售额。

期末商品库存额 对于批发和零售业法人企业和个体经营户，是指取得所有权的全部商品金额（含增值税）；对于批发和零售业产业活动单位，是指期末实际在库且归属法人具有所有权的全部商品金额（含增值税）。这个指标反映批发和零售业的商品库存情况，以及对市场商品供应的保证程度。

亿元以上商品交易市场 指年成交额在亿元及以上的商品交易市场。商品交易市场是指经有关部门和组织批准设立，有固定场所、设施，有经营管理部门和监管人员，若干市场经营者入内，常年或实际开业三个月以上，集中、公开、独立地进行生活消费品、生产资料等现货商品交易以及提供相关服务的交易场所，包括各类消费品市场、生产资料市场等。

商品成交额 指市场所有摊位业主商品交易额之和。

消费品零售额 指市场所有摊位业主商品交易总额之和中直接售予城乡居民用于生活消费和社会集团用于公共消费的商品金额。

营业面积 指市场营业用场地、仓库等营业用建筑面积，不包括为市场经营服务的办公室和附设的旅馆、招待所、餐馆、停车场等的面积。

连锁总店（总部） 负责连锁企业资源（商号、商誉、经营模式、服务标准、管理模式等等）的开发、配置、控制或使用等功能的企业核心管理机构。

连锁经营分店 指连锁经营的核心企业或单位（总店）所属各分散经营的门店，也称为成员店。

门店数 指该连锁企业所拥有的全部连锁门店数量，包括总店（如果总公司有门店的话）和全部直营分店、加盟分店数。总店作为一个直营店处理。控股店按直营店统计。直营店和加盟店之和应等于门店总数。

直营连锁 也叫正规连锁。连锁门店均由总部全资或控股开设，在总部的直接领导下统一经营。

加盟连锁 加盟连锁包括特许连锁和自由连锁。

统一配送商品购进额 指企业统一购进商品后，配送到门店（包括加盟店）的商品金额（按购进价计算）。非自有配送中心配送比重指由第三方物流配送的商品购进额。直营店和加盟店的配送商品购进额，是指由总部统一配送或接受统一配送的商品购进额，而不是直营店和加盟店对外的配送商品购进额。

自有配送中心配送商品购进额 指连锁总部从自有配送中心购进商品的金额。

非自有配送中心配送商品购进额 指连锁总部从第三方物流配送中心购进商品的金额。

配送中心 是连锁企业的物流机构，承担着各门店所需商品的进货、库存、分货、加工、集配、运输、送货等任务。配送中心主要为本连锁企业服务，也可面向社会。如本企业没有配送中心而是利用本企业以外的物流中心配送，可不填自有配送中心数、配送中心面积和运输车辆，但应填统一配送商品购进额。

营业额 指住宿和餐饮业法人企业、产业活动单位在经营活动中因提供服务或销售商品等取得的收入。包括：客房收入、餐费收入、商品销售额（含增值税）和其他收入。

客房收入　指住宿和餐饮业法人企业、产业活动单位在经营活动中因提供住宿服务取得的客房收入。

餐费收入　指住宿和餐饮业法人企业、产业活动单位因为顾客提供就餐服务取得的收入。包括：经烹饪、调制加工后出售的各种食品，如主食、炒菜、凉拌菜等的收入。

商品销售额　指住宿和餐饮业法人企业、产业活动单位伴随服务而出售商品所取得的销售总额（含增值税）。

年末餐饮营业面积　指住宿和餐饮业法人企业、产业活动单位对外提供就餐服务的门店建筑面积和从事食品加工、烹饪、调制的厨房面积，不包括办公用房和仓库等面积。该指标按年末实有面积统计。

批发和零售业、住宿和餐饮业统计限额标准

行　业　类　别	统　计　指　标　名　称	计量单位	限额以上企业
批　发　业	年主营业务收入	万　元	2000 及以上
零　售　业	年主营业务收入	万　元	500 及以上
住　宿　业	年主营业务收入	万　元	200 及以上
餐　饮　业	年主营业务收入	万　元	200 及以上

（十一）对外经济贸易和旅游业

CHAPTER 11 FOREIGN TRADE AND ECONOMIC COOPERATION, TOURISM

表 11—1 利用外资

指　　标	2019 年	2018 年	2019 年为上年%
新签外商投资企业（个）	557	439	126.9
新签合同外资（万美元）	852128	982174	86.8
实际使用外资（万美元）	410058	385338	106.4
第一产业	11	718	1.5
第二产业	172857	118301	146.1
第三产业	237190	266320	89.1

注：本表数据由市投资促进委员会提供。

表 11—2 对外劳务和承包工程情况

指　　标	2019 年	2018 年	2019 年为上年%
一、新签合同金额（万美元）	316465	274527	115.3
二、完成营业额（万美元）	345065	348375	99.0

注：本表数据由市商务局提供。

表 11—3 涉外税收

计量单位：万元

指　　标	2019 年	2018 年	2019 年为上年%
合　　计	35423016	33905972	104.5
流转税	13430639	12568947	106.9
企业所得税	6087027	6075336	100.2
个人所得税	1872483	2462761	76.0
车船使用牌照税	82700	81932	100.9
城市房地产税	508803	470913	108.0
其他各税	12221412	10798221	113.2
海关代征	1219952	1447862	84.3

注：本表数据由市税务局提供。

表 11—4 海关统计进出口贸易（2019 年）

计量单位：万美元

指 标	2019 年	2019 年为上年%
一、进出口总值（经营单位口径）	6996023	106.8
1、出口	4353320	114.9
# 三资企业	1394401	107.0
高新技术产品	1031222	104.6
2、进口	2642704	95.7
# 三资企业	1146351	88.2
高新技术产品	753778	89.7
二、进出口总值（境内目的地、货源地）	5545789	96.6
1、出口（境内货源地）	2748564	102.5
# 三资企业	1372684	106.2
2、进口（境内目的地）	2797225	91.4
# 三资企业	1163333	91.4
三、进出口总值（口岸口径）	3103353	82.1
1、出口	1947022	86.3
# 新生圩	1386358	87.2
2、进口	1156331	75.9
# 新生圩	740223	78.1

表 11—5　进出口商品贸易方式总值（按经营单位）（2019 年）

计量单位：万美元

贸易方式	进出口		出　口		进　口	
	数值	增长%	数值	增长%	数值	增长%
总　　值	6996023	6.8	4353320	14.9	2642704	-4.3
一般贸易	5153394	11.0	3232210	19.5	1921183	-0.8
国家间、国际组织无偿援助和赠送的物资	1896	20.3	1896	20.3		
捐赠物资						
补偿贸易						
来料加工装配贸易	76726	-37.6	12847	-63.0	63879	-27.5
进料加工贸易	1402033	5.8	932780	5.1	469253	7.1
寄售代销贸易						
边境小额贸易						
加工贸易进口设备						
对外承包工程出口货物	47534	-7.3	47534	-7.3		
租赁贸易	165	-29.1	142	-3.1	23	-73.6
外商投资企业作为投资进口的设备、物品	20834	1.9			20834	1.9
出料加工贸易						
易货贸易						
免税外汇商品						
保税监管场所进出境货物	105394	-36.2	15013	3.0	90381	-40.0
海关特殊监管区域物流货物	138308	-7.0	77900	-12.1	60409	0.4
海关特殊监管区域进口设备	2097	32.1			2097	32.1
其他	47643	57.8	32998	765.4	14645	-44.5

表 11—6　进口商品贸易方式企业性质总值（按经营单位）（2019 年）

计量单位：万美元

贸易方式	合计		国有企业		外商投资企业		集体企业		私营企业	
	数值	增长%	数值	增长%	数值	增长%	数值	增长%	数值	增长%
总　　值	2642704	-4.3	1145734	3.6	1146351	-11.8	2575	10.0	338011	-4.0
一般贸易	1921184	-0.8	1084653	3.9	573941	-7.8	1437	-17.7	261150	-2.6
国家间、国际组织无偿援助和赠送的物资										
捐赠物资										
补偿贸易										
来料加工装配贸易	63879	-27.5	479	-47.4	60649	-29.8			2752	200.7
进料加工贸易	469254	7.1	14330	-19.6	440881	9.1	1138	91.3	12904	-17.4
寄售代销贸易										
边境小额贸易										
加工贸易进口设备										
对外承包工程出口货物										
租赁贸易	23	-73.5			23	-26.5				
外商投资企业作为投资进口的设备、物品	20834	1.9			20834	1.9				
出料加工贸易										
易货贸易										
免税外汇商品										
保税监管场所进出境货物	90381	-40.0	25325	16.5	41950	-55.4			23106	-33.3
海关特殊监管区域物流货物	60409	0.4	20473	-4.2	2573	-62.7			37363	17.2
海关特殊监管区域进口设备	2097	32.1			2097	32.1				
其他	14645	-44.5	474	-29.5	3404	-86.2	0	-80.0	736	-24.6

表 11—7 出口商品贸易方式企业性质总值（按经营单位）（2019 年）

计量单位：万美元

贸易方式	合计		国有企业		外商投资企业		集体企业		私营企业	
	数值	增长%	数值	增长%	数值	增长%	数值	增长%	数值	增长%
总　　值	4353320	14.9	1004937	-9.9	1394401	7.0	6006	-6.9	1919420	40.9
一般贸易	3232210	19.5	869633	-11.1	510433	10.1	1067	-78.2	1850954	47.1
国家间、国际组织无偿援助和赠送的物资	1896	20.3	79	-0.8					1817	21.4
捐赠物资										
补偿贸易										
来料加工装配贸易	12847	-63.0	4691	-3.5	4022	-85.4			4134	75.0
进料加工贸易	932780	5.1	65364	-18.0	827626	7.7	4939	216.6	34851	-8.3
寄售代销贸易										
边境小额贸易										
加工贸易进口设备										
对外承包工程出口货物	47534	-7.3	45714	27.1					1821	-88.1
租赁贸易	142	-3.1			105	453.7			37	-70.9
外商投资企业作为投资进口的设备、物品										
出料加工贸易										
易货贸易										
免税外汇商品										
保税监管场所进出境货物	15013	3.0	11775	-6.0	1720	45.0			1519	77.4
海关特殊监管区域物流货物	77900	-12.1	6712	108.4	47794	18.7			23394	-48.1
海关特殊监管区域进口设备										
其他	32998	765.4	972	39.5	2701	-0.7			893	147.8

表 11—8 进出口商品国别（地区）总值（按经营单位）（2019 年）

计量单位：万美元

进口原产国（地区）或出口最终目的国（地区）	进出口		出 口		进 口	
	数值	增长%	数值	增长%	数值	增长%
总 值	6996023	6.8	4353320	14.9	2642704	-4.3
亚洲	3393523	7.2	1822934	20.1	1570589	-4.8
# 香港	181118	-9.7	175379	-9.3	5739	-18.2
印度	190922	14.9	157422	8.1	33500	62.7
印度尼西亚	147191	36.3	78420	21.6	68772	58.2
日本	538929	3.4	185750	16.7	353178	-2.5
澳门	627	-67.2	626	-66.7	0	-99.0
马来西亚	113438	14.7	62280	57.9	51158	-14.0
巴基斯坦	38158	-8.4	36838	-7.5	1320	-27.6
菲律宾	81215	18.7	66358	41.9	14857	-31.4
新加坡	75576	28.4	55685	72.7	19892	-25.3
韩国	935443	1.1	346283	23.5	589161	-8.7
泰国	118280	-1.3	60126	-5.6	58154	3.6
台湾省	287178	0.5	90213	46.2	196966	-12.1
非洲	320265	18.8	238934	43.0	81332	-20.7
欧洲	1663860	4.1	1086684	7.3	577176	-1.3
# 比利时	53809	1.6	42364	10.0	11445	-20.7
丹麦	14847	4.6	11442	6.2	3405	-0.4
英国	155023	-0.8	140084	-1.4	14939	4.3
德国	440033	6.9	183651	14.5	256381	2.1
法国	101919	5.9	72637	25.4	29282	-23.6
意大利	122283	-13.6	71335	-13.8	50948	-13.2
荷兰	180297	-11.2	150943	-3.9	29354	-36.0
西班牙	81049	8.7	65403	18.3	15647	-18.8
芬兰	22130	88.2	4965	29.8	17165	116.3
挪威	10662	60.0	7989	80.8	2674	19.0

表 11—8　进出口商品国别（地区）总值（按经营单位）（2019 年）（续表）

计量单位：万美元

进口原产国（地区）或出口最终目的国（地区）	进出口		出　口		进　口	
	数值	增长%	数值	增长%	数值	增长%
瑞典	36677	-11.9	22281	-10.1	14397	-14.6
瑞士	22744	10.1	6837	21.0	15907	6.0
白俄罗斯	3235	52.6	2071	51.0	1164	55.5
俄罗斯联邦	108338	9.8	77746	8.0	30593	14.4
乌克兰	27502	64.8	14792	12.8	12711	255.4
捷克共和国	58179	-9.7	41830	-17.0	16349	16.4
拉丁美洲	339871	5.4	260432	1.4	79439	21.0
北美洲	996978	5.5	840728	14.5	156250	-25.8
# 加拿大	129517	6.9	79683	31.6	49834	-17.8
美国	867438	5.3	761022	12.9	106416	-29.0
大洋洲	271393	9.7	103608	4.8	167785	13.0
# 澳大利亚	220506	10.7	81021	10.7	139484	10.6
新西兰	31684	23.0	10052	25.5	21632	21.9
亚太经合组织	4221219	5.7	2393701	16.3	1827518	-5.6
东南亚国家联盟	776085	20.4	528314	28.8	247771	5.7
欧洲联盟	1482339	2.3	968752	6.0	513587	-4.1

注：1. 东南亚国家联盟包括：文莱、印度尼西亚、马来西亚、菲律宾、新加坡、泰国、越南、缅甸、老挝、柬埔寨。
2. 欧洲联盟包括：比利时、丹麦、英国、德国、法国、爱尔兰、意大利、卢森堡、荷兰、希腊、葡萄牙、西班牙、奥地利、芬兰、瑞典、塞浦路斯、捷克、爱沙尼亚、匈牙利、拉脱维亚、立陶宛、马耳他、波兰、斯洛伐克、斯洛文尼亚、保加利亚、罗马尼亚。
3. 亚太经济合作组织包括：文莱、中国香港、印度尼西亚、日本、马来西亚、菲律宾、新加坡、韩国、泰国、中国、中国台北、智利、墨西哥、加拿大、美国、澳大利亚、新西兰、巴布亚新几内亚、俄罗斯、秘鲁、越南。

11—9　南京与国外缔结友好关系的城市

国　　别	城　市	缔结日期
日　　本	名古屋市	1978年12月21日
美　　国	圣路易斯市	1979年11月2日
意 大 利	佛罗伦萨市	1980年2月22日
荷　　兰	埃因候温市	1985年10月9日
德　　国	莱比锡市	1988年5月21日
墨 西 哥	墨西卡利市	1991年10月14日
塞浦路斯	利马索尔市	1992年9月23日
韩　　国	大田广域市	1994年11月14日
加 拿 大	伦敦市	1997年5月7日
澳大利亚	珀斯市	1998年5月18日
南　　非	布隆方丹市	2000年3月22日
哥伦比亚	巴兰基亚市	2001年6月3日
马来西亚	马六甲市	2008年10月30日
文　　莱	斯里巴加湾市	2011年11月21日
纳米比亚	温得和克市	2015年9月9日
白俄罗斯	莫吉廖夫市	2016年9月27日

注：本表资料由市外办提供。

表 11—10　旅游经济主要指标

指　　标	2019 年	2018 年	2019 年为上年%
全市接待国内外旅游者（万人次）	14682	13409	109.5
国内旅游者	14597	13327.99	109.6
入境旅游者	85.31	81.01	104.6
全市因私出境旅游者（万人次）	131.91	115.85	113.9
国际旅游创汇收入（亿美元）	9.42	8.83	106.7
全市旅游总收入（亿元）	2784.95	2460.20	113.2
全市拥有星级宾馆饭店（家）	68	76	—
全市拥有旅行社（家）	740	694	—
# 从事国际旅游业务	65	68	—
全市拥有旅游 A 级景区（个）	51	53	—
# 5A 级旅游景区	2	2	—
4A 级旅游景区	24	22	—

注：本表数据由市文化和旅游局提供。

表 11—11　接待入境旅游人数

计量单位：人次

指　标	2019 年	2018 年	2019 年为上年%
接待入境旅游人数	853109	810144	104.6
（一）外国人	613850	589748	103.4
# 日本	40286	38220	105.4
新加坡	20730	18702	110.8
印度	15725	15401	102.1
马来西亚	22359	19794	113.0
韩国	104679	101912	102.7
美国	72633	75459	96.3
加拿大	21680	23202	93.4
英国	18059	17333	104.2
德国	25922	26545	97.7
澳大利亚	22675	22313	101.6
（二）香港同胞	69211	62804	109.5
（三）澳门同胞	5582	4843	114.5
（四）台湾同胞	164466	152749	106.9
平均每天来宁人数	2337	2220	105.3

注：本表数据由市文化和旅游局提供。

表 11—12　部分年份对外贸易主要指标

单位：亿美元

年　份	进出口总额（经营单位）	出口	# 三资企业出口	进口
1990	3.64	1.58	0.11	2.06
1995	51.74	38.06	2.52	13.68
2000	91.02	53.69	9.20	37.33
2003	147.12	76.65	19.57	70.47
2004	206.39	104.60	36.96	101.79
2005	270.90	142.45	60.30	128.45
2006	315.35	173.65	77.22	141.70
2007	362.00	206.46	86.26	155.53
2008	405.92	235.97	88.22	169.95
2009	337.45	184.59	64.81	152.86
2010	456.01	248.85	83.51	207.16
2011	573.44	308.65	107.67	264.79
2012	552.35	319.01	109.62	233.34
2013	557.57	322.66	97.18	234.91
2014	572.21	326.28	114.24	245.93
2015	532.40	315.03	107.82	217.38
2016	502.12	295.92	97.93	206.20
2017	611.87	344.15	131.30	267.73
2018	654.91	378.79	130.37	276.12
2019	699.60	435.33	139.44	264.27

表11—13　部分年份开放型经济主要指标

单位：亿美元

年　份	实际使用外资	注册合同外资	投资总额	对外承包劳务完成营业额
1990	0.70	0.37	—	0.16
1995	4.15	12.3	—	0.65
2000	8.13	20.79	38.55	1.37
2003	22.10	40.09	73.02	4.16
2004	25.66	45.15	77.11	4.60
2005	20.09	25.58	82.53	4.83
2006	17.02	30.82	69.78	6.07
2007	20.61	37.85	80.16	7.44
2008	23.72	44.60	56.74	10.26
2009	23.92	45.59	74.42	11.57
2010	28.16	47.78	95.35	13.09
2011	35.66	61.66	103.15	15.76
2012	41.30	61.15	164.88	11.42
2013	40.33	53.59	88.92	11.73
2014	32.91	49.20	108.58	26.97
2015	33.35	61.72	114.34	33.34
2016	34.79	56.55	151.44	37.25
2017	36.73	60.87	149.10	39.83
2018	38.53	98.22	183.70	34.84
2019	41.01	85.21	171.07	34.51

表 11—14　部分年份旅游经济主要指标

单位：万人次

年　份	国内旅游人数	入境旅游人数				
			外国人	香港同胞	澳门同胞	台湾同胞
1990	—	26.33	7.29	—	18.79	—
1995	654	23.17	12.77	0.20	5.66	4.54
2000	1501	41.90	22.69	8.26	0.44	10.51
2003	2206	51.51	31.11	9.44	0.36	10.60
2004	2800	71.97	47.17	11.26	0.44	13.10
2005	3220	87.63	51.41	15.09	0.41	20.72
2006	3800	100.92	64.66	15.97	0.60	19.69
2007	4489	116.12	76.33	16.73	0.77	22.28
2008	4960	119.52	77.85	17.23	0.86	23.58
2009	5520	113.45	74.40	15.55	1.07	22.44
2010	6366	130.88	86.80	17.10	1.10	25.88
2011	7181	150.64	99.91	19.74	1.26	19.74
2012	7950	162.71	107.73	21.36	1.36	32.27
2013	8674	51.86	38.16	4.04	0.19	9.47
2014	9419	56.62	41.56	4.51	0.18	10.37
2015	10175	58.81	43.23	4.13	0.27	11.18
2016	11142	63.78	46.90	4.76	0.31	11.82
2017	12221	71.76	51.85	5.57	0.41	13.93
2018	13328	81.01	58.97	6.28	0.48	15.27
2019	14597	85.31	61.39	6.92	0.56	16.45

注：本表数据由市旅游委员会提供。2016 年按国家及省旅游局入境旅游统计最新指标与口径对外发布和使用入境旅游数据.

表 11—14　部分年份旅游经济主要指标（续表）

年　份	旅游总收入（亿元）	国内旅游收入（亿元）	国际旅游收入（亿美元）
1990	0.31	—	0.31
1995	62.36	53.89	1.02
2000	155.99	137.66	2.21
2003	244.00	217.60	3.18
2004	320.00	277.90	5.08
2005	379.00	333.00	5.76
2006	462.80	408.08	6.77
2007	585.45	530.51	8.08
2008	714.30	654.00	8.73
2009	822.16	765.00	8.37
2010	951.61	885.95	9.81
2011	1106.23	1028.00	12.00
2012	1272.78	1169.01	13.62
2013	1360.67	1336.22	4.01
2014	1520.83	1470.00	5.53
2015	1688.12	1650.78	6.39
2016	1909.26	1862.85	6.76
2017	2168.90	2121.00	7.60
2018	2460.20	2401.77	8.83
2019	2784.95	2719	9.42

主要统计指标解释

进出口总额 海关进出口总额指实际进出我国国境的货物总金额。包括对外贸易实际进出口货物，来料加工装配进出口货物，国家间、联合国及国际组织无偿援助物资和赠送品，华侨、港澳台同胞和外籍华人捐赠品，租赁期满归承租人所有的租赁货物，进料加工进出口货物，边境地方贸易及边境地区小额贸易进出口货物（边民互市贸易除外），中外合资企业、中外合作经营企业、外商独资经营企业进出口货物和公用物品，到、离岸价格在规定限额以上的进出口货样和广告品（无商业价值、无使用价值和免费提供出口的除外），从保税仓库提取在中国境内销售的进口货物，以及其他进出口货物。进出口总额用以观察一个国家在对外贸易方面的总规模。我国规定出口货物按离岸价格统计，进口货物按到岸价格统计。

商品经营单位所在地进、出口额 指所在地海关注册登记的有进出口经营权的企业实际进、出口额。

商品目的地进口额和商品货源地出口额 目的地进口额指进口货物的消费、使用或最终抵运地的实际进口额，货源地出口额是指出口货物的产地或原始发货地的实际出口额。

利用外资 指我国各级政府、部门、企业和其他经济组织通过对外借款、吸收外商直接投资以及用其他方式筹措的境外现汇、设备、技术等。

对外借款 是我国利用外资的重要部分。指通过对外正式签订借款协议，从境外筹措的资金，包括外国政府贷款、国际金融组织贷款、外国银行商业贷款、出口信贷以及对外发行债券等。1996年及以前还包括对外发行股票。

外商直接投资 指外国企业和经济组织或个人（包括华侨、港澳台胞以及我国在境外注册的企业）按我国有关政策、法规，用现汇、实物、技术等在我国境内开办外商独资企业、与我国境内的企业或经济组织共同举办中外合资经营企业、合作经营企业或合作开发资源的投资（包括外商投资收益的再投资）。

外商其他投资 指除对外借款和外商直接投资以外的各种利用外资的形式。包括企业在境内外股票市场公开发行的以外币计价的股票（目前主要是在香港证券市场发行的H股和在境内证券市场发行的B股）发行价总额，国际租赁进口设备的应付款，补偿贸易中外商提供的进口设备、技术、物料的价款，加工装配贸易中外商提供的进口设备、物料的价款。

对外承包工程 指各对外承包公司以招标议标承包方式承揽的下列业务：（1）承包国外工程建设项目，（2）承包我国对外经援项目，（3）承包我国驻外机构的工程建设项目，（4）承包我国境内利用外资进行建设的工程项目，（5）与外国承包公司合营或联合承包工程项目时我国公司分包部分，（6）对外承包兼营的房屋开发业务。对外承包工程的营业额是以货币表现的本期内完成的对外承包工程的工作量，包括以前年度签订的合同和本年度新签订的合同在报告期内完成的工作量。

对外劳务合作 指以收取工资的形式向业主或承包商提供技术和劳动服务的活动。我国对外承包公司在境外开办的合营企业，中国公司同时又提供劳务的，其劳务部分也纳入劳务合作统计。劳务合作营业额按报告期内向雇主提交的结算数（包括工资、加班费和奖金等）统计。

旅游者人数 包括入境国际旅游者人数、出境居民人数和国内旅游者人数。

（1）入境国际旅游者人数： 指来中国参观、访问、旅行、探亲、访友、休养、考察、参加会议和从事经济、科技、文化、教育、宗教等活动的外国人、华侨、港澳同胞和台湾同胞的人数。不包括外国在我国的常驻机构，如使领馆、通讯社、企业办事处的工作人员； 来我国常住的外国专家、留学生以及在岸逗留不过夜人员。

（2）出境居民人数： 指大陆居民因公务活动或私人事务短期出境的人数。公务活动出境居民人数包括在国际交通工具上的中国服务员工，因私出境居民人数不包括在国际交通工具上的中国服务员工。

（3）国内旅游者人数： 指我国大陆居民和在我国常住 1 年以上的外国人、华侨、港澳台同胞离开常住地在境内其他地方的旅游设施内至少停留一夜，最长不超过 6 个月的人数。

国际旅游（外汇）收入 指入境旅游的外国人、华侨、港澳同胞和台湾同胞在中国大陆旅游过程中发生的一切旅游支出，对于国家来说就是国际旅游（外汇）收入。

（十二）财政、金融和保险

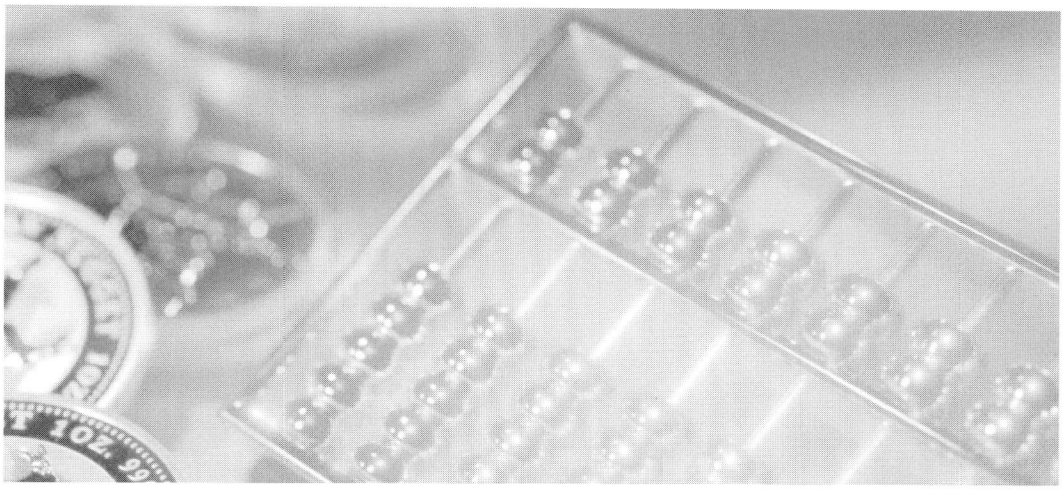

CHAPTER 12
FINANCE, BANKING AND INSURANCE

表 12—1 财政收入

计量单位：亿元

指　　标	2019 年	2018 年	2019 年为上年%
全市财政收入	3023.30	2783.84	108.6
1、一般公共预算收入	1580.03	1470.02	107.5
增值税 25%	508.54	484.30	105.0
企业所得税 40%	300.08	235.23	127.6
个人所得税 40%	84.50	98.35	85.9
城市维护建设税	92.98	88.53	105.0
其他各项收入	593.93	563.60	105.4
2、上划中央收入	1443.28	1313.83	109.9
国内消费税	393.35	328.32	119.8
附：一般公共预算收入构成（%）			
增值税 25%	32.2	32.9	
企业所得税 40%	19.0	16.0	
个人所得税 40%	5.3	6.7	
城市维护建设税	5.9	6.0	
其他各项收入	37.6	38.4	

注：本表由市财政局提供。

表 12—2 公共财政预算支出

计量单位：亿元

指　　标	2019 年	2018 年	2019 年为上年%
公共财政预算支出	1658.60	1532.71	108.2
# 一般公共服务	150.19	131.40	114.3
公共安全、国防	131.62	129.14	101.9
教育	289.05	253.06	114.2
科学技术	97.62	80.54	121.2
文化体育与传媒	37.56	35.07	107.1
社会保障和就业	191.74	169.99	112.8
医疗卫生与计划生育	117.32	95.82	122.4
节能环保	51.17	45.85	111.6
城乡社区事务	261.34	256.00	102.1
农林水事务	87.56	92.84	94.3
交通运输	50.93	55.21	92.3
其他支出	192.5	181.61	106.0

注：本表由市财政局提供。

表12—3 金融机构本外币存、贷款余额

计量单位：亿元

指　　标	2019年	2018年
金融机构本外币存款	35536.08	34524.86
（一）境内存款	35216.28	34363.07
1、住户存款	8299.64	7106.00
（1）活期存款	3047.89	2690.92
（2）定期及其他存款	5251.75	4415.07
2、非金融企业存款	13244.63	12862.19
（1）活期存款	5329.75	5174.84
（2）定期及其他存款	7914.89	7687.35
3、广义政府存款	8474.83	8464.42
（1）财政性存款	924.49	901.01
（2）机关团体存款	7550.34	7563.41
4、非银行业金融机构存款	5197.18	5930.47
（二）境外存款	319.79	161.79
金融机构本外币贷款	33585.88	29065.66
（一）境内贷款	33453.01	28914.72
1、住户贷款	11448.33	9136.77
（1）短期贷款	2521.64	1593.53
消费贷款	1971.09	1150.15
经营贷款	550.54	443.39
（2）中长期贷款	8926.69	7543.24
消费贷款	8174.74	7029.83
经营贷款	751.95	513.41
2、非金融企业及机关团体贷款	21948.50	19723.57
（1）短期贷款	5754.98	5198.29
（2）中长期贷款	13718.16	12531.84
（3）票据融资	1266.47	977.96
（4）融资租赁	1167.61	965.08
（5）各项垫款	41.28	50.40
3、非银行业金融机构贷款	56.18	54.38
（二）境外贷款	132.87	150.94

注：本表由人行南京营业部提供。

表 12—4 全市保费收入情况（2019 年）

计量单位：亿元

指 标	2019 年	2019 年为上年%
保险总额	762.83	126.4
1、财产险	188.2	116.0
2、寿险	458.93	129.9
3、意外险	19.42	110.7
4、健康险	96.28	136.9

注：本表数据由江苏省保监局提供。

表 12—5　主要年份财政收支

计量单位：亿元

年　　份	财政收入	#一般公共预算收入	财政支出
1949	0.07	—	0.02
1952	0.41	—	0.36
1957	0.55	—	0.59
1962	1.65	—	0.36
1965	2.36	—	0.52
1970	4.83	—	1.03
1975	6.92	—	1.06
1978	10.85	—	1.78
1979	17.64	—	2.34
1980	14.96	—	2.30
1985	24.77	—	4.76
1990	36.18	—	9.81
1995	65.17	29.43	36.22
1998	108.24	50.78	59.65
1999	128.49	66.43	73.21
2000	164.58	92.57	97.70
2001	204.77	108.48	113.35
2002	264.92	115.60	133.12
2003	335.03	136.48	155.28
2004	403.65	169.88	191.68
2005	510.17	211.07	231.51
2006	603.91	246.44	262.46
2007	628.53	330.19	342.94
2008	742.40	386.56	404.92
2009	901.15	434.51	461.31
2010	1075.25	518.80	542.73
2011	1298.77	635.00	666.21
2012	1427.25	733.02	769.66
2013	1591.59	831.31	850.91
2014	1771.85	903.49	921.20
2015	2008.96	1020.03	1045.57
2016	2198.54	1142.60	1173.79
2017	2439.23	1271.91	1353.96
2018	2783.84	1470.02	1532.71
2019	3023.30	1580.03	1658.60

注：2000-2002 年一般公共预算收入为地方财政收入。2000 年起财政支出为一般公共预算支出。

表12—6 2000年以来金融机构本外币存贷款情况

计量单位：亿元

年 份	金融机构本外币存款余额	#住户存款本外币存款余额	金融机构本外币贷款余额
2000	1963.44	—	1706.44
2001	2489.64	—	2063.69
2002	3005.89	1031.01	2549.31
2003	3821.37	1253.85	3546.40
2004	4412.06	1382.24	4245.66
2005	5263.25	1677.49	4659.81
2006	5960.83	1913.12	5326.64
2007	7131.80	2010.31	6333.15
2008	8562.27	2565.83	7483.10
2009	11088.39	3125.00	9444.48
2010	12887.43	3572.07	10915.34
2011	14241.99	3968.03	11723.52
2012	16540.43	4532.02	13079.32
2013	18417.90	4955.76	14538.65
2014	20733.39	5135.67	16448.55
2015	26471.69	5651.58	18951.70
2016	28355.89	6095.08	22268.94
2017	30764.63	6202.95	25159.48
2018	34524.86	7106.00	29065.66
2019	35536.08	8299.64	33585.88

表 12—7　2000 年以来金融机构人民币存贷款情况

计量单位：亿元

年　份	金融机构人民币存款余额	#住户人民币储蓄存款余额	金融机构人民币贷款余额
2000	1963.44	596.70	1704.65
2001	2293.00	716.00	1962.00
2002	2795.00	906.00	2451.00
2003	3623.00	1134.00	3375.00
2004	4234.00	1287.00	4062.00
2005	5083.32	1595.00	4452.57
2006	5802.18	1835.00	5098.14
2007	6996.98	1951.15	6046.05
2008	8392.89	2505.33	7171.69
2009	10886.92	3056.35	9064.13
2010	12649.52	3511.85	10384.84
2011	13945.92	3910.20	11132.09
2012	16131.41	4465.37	12314.41
2013	18050.82	4883.29	13791.06
2014	20161.85	5055.77	16328.58
2015	25887.77	5535.53	18217.80
2016	27633.55	5894.47	21681.28
2017	29944.86	6019.70	24578.25
2018	33740.63	6914.84	28402.34
2019	34671.17	8105.88	32991.93

表 12—8　2000 年以来保费收入情况

计量单位：亿元

年　　份	保费收入
2000	24.91
2001	36.69
2002	54.77
2003	69.47
2004	71.33
2005	75.28
2006	89.96
2007	98.29
2008	127.17
2009	175.42
2010	191.30
2011	194.08
2012	235.74
2013	264.34
2014	311.53
2015	368.04
2016	485.80
2017	697.95
2018	603.55
2019	762.83

主要统计指标解释

财政收入 指国家财政参与社会产品分配所取得的收入，是实现国家职能的财力保证。财政收入所包括的内容几经变化，目前主要包括：：

（1）各项税收：包括增值税、营业税、消费税、土地增值税、城市维护建设税、资源税、城市土地使用税、印花税、个人所得税、企业所得税、关税、农牧业税和耕地占用税等。

（2）专项收入：包括征收排污费收入、征收城市水资源费收入、教育费附加收入等。

（3）其他收入：包括基本建设贷款归还收入、基本建设收入、捐赠收入等。

（4）国有企业亏损补贴：这项为负收入，冲减财政收入。

财政支出 国家财政将筹集起来的资金进行分配使用，以满足经济建设和各项事业的需要，主要包括：：基本建设支出、企业挖潜改造资金、地质勘探费用、科技三项费用、支援农村生产支出、农林水利气象等部门的事业费用、工业交通商业等部门的事业费、文教科学卫生事业费、抚恤和社会福利救济费、国防支出、行政管理费和价格补贴支出等。

中央财政收入和地方财政收入 指按财政体制划分的中央本级收入和地方本级收入。1994 年分税制财政体制以后，属于中央财政的收入包括关税、海关代征消费税和增值税，消费税，中央企业所得税，地方银行和外资银行及非银行金融企业所得税，铁道、银行总行、保险总公司等集中缴纳的营业税、所得税、利润和城市维护建设税，增值税的 75%部分，证券交易税（印花税）50%部分和海洋石油资源税。属于地方财政的收入包括营业税，地方企业所得税，个人所得税，城镇土地使用税，固定资产投资方向调节税，城镇维护建设税，房产税，车船使用税，印花税，屠宰税，农牧业税，农业特产税，耕地占用税，契税，增值税 25%部分，证券交易税（印花税）50%部分和除海洋石油资源税以外的其他资源税。

存款 指企业、机关、团体或居民根据资金必须收回的原则，把货币资金存入银行或其他信用机构保管并取得一定利息的一种信用活动形式。根据存款对象的不同可划分为企业存款、财政存款、机关团体存款、基本建设存款、城镇储蓄存款、农村存款等科目。它是银行信贷资金的主要来源。

贷款 指银行或其他信用机构根据资金必须归还的原则，按一定利率，为企业、个人等提供资金的一种信用活动形式。我国银行贷款分为流动资金贷款、固定资产贷款、城乡个体工商户贷款以及农业贷款等科目。

保险公司 在中国境内的、经过保险监督部门批准设立，并依法登记注册的各类商业保险公司。

保险金额 指保险人承担赔偿或者给付保险金责任的最高限额。

保费 指投保人为取得保险人在约定范围内所承担赔偿责任而支付给保险人的费用。

赔款 指保险人根据保险合同的规定，向被保险人支付的赔偿保险责任损失的金额。

给付 包括死伤医疗给付和满期给付。死伤医疗给付是指保险人根据人寿保险及长期健康保险合同的规定，因被保险人在保险期内发生保险责任范围内的保险事故支付给被保险人（或受益人）的金额。满期给付是指被保险人生存期满，保险人按人寿保险合同规定支付给被保险人的满期保险金额。

（十三）科技和教育

CHAPTER 13
SCIENCE AND TECHNOLOGY, EDUCATION

表 13—1　专利申请量与授权量

计量单位：件

指　　标	2019 年	2018 年
申请量合计	103024	99070
发明	42545	40652
实用新型	54335	46154
外观设计	6144	12264
授权量合计	55004	44089
发明	12392	11090
实用新型	37374	26743
外观设计	5238	6256

注：本表由市市场监督管理局提供。

表 13—2　商标注册情况

计量单位：件

指　　标	2019 年	2018 年
新申请注册商标	95711	81850
有效注册商标总量累计	285524	216910
新增马德里国际注册商标	299	81
有效马德里国际注册商标累计	743	421
中国驰名商标总量累计	116	116

注：本表由市市场监督管理局提供。

表13—3　技术合同成交情况（2019年）

指　　标	合同数（项）	合同金额（万元）	#技术交易额（万元）
合　　计	28509	5884108	4951477
技术开发	13667	2645353	2154986
技术转让	795	157290	154146
技术咨询	2096	109453	108247
技术服务	11951	2972012	2534099

注：本表由市科学技术局提供。

表13—4　规模以上工业企业研发活动（2018年）

指　　标	2018年
一、企业数及开展R&D活动数	
规模以上工业企业数（个）	2558
有R&D（研究与试验发展）活动企业数（个）	1161
有研发机构单位数（个）	1211
企业办研发机构数（个）	1478
二、R&D人员情况	
R&D人员合计（人）	55243
企业办研发机构中人员合计（人）	56335
#博士、硕士毕业学历人员	11729
三、R&D经费支出情况	

注：本表根据第四次全国经济普查科技专业统计数据编制，数据包含江苏省统计局直报企业，下同。

表 13—4　规模以上工业企业研发活动（2018 年）（续表）

指　　标	2018 年
本年 R&D 经费内部支出合计（万元）	1809395
#大中型工业企业	1367351
#小微型工业企业	442043
本年 R&D 活动经费外部支出合计（万元）	125883
本年新产品开发经费支出（万元）	2267888
四、其他技术活动经费支出	
技术改造经费支出（万元）	700719
购买境内技术经费支出（万元）	19472
引进境外技术经费支出（万元）	76945
引进境外技术的消化吸收经费支出（万元）	6097
五、研发活动产出	
专利申请数（件）	17565
#发明专利申请数（件）	7594
新产品销售收入合计（万元）	28217947
# 新产品出口销售收入	3552266
新产品产值（万元）	28011888

表13—5 规模以上工业企业研究与试验发展内部支出（2018年）

计量单位：万元

指　　标	2018年
总　　计	1809395
一、按企业规模分组	
大中型企业	1367351
大型企业	986528
中型企业	380823
小微型企业	442043
二、按隶属关系分组	
中央	262969
地方及其他	1546426
三、按登记注册类型分组	
内资企业	1274890
国有企业	5050
集体企业	613
股份合作企业	324
联营企业	0

注：本表根据第四次全国经济普查科技专业统计数据编制，数据包含江苏省统计局直报企业。

表 13—5　规模以上工业企业研究与试验发展内部支出（2018 年）（续表 1）

计量单位：万元

指　　标	2018 年
有限责任公司	541463
国有独资公司	53940
其他有限责任公司	487524
股份有限公司	242969
私营企业	484471
私营独资企业	107
私营合伙企业	0
私营有限责任公司	423162
私营股份有限公司	61202
其他企业	0
港、澳、台商投资企业	257812
合资经营企业（港或澳、台资）	91084
合作经营企业（港或澳、台资）	0
港、澳、台商独资经营企业	160569

表13—5 规模以上工业企业研究与试验发展内部支出（2018年）（续表2）

计量单位：万元

指 标	2018年
港、澳、台商投资股份有限公司	6159
其他港澳台投资企业	0
外商投资企业	276693
中外合资经营企业	136567
中外合作经营企业	343
外资企业	134261
外商投资股份有限公司	5522
四、按国民经济行业分组	
采矿业	875
煤炭开采和洗选业	0
石油和天然气开采业	74
黑色金属矿采选业	0
有色金属矿采选业	801
非金属矿采选业	0
开采专业及辅助性活动	0
其他采矿业	0
制造业	1794524
农副食品加工业	6693
食品制造业	14221
酒、饮料和精制茶制造业	3556
烟草制品业	61
纺织业	1942

表 13—5　规模以上工业企业研究与试验发展内部支出（2018 年）（续表 3）

计量单位：万元

指　　标	2018 年
纺织服装、服饰业	16632
皮革、毛皮、羽毛及其制品和制鞋业	894
木材加工及木、竹、藤、棕、草制品业	133
家具制造业	8424
造纸和纸制品业	1259
印刷业和记录媒介的复制	6743
文教、工美、体育和娱乐用品制造业	7157
石油加工、炼焦及核燃料加工业	1969
化学原料及化学制品制造业	180590
医药制造业	222692
化学纤维制造业	3478
橡胶和塑料制品业	23057
非金属矿物制品业	37780
黑色金属冶炼及压延加工业	168471
有色金属冶炼及压延加工业	13633
金属制品业	40204
通用设备制造业	112942

表 13—5 规模以上工业企业研究与试验发展内部支出（2018 年）（续表 4）

计量单位：万元

指　　标	2018 年
专用设备制造业	72872
汽车制造业	203861
铁路、船舶、航空航天和其他运输设备制造业	67781
电气机械及器材制造业	271791
计算机、通信和其他电子设备制造业	201700
仪器仪表制造业	101920
其他制造业	1580
废弃资源综合利用业	0
金属制品、机械和设备修理业	487
电力、热力、燃气及水的生产和供应业	13996
电力、热力的生产和供应业	12292
燃气生产和供应业	1586
水的生产和供应业	118
五、按企业控股情况分组	
国有控股	581933
集体控股	23221
私人控股	698692
港澳台商控股	252710
外商控股	178628
其他	74210

表 13—6　各类教育事业基本情况

一、学校数

计量单位：所

指　　标	2019 年	2018 年
全　　市	1724	1660
高等教育	59	59
# 普通高校	53	53
成人高校	6	6
中等职业学校	46	50
# 普通中专	19	22
成人中专	3	3
技工学校	24	25
普通中学	246	240
小学	373	360
特殊教育	13	12
幼儿园	987	939

二、在校学生数

计量单位：人

指　　标	2019 年	2018 年
在校学生总数	2160135	2075812
高等教育	1090682	1049685
# 研究生培养机构	142477	130038
普通高校	735417	721643
成人高校	212788	198004
中等职业学校	103791	112076
# 普通中专	50672	51817
成人中专	9814	11026
技工学校	43305	49233
普通中学	260623	245163
小学	446597	422149
特殊教育	1621	1518
幼儿园	256821	245221

注：本表技工学校数据由人社部门提供，其余数据由市教育局提供。

三、毕业生数

计量单位：人

指　标	2019年	2018年
毕业生总数	569802	537797
高等教育	310564	298334
# 研究生培养机构	33225	31681
普通高校	238300	228669
成人高校	72264	69665
中等职业学校	39007	33902
# 普通中专	17358	17209
成人中专	4324	4360
技工学校	17325	12333
普通中学	76593	71722
# 初中	51500	46619
高中	25093	25103
小学	62826	55622
特殊教育	278	364
幼儿园	80534	77853
小学毕业生升学率（%）	100	100
初中毕业生升学率（%）	100	100

注：本表技工学校数据由人社部门提供，其余数据由市教育局提供。

四、招生数

计量单位：人

指　标	2019年	2018年
招生总数	668746	643999
高等教育	366938	356493
# 研究生培养机构	48473	45617
普通高校	274500	269197
成人高校	92438	87296
中等职业学校	35920	32836
# 普通中专	17297	15877
成人中专	3112	3063
技工学校	15511	13896
普通中学	93511	84034
# 初中	62824	55539
高中	30687	28495
小学	86505	83816
特殊教育	315	509
幼儿园	85557	86311

注：本表数据由市教育局提供。技工学校数据由人社部门提供。

五、专任教师数

计量单位：人

指　　标	2019 年	2018 年
专任教师总数	135329	128936
高等教育	53837	52310
# 普通高校	53296	51765
成人高校	541	545
中等职业学校	5966	6268
# 普通中专	3762	3717
成人中专	450	452
技工学校	1754	2099
普通中学	25591	24468
小学	30137	27542
特殊教育	522	499
幼儿园	18933	17849

注：本表数据由市教育局提供。技工学校数据由人社部门提供。

表 13—7 教育系统各级各类学校教学设施情况（2019 年）

指 标	普通高校	中等职业学校	普通中学		普通小学	特殊学校
			高中	初中		
占地面积（平方米）	58233295		4404429.11	6501705.12	7631193.61	185624
# 运动场地面积	3870128		1141992.5	2063258.81	2779986.03	43389.7
教学及辅助用房面积（平方米）	13824462		1267700	1612940	2430820	44163
# 教室	3329257		637480	938690	1671040	38852
实验室	4494784		242290	290210	202370	2184.24
图书室	1253127		137120	123880	157620	1832.1
微机室	—		58450	76910	95630	1295
语音室	—		14780	15220	26110	—
图书资料	—		—	—	—	—
# 一般图书（万册）	8170.83		486	696.93	1226.29	17
电子图书（万册）	11004.32		155.09	202.01	298.24	6.78
教学用计算机（台）	395667		36275	51286	71565	—
每百名学生拥有教学用计算机（台）	44.32		42.74	29.18	16.02	—
平均每一专任教师负担学生数（人）	16.75		9.98	10.28	14.82	3.11

注：本表数据由市教育局提供。

表 13—8　南京国家重点实验室名单（2019 年）

序号	重点实验室名称	依托单位	联合单位	所在区	分类
1	固体微结构物理国家重点实验室	南京大学		鼓楼区	科教类
2	医药生物技术国家重点实验室	南京大学		栖霞区	科教类
3	计算机软件新技术国家重点实验室	南京大学		栖霞区	科教类
4	现代配位化学国家重点实验室	南京大学		栖霞区	科教类
5	内生金属矿床成矿机制研究国家重点实验室	南京大学		栖霞区	科教类
6	污染控制与资源化研究国家重点实验室	南京大学	同济大学	鼓楼区	科教类
7	毫米波国家重点实验室	东南大学		玄武区	科教类
8	移动通信国家重点实验室	东南大学		玄武区	科教类
9	作物遗传与种质创新国家重点实验室	南京农业大学		玄武区	科教类
10	现代古生物学和地层学国家重点实验室	中国科学院南京地质古生物研究所		玄武区	科教类
11	土壤与农业可持续发展国家重点实验室	中国科学院南京土壤研究所		玄武区	科教类
12	生物电子学国家重点实验室	东南大学		玄武区	科教类
13	水文水资源与水利工程科学国家重点实验室	河海大学	南京水利科学研究院	鼓楼区	科教类
14	材料化学工程国家重点实验室	南京工业大学		江北新区	科教类
15	湖泊与环境国家重点实验室	中国科学院南京地理与湖泊研究所		玄武区	科教类

表 13—8 南京国家重点实验室名单（2019 年）（续表）

序号	重点实验室名称	依托单位	联合单位	所在区	分类
16	生殖医学国家重点实验室	南京医科大学		江宁区	科教类
17	天然药物活性组分与药效国家重点实验室	中国药科大学		鼓楼区	科教类
18	机械结构力学及控制国家重点实验室	南京航空航天大学		秦淮区	科教类
19	生命分析化学国家重点实验室	南京大学		栖霞区	科教类
20	爆炸冲击防灾减灾国家重点实验室	中国人民解放军陆军工程大学		秦淮区	科教类
21	特种纤维复合材料国家重点实验室	中材科技股份有限公司		江宁区	企业类
22	高性能土木工程材料国家重点实验室	江苏省建筑科学研究院有限公司		鼓楼区	企业类
23	肉品加工与质量控制国家重点实验室	江苏雨润肉类产业集团有限公司		建邺区	企业类
24	空中交通管理技术国家重点实验室	中国电子科技集团公司第二十八研究所		秦淮区	企业类
25	宽禁带半导体电力电子器件国家重点实验室	中国电子科技集团公司第五十五研究所		秦淮区	企业类
26	在役长大桥梁安全与健康国家重点实验室	苏交科集团股份有限公司		建邺区	企业类
27	智能电网保护和运行控制国家重点实验室	南瑞集团有限公司		江宁开发区	企业类
28	转化医学与创新药物国家重点实验室	江苏先声药业有限公司		玄武区	企业类
29	清洁高效燃煤发电与污染控制国家重点实验室	国电科学技术研究院有限公司		栖霞区	企业类
30	江苏省食品质量安全重点实验室	江苏省农业科学院		玄武区	科教类
31	江苏省有机电子与信息显示重点实验室	南京邮电大学		栖霞区	科教类

注：第 30 和 31 项为省部共建实验室。

表 13—9　南京普通高等学校名单（2019 年）

序号	高校名称	办学层次
1	南京大学	世界一流大学建设
2	东南大学	世界一流大学建设
3	南京航空航天大学	世界一流学科建设
4	南京理工大学	世界一流学科建设
5	河海大学	世界一流学科建设
6	南京农业大学	世界一流学科建设
7	中国药科大学	世界一流学科建设
8	南京邮电大学	世界一流学科建设
9	南京林业大学	世界一流学科建设
10	南京信息工程大学	世界一流学科建设
11	南京工业大学	
12	南京师范大学	世界一流学科建设
13	南京财经大学	
14	南京医科大学	
15	南京中医药大学	世界一流学科建设
16	南京审计学院	
17	南京体育学院	
18	南京艺术学院	
19	南京工程学院	
20	南京晓庄学院	
21	江苏警官学院	
22	金陵科技学院	
23	三江学院	
24	南京森林警察学院	
25	南京特殊教育职业技术学院	
26	江苏第二师范学院	

注：在南京的普通高等学校不含部队院校。

表13—9　南京普通高等学校名单（2019年）（续表）

序号	高校名称	办学层次
27	江苏联合职业技术学院	
28	南京工业职业技术学院	
29	南京交通职业技术学院	
30	南京科技职业技术学院	
31	江苏经贸职业技术学院	
32	南京信息职业技术学院	
33	南京铁道职业技术学院	
34	江苏海事职业技术学院	
35	江苏城市职业学院	
36	南京旅游职业学院	
37	南京机电职业技术学院	
38	钟山职业技术学院	
39	正德职业技术学院	
40	金肯职业技术学院	
41	应天职业技术学院	
42	江苏卫生建康职业学院	
43	南京视觉艺术职业学院	
44	南京城市职业学院	
45	南京大学金陵学院	
46	东南大学成贤学院	
47	南京航空航天大学金城学院	
48	南京理工大学紫金学院	
49	南京工业大学浦江学院	
50	南京师范大学中北学院	
51	南京审计学院金审学院	
52	南京信息工程大学滨江学院	
53	中国传媒大学南广学院	

表 13—10　主要年份学校在校学生数

计量单位：万人

年　份	普通高等学校	普通中学	小　学
1949	0.35	1.82	12.06
1952	0.84	3.68	23.34
1957	2.35	6.98	31.46
1962	3.52	8.92	35.63
1965	2.98	11.29	48.00
1970	2.43	18.26	54.10
1975	1.87	25.23	60.19
1978	2.72	23.14	39.17
1979	3.51	21.8	39.84
1980	4.02	27.41	50.5
1985	6.04	23.86	41.85
1990	7.51	23.01	42.08
1995	10.37	23.57	41.72
1997	12.05	22.04	46.75
1998	13.24	21.80	48.11
1999	16.28	22.29	47.88
2000	21.69	25.38	45.41
2005	56.11	32.26	30.51
2007	67.79	28.53	29.07
2008	72.50	27.27	28.56
2009	77.34	26.11	28.32
2010	79.34	24.86	28.83
2011	80.85	23.78	30.07
2012	81.53	23.07	30.71
2013	80.74	22.43	32.14
2014	80.53	22.28	33.93
2015	81.26	21.99	35.80
2016	82.78	22.45	37.54
2017	84.08	23.42	39.31
2018	85.17	24.52	42.21
2019	87.78	26.06	44.66

注：高等学校在校学生数含普通高等学校、科研院校所有在学研究生。

主要统计指标解释

研究与试验发展（R&D） 指为增加知识存量（也包括有关人类、文化和社会的知识）以及设计已有知识的新应用而进行的创造性、系统性工作，包括基础研究、应用研究和试验发展三种类型。基础研究和应用研究统称为科学研究。R&D 活动应当满足五个条件：新颖性、创造性、不确定性、系统性、可转移性（可复制性）。

企业办研发机构数 指报告期末企业在境内自办（或与外单位合办），管理上同生产系统相对独立（或单独核算）的专门研究开发活动机构，如企业办的技术中心、研究院所、开发中心、开发部、实验室、中试车间、试验基地等。企业办研究开发活动机构经过资源整合，被国家或省级有关部门认定为国家级或省级技术中心的，应按一个机构填报。与外单位合办的研究开发活动机构若主要由本企业出资兴办，则由本企业统计，否则应由合办方统计。企业研究开发管理职能处（科）室（如科研处、技术科等）一般不统计在内；若科研处、技术科等同时挂有研究开发活动机构的牌子，视其报告期内主要工作任务而定，主要任务是从事研究开发活动的可以统计，否则不予统计。本指标不含企业在国外或港澳台设立的研究开发活动机构数。

研究与试验发展（R&D）人员 指报告期 R&D 活动单位中从事基础研究、应用研究和试验发展活动的人员。包括直接参加上述三类 R&D 活动的人员，以及与上述三类 R&D 活动相关的管理人员和直接服务人员，即直接为 R&D 活动提供资料文献、材料供应、设备维护等服务的人员。不包括为 R&D 活动提供间接服务的人员，如餐饮服务、安保人员等。

R&D 经费内部支出 指报告期调查单位内部为实施 R&D 活动而实际发生的全部经费，按支出性质分为日常性支出和资产性支出。不包括调查单位委托其他单位或与其他单位合作开展 R&D 活动而转拨给其他单位的全部经费。日常性支出包括为实施 R&D 活动支付给 R&D 人员的劳动报酬及各种费用，购置的原材料、燃料、动力、工器具等低值易耗品，以及各种相关直接或间接的管理和服务等支出。资产性支出包括为实施 R&D 活动而进行固定资产建造、购置、改扩建以及大修理等的支出。

技术改造经费支出 指报告期内企业进行技术改造而发生的费用支出。技术改造指企业在坚持科技进步的前提下，将科技成果应用于生产的各个领域（产品、设备、工艺等），用先进工艺、设备代替落后工艺、设备，实现以内涵为主的扩大再生产，从而提高产品质量、促进产品更新换代、节约能源、降低消耗，全面提高综合经济效益。

购买境内技术经费支出 指报告期内企业购买境内其他单位科技成果的经费支出。包括购买产品设计、工艺流程、图纸、配方、专利、技术诀窍及设备的费用支出。

引进境外技术经费支出 指报告期内企业用于购买国外或港澳台技术的费用支出，包括产品设计、工艺流程、图纸、配方、专利等技术资料的费用支出，以及购买设备、仪器、样机和样件等的费用支出。

引进境外技术的消化吸收经费支出 指报告期内企业引进国外或港澳台技术的消化吸收经费支出。引进技术的消化吸收指对引进技术的掌握、应用、复制而开展的工作，以及在此基础上的创新。引进技术的消化吸收经费支出包括：人员培训费、测绘费、参加消化吸收人员的工资、工装、工艺开发费、必备的配套设备费、翻版费等。

当年专利申请数 指报告期内企业作为第一申请人向境内外知识产权行政部门提出专利申请并被受理后，按规定缴足申请费，符合进入初步审查阶段条件的件数。

当年专利申请数中发明专利 指报告期内企业作为第一申请人向境内外知识产权行政部门提出发明专利申请并被受理后，按规定缴足申请费，符合进入初步审查阶段条件的件数。

新产品产值 指年度本企业生产的新产品的产值。新产品是指采用新技术原理、新设计构思研制、生产的全新产品，或在结构、材质、工艺等某一方面比原有产品有明显改进，从而显著提高了产品性能或扩大了使用功能的产品。若产品只在外观、颜色、图案、包装上有改变，或仅在技术上有较小的变化，不作为新产品进行统计。本报表中的新产品指标既包括经政府有关部门认定并在有效期内的新产品，也包括企业自行研制开发，未经政府有关部门认定，从投产之日起一年之内的新产品。

新产品销售收入 指报告期内企业销售新产品实现的销售收入。

新产品销售收入中出口 指报告期内企业将新产品销售给外贸部门和直接出售给外商所实现的销售收入。

普通高等学校 指按照国家规定的设置标准和审批程序批准举办，通过国家统一招生考试，招收高中毕业生为主要培养对象，实施高等学历教育的全日制大学、独立设置的学院和高等专科学校、高等职业学校和其他机构。

成人高等学校 指按照国家规定的设置标准和审批程序举办的，通过全国成人高等教育统一招生考试，招收具有高中毕业或同等学历的人员为主要培养对象，利用脱产、业余或函授等多种形式对其实施高等学历教育的学校。包括广播电视大学、职工高等学校、农民高等学校、管理干部学院、教育学院、独立函授学院、其他机构。

初中毕业生升学率 计算初中毕业生升学率所用分子数为高级中学招生数，包括：普通高中招生数、职业高中招生数、技工学校招生数、普通中专招收初中毕业生数、普通中专举办的成人中专招收应届初中毕业生数及成人中专招收应届初中毕业生数，分母是初中毕业生人数。

（十四）文化、体育和卫生

CHAPTER 14
CULTURE, SPORTS AND PUBLIC HEALTH

表 14—1　文化机构从业人员综合情况（2019 年）

指　　标	总　计		文化部门		其他部门	
	机构数（个）	从业人员数（人）	机构数（个）	从业人员数（人）	机构数（个）	从业人员数（人）
文化及相关产业	3368	28559	259	8725	3109	19834
艺术业	165	3674	32	1910	133	1764
图书馆业	15	870	15	870		
群众文化业	114	726	114	726	0	0
艺术教育业	4	660	4	660		
文化市场经营机构（不包括非公有制院团和场馆）	2926	16119			2926	16119
文化科研	1	32	1	32		
文物业	93	3555	59	2303	34	1252
其他文化及相关机构	50	2923	34	2224	16	699

注：本表数据由文化和旅游局提供。

表 14—2　文化馆（站）（2019 年）

指　　标	合　计	文化馆	文化站	#乡镇文化站
个数（个）	114	14	100	6
举办展览（场次）	761	228	533	18
组织文化活动次数（次）	11843	1656	10187	249
举办训练班（班次）	4031	1924	2107	86
藏书（千册）	3432.318		3432.318	177.047

注：本表数据由文化和旅游局提供。

表 14—3 艺术团体（2019 年）

指　　标	剧团数（个）	职工数（人）	国内演出（场次）	#在农村演出	国内观众人次（万人次）
全　　市	71	2286	10230	3990	459.812
话剧、儿童剧、滑稽剧类	10	93	200	10	10.95
歌舞、音乐类	17	445	420	30	34.06
京剧、昆曲类	6	112	320	60	17.43
地方戏曲类	15	297	1830	1360	121.444
杂技、魔术、马戏类	2	140	1290	20	128.6
曲艺类	4	46	590	20	19.233
综合性艺术表演团体	17	1153	5580	2490	128.095

注：本表数据由文化和旅游局提供。

表 14—4 文化市场经营机构基本情况（2019 年）

指　　标	机构数（个）	从业人员（人）	经营活动情况（万元）			其他（万元）	
			营业收入	营业成本	营业利润	从业人员劳动报酬	税金
娱乐场所	866	5169	77778	71940	5838	17473	2299
互联网上网服务营业场所（网吧）	1438	2806	27340	23963	3068	9323	220
非公有制艺术表演团体	58	1007	2569	1993	576	888	103
经营性互联网文化单位	92	1665	6188	6220	-33	560	31
艺术品经营机构	81	285	5265	7408	-2143	1788	372
演出经纪机构	330	3874	179581	168143	11438	36327	5595

注：本表数据由文化和旅游局提供。

表 14—5　公共图书馆综合情况（2019 年）

指　　标	合计	省级	市级	区县级
机构数（个）	15	1	1	13
从业人员（人）	870	529	121	220
总藏量（万册）	2031.12	1232.10	246.93	552.09
#　图书	1643.10	908.16	222.39	512.54
报刊	150.70	115.76	11.51	23.43
视听文献 、微缩制品	46.88	34.90	7.84	4.14
其他	21.82	13.28	0.16	8.39
在藏品中：开架书刊	613.71	90.00	106.02	417.68
本年新购藏量（万册）	66.73	20.54	8.71	37.48
公用房屋建筑面积（平方米）	314050	103010	25170	185880
#　书库	23180	10250	1880	11040
阅览室	48310	18000	8400	21920
阅览室座席数（个）	9272	1847	1415	6010
总流通人次（万人次）	1227.99	272.81	244.64	710.54
#　书刊文献外借人次	436.48	151.74	71.72	213.02
书刊文献外借册次（万册）次）	801.27	214.51	114.75	472.00
累计发放有效借书证数（万个）	144.33	86.64	9.94	47.75
为读者举办各种活动				
# 组织次数（次）	1921	447	400	1074
参加人次（万人次）	109.74	24.28	23.43	62.02
计算机（台）	2315	1150	374	791
#　电子阅览室终端数	917	130	274	513

注：本表数据由文化和旅游局提供。

表 14—6 博物馆综合情况（2019 年）

指　　标	总计	综合性	历史类	艺术类	自然科技类	其他
机构数（个）	66	6	34	11	6	9
省级	3	1	1	1		
市级	29	1	18	3	6	1
区县级	34	4	15	7		8
从业人员（人）	2919	1185	1308	278	72	76
# 高级职称	223	134	43	16	17	13
中级职称	341	214	61	20	35	11
文物藏品（件）	822937	533902	230138	17460	38169	3268
# 一级品	1920	1406	512	2		
陈列展览（个）	424	65	257	67	15	20
参观人次（万人次）	3918.4	574.0	2788.5	282.3	54.4	219.3
# 青少年	732.8	68.3	477.1	118.0	33.6	35.7
门票收入	27858.1	266.1	26859.8		367	365.2
本年收入（万元）	110462.9	53037.5	50855.9	4895.6	1247	426.9
# 财政拨款	85651.3	46594.1	36058.9	1625.1	1143	230.2
本年支出（万元）	101854.5	47684.5	47684.9	4816	1215	454.1
# 基本支出	44325.4	20785.3	19978.3	1990.9	1185	385.9
项目支出	50480.5	26899.2	22751.3	761.6	25	43.4
公用建筑面积（万平方米）	76.52	18.58	34.52	2.89	2.36	18.17
# 展览用房	31.14	6.58	17.91	1.87	1.56	3.23
文物库房	3.76	2.12	1.12	0.14	0.13	0.26

注：本表数据由文化和旅游局提供。

表 14—7　文物保护管理机构综合情况（2019 年）

指　标	机构数（个）	从业人员（人）	文物藏品（件）	#一级藏品	展览（个）	参观人次（万人次）
总　计	93	3555	1195217	1920	424	3918.4
文物科研机构	1	40	7514			
文物保护管理机构	9	29	29			
博物馆	66	2919	822937	1920	424	3918.4
文物商店	2	68	364737			
其他文物机构	15	499				

注：本表数据由文化和旅游局提供。

表 14—8　图书、杂志、报纸出版情况（2019 年）

指　标	图书	杂志	报纸
种数（种）	722	20	13
总印数（万册/份）	834	512.98	19162.64
总印张数（万印张）	18400	3112.89	70632.93

注：本表数据由市委宣传部提供，均不含省属出版机构在地数据。

表 14—9　艺术表演场所综合情况

指　　标	2019 年	2018 年
机构数（个）	10	10
省级	3	3
市级	4	4
区县级	3	3
从业人员（人）	174	207
座席数（个）	10907	9907
演（映）出场次（场）	737	631
# 艺术演出场次	409	395
观众人次（万人次）	60.32	44.94
# 艺术演出观众人次	36.69	31.21
艺术演出收入（万元）	4591	4108
年末固定资产原值（万元）	10651	10645
建筑面积（万平方米）	9.79	9.28
# 演（映）业务用房	4.48	3.98

注：本表数据由文化和旅游局提供。

表 14—10 广播、电视播出情况（2019 年）

指　　标	节目套数（套）			全年公共节目播出时间（小时）	全年制作节目时间（小时）
	合计	公共节目	付费节目		
广播电台	21	21		161380:20	146645：30
省级广播电台	10	10		84747:20	81795：00
市级广播电台	6	6		50306:00	49099：00
区县级广播电台	5	5		26327:00	15751：30
电视台	24	22	2	148507:11	42751：43
省级电视台	11	9	2	71310:11	23659：58
市级电视台	8	8		57758:00	14046：45
区县级电视台	5	5		19439:00	5045：00

注：本表数据由文化和旅游局提供。

表 14—11 广播、电视覆盖情况（2019 年）

指　　标	广播综合覆盖		电视综合覆盖		有线（数字）电视用户		
	覆盖人口数（万人）	覆盖率（%）	覆盖人口数（万人）	覆盖率（%）	总用户数（万户）	#数字电视（万户）	入户率（%）
全　市	696.94	100	696.94	100	320.2	320.2	129.93
市级覆盖	246.68	100	246.68	100	119.03	119.03	
区级覆盖	450.26	100	450.26	100	201.17	201.17	

表14—12　体育赛事和运动成绩情况（2019年）

计量单位：次

指　　标	世界	亚洲	国家	省级
体育赛事				
国内			5	31
国际	3			
参赛运动成绩				
冠军	2		62	174
亚军			46	203
季军	1		60	154
破各类记录				
项数				
人数				
人次				

注：本表由市体育局提供。

表 14—13　运动员、教练员、裁判员基本情况（2019 年）

计量单位：人

指　　标	运动员	专职教练员	裁判员
合　计	163	233	14595
国际级（健将）	12		101
国家级（运动健将）	62	6	382
一级（高级）	64	114	4337
二级（中级）	12	57	9775
三级（初级）		20	
少年级	13（无级）	36（无级）	

注：本表由市体育局提供，表中数据运动员为市属，不含省。

表 14—14　新华书店图书销售数量

计量单位：万册

指　　标	2019 年	2018 年
总　　计	1938.1	2671.10
哲学、社会科学	121.83	28.20
文化、教育	376.52	276.25
文学、艺术	57.13	37.13
自然科学、技术	84.55	13.98
少儿读物	36.5	40.62
大中专教材	122.84	627.39
课本	612.45	1063.96
教辅	397.41	541.23
其他出版物	0.5	0.60
非图书商品	128.37	41.74

注：本表由新华书店集团提供，数据不含原老五县；非图书商品仅为音响制品和古旧图书。

表 14—15 医疗卫生事业基本情况

指　　标	2019 年	2018 年
全市卫生机构数（个）	3242	2801
# 医院	248	222
社区卫生服务中心（站）	487	481
疾病控制中心、卫生防疫站	17	17
妇幼保健院（所、站）	14	14
全市实有床位数（张）	59046	54992
# 医院	53499	49448
社区卫生服务中心（站）	3695	3748
全市卫生机构卫生人员数（人）	114608	103660
# 卫生技术人员	93856	84097
# 执业医师	33700	29799
执业助理医师	2035	1761
注册护士	42461	38258
药师（士）	4705	4338
技师（士）	5328	4981
其他卫生技术人员	5627	4960
# 医院卫生人员	78647	72304
社区卫生服务中心卫生人员	11779	10262

注：本表数据由市卫健委提供，下同。

表 14—16　各类医院基本情况（2019 年）

指　　标	机构数（个）	实有床位数（张）	卫生人员数（人）	#卫生技术人员	#执业（助理）医师
全　　市	248	53499	78647	66212	22529
综合医院	100	27662	45295	39001	13230
中医院	34	7886	10541	9293	3492
中西医结合医院	4	1355	2238	1885	747
专科医院	67	12666	18130	14747	4754
护理院	43	3930	2443	1286	306

表 14—17　医疗机构病床使用情况（2019 年）

指　　标	平均开放床位数（张）	病床周转次数（次）	病床使用率（%）	出院者平均住院日（日）
医院	51660	34.8	91.17	9.1
# 综合医院	27337	39.9	93.62	8.5
中医院	7555	33.2	84.97	9.1
中西结合医院	1335	37.2	90.41	9
专科医院	12101	31.9	96.45	9.5
护理院	3333	6.4	66.34	30.3
社区卫生服务中心（站）	3406	13.8	45.82	12
卫生院	602	21.8	42.59	7.1
专科疾病防治院（所、站）	182	2.4	47.73	60.8

注：本表数据由市卫健委提供。

表 14—18　南京三级甲等医院名单（2019 年）

序号	医院名称	医院等级（级）	医院等级（等）
1	江苏省人民医院	三级	甲等
2	江苏省中医院	三级	甲等
3	江苏省肿瘤医院	三级	甲等
4	江苏省妇幼保健院	三级	甲等
5	江苏省中西医结合医院	三级	甲等
6	江苏省第二中医院	三级	甲等
7	南京鼓楼医院	三级	甲等
8	南京市中西结合医院	三级	甲等
9	南京市口腔医院	三级	甲等
10	南京市妇幼保健院	三级	甲等
11	南京市第一医院	三级	甲等
12	南京市中医院	三级	甲等
13	南京脑科医院	三级	甲等
14	南京市儿童医院	三级	甲等
15	南京医科大学眼科医院	三级	甲等
16	南京市第二医院	三级	甲等
17	南京医科大学附属口腔医院	三级	甲等
18	南京医科大学第二附属医院	三级	甲等
19	东南大学附属中大医院	三级	甲等
20	南京市江宁医院	三级	甲等

注：本表不含军队系统医院。

表 14—19　主要年份卫生机构、卫生技术人员、医院床位数

年　份	卫生机构（个）	卫生技术人员数（人）	# 医生	医院床位数（张）
1949	59			530
1952	206	3900	1500	1616
1957	512	7300	2900	2961
1962	852	12400	4400	7360
1965	897	11300	4900	7431
1970	846	10500	4000	8996
1975	1132	17300	6900	10812
1978	1320	21300	7800	12231
1979	1424	23000	8200	12361
1980	1418	24000	9100	11989
1985	1486	30127	12556	13969
1990	1610	34476	15726	17407
1995	1501	36376	16384	19019
1997	1301	35957	15840	17599
1998	1285	35705	15543	17521
1999	1318	35773	16078	17789
2000	1269	35270	15239	18140
2005	1612	34000	14292	19344
2008	1770	42337	16060	22865
2009	1764	56100	16593	24738
2010	2211	60044	17007	25894
2011	2268	50041	17265	29322
2012	2305	53967	19101	37775
2013	2315	58032	20662	41760
2014	2383	62068	21602	42563
2015	2337	65139	22307	41568
2016	2383	70687	25272	44776
2017	2340	76144	28098	46960
2018	2801	84097	31560	49448
2019	3242	93856	35735	53499

注：本表数据来源于市卫健委，从 2002 年起“医生”数为“执业医师、执业助理医师”数。

主要统计指标解释

文化事业机构　指从事专业文化工作和为专业文化工作服务的独立建制的单位，不包括这些单位另外举办独立核算的其他机构和各部门的业余文化组织。

执业（助理）医师和注册护士　指领取医师执业证书和注册护士证书的人员。

艺术表演团体　指从事戏曲、音乐、舞蹈、杂技等专业艺术表演，有独立帐户的单位，不包括半工半艺、半农半艺和民间职业剧团。

等级运动员人数　指经考核正式批准授予等级运动员称号的人数。运动员等级分为国际级运动健将、运动健将、一级运动员、二级运动员、三级运动员、少年级运动员。

等级裁判员人数　指经考核正式批准授予等级裁判员称号的人数。裁判员等级分为国际裁判、国家级裁判、一级裁判、二级裁判、三级裁判。

卫生机构　指从卫生行政部门取得《医疗机构执业许可证》，或从民政、工商行政、机构编制管理部门取得法人单位登记证书，为社会提供医疗保障、疾病控制、卫生监督服务或从事医学科研和教育等工作的单位。

卫生技术人员　指卫生事业机构支付工资的全部职工中现任职务为卫生技术工作的专业人员，包括执业医师、执业助理医师、注册护士、药剂人员、检验人员和其他卫生技术人员。

有线电视入户率　指能接收到有线广播电视台、有线电视站（系统内和系统外）和共享天线系统播放的有线电视节目的家庭户数与总户数的比例。计算公式：

$$\text{有线电视入户率} = \frac{\text{年末有线电视总用户数}}{\text{年末总户数}} \times 100\%$$

2020南京统计年鉴 2020南京统计年鉴 2020南京统计年鉴 2020南京统计年鉴 2020南京统计年鉴 2020南京统计年鉴

（十五）司法、社会福利与其他社会活动

CHAPTER 15
JUDICATURE, SOCIAL WELFARE AND OTHERS

表 15—1　律师、公证、基层司法基本情况

指　　标	2019 年	2018 年
律师工作		
律师事务所（个）	452	419
执业律师（名）	8045	7170
代理诉讼案件（件）	122494	97497
办理非诉法律事务（件）	70670	28268
公证工作		
公证处（个）	14	14
执业公证员（名）	191	176
办理公证总数（件）	206155	210283
国内公证（件）	116126	119419
涉外公证（件）	86515	87264
涉港澳公证（件）	595	688
涉台公证（件）	2919	2912
基层司法工作		
基层法律服务所（个）	61	62
基层法律服务工作者（人）	352	374
司法所（个）	112	112
司法所工作人员（人）	755	789
年末人民调解委员会（个）	1626	1714
年末调解人员（人）	7746	8170
调解纠纷总数（件）	142947	108584
法律援助工作		
法律援助机构数（不含律师行）（个）	13	13
得到法律援助机构援助的妇女数（人）	5531	3833
得到法律援助机构援助的未成年人数（人）	580	487
办理法律援助案件（件）	12587	12038

注：本表数据由市司法局提供。

表15—2　民政事业费支出情况

计量单位：万元

指　　标	2019年	2018年
总　计	560008.94	638427.4
优待抚恤	34726	47500.1
退役安置	95421.54	137305
城镇居民最低生活保障费	54081.0	68495.3
社会福利	165312.60	134797.40
社会救助	96023.90	116587.90
民政管理事务	51581.80	48934.40
行政事业单位离退休	5401.70	5040.80
其他	57460.40	79766.60

注：本表数据由市民政局、市退役军人事务局提供。

表15—3　收养性社会福利单位情况（2019年）

计量单位：人

指　　标	机构数（个）	从业人员（人）	年末床位数（张）	年末在院总人数（人）	#老人	#女性	康复和医疗门诊人次（人次数）
合　计	59	1991	16552	7263	4422	2142	26502
社会福利院	9	674	4389	2342	951	989	19993
儿童福利院	2	217	872	684		245	
社会福利医院	1	424	1157	1157	412	378	2458
城镇老年福利机构							
农村老年福利机构	46	659	9934	3070	3054	527	4051
其他福利机构	1	17	200	10	5	3	

注：本表数据由市民政局提供。2018年统计口径调整为政府主办的各类社会福利机构。

表 15—4　工会组织基本情况

指　　标	2019 年	2018 年
基层工会数（个）	14051	14195
其中：企业合计	10665	10428
内资企业	10014	9738
港澳台商投资企业	210	213
外商投资企业	443	477
事业单位	1544	1565
机关	606	678
个体经济组织	238	305
工会会员数（人）	2169085	2282913
专职工会工作人员（人）	1017	1005
兼职工会工作人员（人）	59894	61503
联合工会涵盖单位数（个）	41870	41039
联合工会会员人数（人）	567283	563406
建立职代会制度单位数	14086	11451
职代会职工代表人数（人）	189980	193683
# 女性	66349	69170
建立董事会单位数（个）	836	847
职工董事人数（人）	409	448
#女性	118	116
建立监事会单位数	682	689
职工监事人数	454	446
#女性	121	134

注：本表数据由市总工会提供。

主要统计指标解释

民政事业费支出 指报告期内本辖区各项民政事业费实际支出的总数额。包括抚恤事业费、军队移交地方安置的离退休人员费用、社会救济福利事业费、救灾支出以及其它民政事业费。

城镇居民最低生活保障人数 指在报告期末家庭平均收入在当地规定的最低生活保障线以下的城镇居民数。包括“三无”对象、失业人员和在职、下岗、退休人员等。

农村居民最低生活保障人数 指报告期末在建立农村最低生活保障制度的地区，得到当地政府或集体给予最低生活保障的农业人口数。

农村传统救济人数 指未开展最低生活保障制度的农村地区，仍沿用传统救济制度救济贫困人口数。

社会福利企业 指以集中安置有一定劳动能力的残疾人就业为目的（残疾职工占生产人员10%以上）、带有社会福利性质的特殊企业的总称。

律师 指受聘参加法律顾问处工作，担任法律顾问、刑（民）事代理人、刑事辩护人，办理非诉讼事件、解答法律询问，代写法律事务文书等主要从事律师业务的专职法律工作者和兼职律师。

公证人员 指在国家公证机关依法办理公证事务的司法人员，包括公证员、助理公证员和在公证处工作的其他人员。

办理公证文书 指公证处在一定时期内办结的公证文书件数。公证文书按司法部规定或批准的格式制作，包括国内公证和涉外公证两部分。国内公证分为经济合同公证和民事法律关系公证两大类。

调解人员 指在人民调解委员会担负调解民间一般民事纠纷和轻微违法行为引起纠纷的工作人员，包括调解委员会的委员和调解小组的调解员。

2020南京统计年鉴
NANJING STATISTICAL YEARBOOK

（十六）
城市建设与环境保护

CHAPTER 16
URBAN CONSTRUCTION AND ENVIRONMENTAL PROTECTION

表 16—1　城市煤气、液化石油气、天然气

指　标	2000 年	2005 年	2010 年	2015 年	2017 年	2018 年	2019 年
液化石油气供气总量（吨）	107196	145509	146476	88285	79917	74924	77511
#家庭用量	80272	81903	76409	50481	41384	29257	27754
用气人口（万人）	159	296	237	149	106	84	74
天然气供气总量（万立方米）	—	14173	57891	104382	122080	138361	143428
#家庭用量	—	3886	15545	31803	45771	50328	58719
用气人口（万人）	—	132	253	465	535	597	594

表 16—2　城市设施水平

指　标	2000 年	2005 年	2010 年	2015 年	2017 年	2018 年	2019 年
城市人口密度（人/平方公里）	2966	1084	1600	1462	1521	1555	1588
人均日生活用水量（升）	493.96	318.06	314.80	298.40	307.28	279.53	280.17
用水普及率（%）	100.0	92.1	100.0	100.0	100.0	100.0	100.0
气化率（%）	99.6	90.4	99.5	99.4	99.7	99.5	99.5
人均拥有道路面积（平方米）	8.54	14.47	19.35	23.06	23.75	24.20	24.30
建成区排水管道密度（公里/平方公里）	6.8	6.6	8.0	11.0	10.6	11.4	12.0
污水处理率（%）	63.6	81.2	88.8	95.7	96.3	96.5	97.4
人均公园绿地面积（平方米）	—	—	13.69	15.10	15.55	15.47	15.70
建成区绿化覆盖率（%）	40.96	44.94	44.38	44.47	44.90	45.06	45.16
生活垃圾粪便无害处理率（%）	85.76	87.46	78.74	100.00	100.00	100.00	100.00

表 16—3　城市供水和节约用水

指　　标	2000 年	2005 年	2010 年	2015 年	2017 年	2018 年	2019 年
综合生产能力（万立方米/日）	536.00	589.80	645.80	645.38	643.38	647.90	619.90
供水总量（万立方米）	135052	118875	112326	125255	135183	133978	152953
#工业用量	81821	53208	40876	42997	46373	47507	49479
生活用量	52197	54869	56862	39143	42487	50548	62768
用水人口（万人）	289.51	472.62	494.87	617.79	642.68	657.20	671.35
节约用水量（万立方米）	1185	2513	4730	4217	5628	5413	5296
生产用水重复利用量（万立方米）	119350	107934	183717	188429	211256	213103	213555

表 16—4　市政工程设施

指　　标	2000 年	2005 年	2010 年	2015 年	2017 年	2018 年	2019 年
道路长度（公里）	1802	6132	5599	7771	8361	8469	8583
道路面积（万平方米）	2185	7427	9576	14248	15264	15904	16314
路灯盏数（盏）	45914	172280	241712	472131	494179	508880	526096
排水管道长度（公里）	1370	3380	4948	8308	9290	9896	10221
桥梁数（座）	464	1359	1498	2055	2154	2185	2195
污水年排放量（万吨）	121199	120628	80490	95019	99580	95859	104013
污水日处理能力（万吨）	227	385	429	465	498	530	492
污水年处理量（万吨）	77122	97964	71493	90904	95855	75986	101346
污水处理厂（座）	3	10	17	24	25	25	27

注：本表由市住房和城乡建设委员会提供。

表 16—5　城市园林绿化

指　　标	2000 年	2005 年	2010 年	2015 年	2017 年	2018 年	2019 年
绿化覆盖面积（公顷）	11118	75226	84848	96874	99528	100959	101327
#建成区	8250	23037	27456	33588	35756	36866	37166
园林绿地面积（公顷）	10587	71020	77087	88910	91178	92202	92553
公园绿地面积（公顷）	—	—	6773	9328	9991	10168	10543
公园个数（个）	40	59	62	127	133	140	155
公园面积（公顷）	1725	2605	2790	7122	7207	7243	7493
风景名胜区游人量（万人次）	—	—	1592	6789	5605	—	—

注：本表由市住房和城乡建设委员会提供。

表 16—6　城市环境质量

指　　标	2000 年	2005 年	2010 年	2015 年	2016 年	2017 年	2018 年	2019 年
集中式饮用水水源地水质达标率（%）	98.81	100	100	100	100	100	100	100
地表水功能区水质达标率（%）	86.11	97.2	100	64.5	57.1	72.7	81.8	98.6
可吸入颗粒物浓度年均值（毫克/立方米）	—	0.109	0.114	0.096	0.085	0.076	0.075	0.069
二氧化硫浓度年均值（毫克/立方米）	0.029	0.052	0.036	0.019	0.018	0.016	0.01	0.01
二氧化氮浓度年均值（毫克/立方米）	—	0.054	0.046	0.05	0.044	0.047	0.044	0.042
环境空气质量良好以上天数（天）	293	304	302	235	242	264	251	255
区域互不干涉噪声平均值（dB（A））	54.4	54	54.7	54.8	53.9	53.7	54.2	53.6
交通干线噪声平均值（dB（A））	69.2	69.4	68.5	67.8	68.3	68.2	67.7	67.4

注：1、从 2013 年起，按国家环保部新颁布的空气质量标准（空气质量指数 AQI）要求，来认定良好以上天数；
2、2014 年地表水功能区水质达标率按全项评价，与往年不可比。
3、2017 年起地表水功能区水质达标率用省考数据统计。

表 16—7 城市环境卫生

指　　标	2000 年	2005 年	2010 年	2015 年	2017 年	2018 年	2019 年
全年生活垃圾清运量（万吨）	99.24	169.00	184.78	238.68	285.05	311.18	325.63
粪便清运量（万吨）	126.4	193.90	10.64	17.62	—	—	—
环卫机械车辆总数（辆）	579	777	1134	1630	2212	2323	2366
公厕数量（座）	937	1559	1151	1250	1306	1099	1083

表 16—8 工业污染排放与治理

指　　标	2000 年	2005 年	2010 年	2015 年	2017 年	2018 年	2019 年
废水排放量（亿吨）	6.49	4.7	3.38	2.32	1.49	1.55	1.45
废水中化学需氧量排放量（万吨）	3.61	3.03	2.02	2.09	0.53	0.43	0.34
重复用水率（%）	58.2	72.3	88.1	84.4	—	—	—
废气排放量（亿标立方米）	2155	3754	5738.23	8782.13	8465.65	8884.47	9379.66
二氧化硫排放量（万吨）	13.23	14.91	11.55	10.15	1.54	1.24	1.05
烟尘排放量（万吨）	5.15	4.76	3.38	8.41	4.48	3.61	3.25
二氧化硫去除量（万吨）	7.76	31.56	60.66	20.11	33.34	31.11	31.99
烟尘去除量（万吨）	137.98	283.78	300.88	527.31	783.16	962.34	858.86
一般工业固体废物产生量（万吨）	652.24	1159.1	1656.5	1475.36	1993.01	1976.65	2031.56
#危险废物产生量（万吨）	14.49	21.3	22.53	49.34	59.24	72.44	79.35
一般工业固体废物综合利用量（万吨）	530.95	1051.6	1471.36	1321.19	1798.58	1749.96	1855.71
#危险废物综合利用量（万吨）	13.49	17.37	10.2	30.61	34.47	30.79	39.50
一般工业固体废物综合利用率（%）	79.10	87.43	88.82	89.55	90.1	88.41	91.33
一般工业固体废物处置量（万吨）	23.04	17.88	37.86	135.2	78.14	117.50	84.10
#危险废物处置量（万吨）	1.00	3.11	12.51	18.12	25.10	44.47	41.00
重点污染治理项目数（个）	299	135	77	76	911	406	564
污染治理项目完成投资额（万元）	32331	20593	31637	106043	261351	243030	364866

注：1、本表为 2019 年度环境统计工业源数据，由各纳入环统的企业填报，并按照环统规则统计，尚未经生态环境部审核定稿。

2、一般工业固体废物综合利用率（%）计算公式为：工业固体废物综合利用率=工业固体废物综合利用量÷（工业固体废物产生量+综合利用往年贮存量）×100%。

3、烟尘排放量及去除量中均包括粉尘排放量及去除量。

4、工业污染物去除量=工业污染物产生量-工业污染物排放量。

5、根据国家环统要求本表部分指标名称略有变更。

主要统计指标解释

供水综合生产能力 指按供水设施取水、净化、送水、出厂输水干管等环节实际测定计算的综合生产能力。

供水总量 指报告期供水企业（单位）供出的全部水量。包括有效供水量和漏损水量。

生活用水量 指居民日常生活与公共福利设施的用水量，包括居民、饮食店、旅馆、医院、理发店、浴池、洗衣店、游泳池、商店、学校、机关、部队等单位的用水量。

城市人口用水普及率 指城市用水人口数与城市人口总数之比。

计算公式为： 用水普及率 = 城市用水人口数/城市人口总数*100%

燃气供应总量 指报告期燃气企业（单位）向用户供应的燃气数量。包括销售量和损失量。

燃气普及率 指报告期末使用燃气的城市人口数与城市人口总数的比率。

计算公式：燃气普及率=用气人口数/城市人口总数*100%

道路长度 指道路长度和与道路相通的桥梁、隧道的长度，按车行道中心线计算。

排水管道长度 指所有排水总管、干管、支管、检查井及连接井进出口等长度之和。计算时应按单管计算，即在同一条街道上如有两条或两条以上并排的排水管道时，应按每条排水管道的长度相加计算。

污水处理能力 指污水处理厂（或处理装置）每昼夜处理污水量的设计能力。

运营车数 指报告期末公交企业（单位）用于运营业务的全部车辆数。以企业（单位）固定资产台帐中已投入运营的车辆数为准；新购、新制和调入 的运营车辆，自投入之日起开始计算；调出、报废和调作他用的运营车辆，自上级主管机关批准之日起不再计入。

园林绿地面积 指报告期末用作园林和绿化的各种绿地面积。包括公共绿地、居住区绿地、单位附属绿地、防护绿地、生产绿地、道路绿地和风景林地面积。不包括：

1、 屋顶绿化、垂直绿化、阳台绿化和室内绿化。

2、 以物质生产为主的林地、耕地、牧草地、果园和竹园等。

3、城市总体规划中不列入绿地的水域。

公园绿地 指向公众开放的、以游憩为主要功能，有一定的游憩设施和服务设施，同时兼有健全生态、美化景观、防灾减灾等综合作用的绿化用地。

工业废水排放量 指经过企业厂区所有排放口排到企业外部的工业废水量。包括生产废水、外排的直接冷却水、超标排放的矿井地下水和与工业废水混排的厂区生活污水，不包括外排的间接冷却水（清污不分流的间接冷却水应计算在内）。

工业废水排放达标量 指各项指标都达到国家或地方排放标准的外排工业废水量，包括未经处理外排达标和经过处理后外排达标两部分。

工业废水处理量 指报告期内各种水治理设施实际处理的工业废水量，包括处理后外排和处理后回用的工业废水量和虽经处理但未达到国家或地方排放标准的废水量。如车间和厂排放口均有治理设施，并对同一废水分级处理时，不应重复计算工业废水处理量。

工业废气排放量 指企业厂区内燃料燃烧和生产工艺过程中产生的各种排入空气的含有污染物的气体总量，按标准状态〔273K，101325Pa〕计算。

工业二氧化硫排放量 指企业在燃料燃烧和生产工艺过程中排入大气的二氧化硫数量。

工业烟尘排放量 指企业厂区内燃料燃烧产生的烟气中夹带的颗粒物数量。

工业粉尘排放量 指企业在生产工艺过程中排放的颗粒物重量，如钢铁企业的耐火材料粉尘、焦化企业的筛焦系统粉尘、烧结机的粉尘、石灰窑的粉尘、建材企业的水泥粉尘等。不包括电厂排入大气的烟尘。

工业固体废物产生量 指企业在生产过程中产生的固体状、半固体状和高浓度液体状废弃物的总量，包括危险废物、冶炼废渣、粉煤灰、炉渣、煤矸石、尾矿、放射性废物和其他废物等； 不包括矿山开采的剥离废石和掘进废石（煤矸石和呈酸性或碱性的废石除外）。酸性或碱性废石指采掘的废石其流经水、雨淋水的pH值小于4或pH值大于10.5者。

工业固体废物处置量 指将固体废物焚烧或者最终置于符合环境保护规定要求的场所，并不再回取的工业固体废物量（包括当年处置往年的工业固体废物累计贮存量）。处置方法有填埋（其中危险废物应安全填埋）、焚烧、专业贮存场（库）封场处理、深层灌注、回填矿井等。

工业固体废物排放量 指将所产生的固体废物排到固体废物污染防治设施、场所以外的数量，不包括矿山开采的剥离废石和掘进废石（煤矸石和呈酸性或碱性的废石除外）。

一般工业固体废物综合利用率=一般工业固体废物综合利用量（含综合利用往年贮存量）/一般工业固体废物产生量*100%

2020南京统计年鉴 2020南京统计年鉴 2020南京统计年鉴 2020南京统计年鉴 2020南京统计年鉴 2020南京统计年鉴

（十七）分区社会经济

CHAPTER 17
SOCIAL ECONOMY BY DISTRICT AND COUNTY

2020' NANJING STATISTICAL YEARBOOK 2020' NANJING STATISTICAL YEARBOOK 2020' NANJING STATISTICAL YEARBOOK 2020' NANJING STATISTICAL YEARBOOK
2020南京统计年鉴 2020南京统计年鉴 2020南京统计年鉴 2020南京统计年鉴 2020南京统计年鉴 2020南京统计年鉴

表17—1　分区户籍人口及构成（2019年末）

计量单位：人

地　　区	总人口	按性别分		性别比例（以女性为100）
		男	女	
全　　市	7098169	3528016	3570153	98.82
玄　武	470203	233839	236364	98.93
秦　淮	688196	336229	351967	95.53
建　邺	411740	203272	208468	97.51
鼓　楼	922061	456912	465149	98.23
浦　口	764851	381664	383187	99.60
栖　霞	529857	262959	266898	98.52
雨花台	306901	154796	152105	101.77
江　宁	1164790	576207	588583	97.90
六　合	942500	469553	472947	99.28
溧　水	446750	224305	222445	100.84
高　淳	450320	228280	222040	102.81

注：本表户籍资料根据市公安局提供的数据编制。

表 17—2　分区年末户数（2019 年末）

计量单位：户

地　　区	2019 年	比上年增加
全　　市	2525577	61151
玄　武	154113	1859
秦　淮	262424	701
建　邺	129689	5253
鼓　楼	323509	2042
浦　口	270098	10013
栖　霞	188189	7486
雨花台	115950	4503
江　宁	433681	17778
六　合	327112	7401
溧　水	159635	2140
高　淳	161177	1975

注：本表户籍资料根据市公安局提供的数据编制。

表 17—3　分区年末常住人口

计量单位：万人

地　区	2019 年	2018 年	2019 年为上年%
全　市	850.00	843.62	100.8
玄　武	57.52	59.78	96.2
秦　淮	95.27	99.76	95.5
建　邺	50.56	48.98	103.2
鼓　楼	106.64	110.96	96.1
浦　口	89.76	83.86	107.0
栖　霞	73.59	72.75	101.2
雨花台	47.03	46.39	101.4
江　宁	134.73	128.77	104.6
六　合	100.96	99.57	101.4
溧　水	47.93	47.33	101.3
高　淳	46.01	45.47	101.2

注：本表根据全市人口抽样调查数据推算。

表17—4 分区人口出生与死亡（2019年）

计量单位：人、‰

地区	出生		死亡		自然增长	
	人数	出生率	人数	死亡率	人数	增长率
全 市	67572	9.61	38533	5.48	29039	4.13
玄 武	3248	6.89	2424	5.14	824	1.75
秦 淮	4436	6.43	4829	7.00	-393	-0.57
建 邺	3308	8.37	1655	4.19	1653	4.18
鼓 楼	5785	6.27	5362	5.81	423	0.46
浦 口	10485	13.91	3137	4.16	7348	9.75
栖 霞	5439	10.44	2705	5.19	2734	5.25
雨花台	3434	11.36	1387	4.59	2047	6.77
江 宁	15010	13.12	5214	4.56	9796	8.56
六 合	8127	8.67	5832	6.22	2295	2.45
溧 水	4494	10.09	2881	6.47	1613	3.62
高 淳	3806	8.46	3107	6.91	699	1.55

注：本表户籍资料根据市公安局提供的数据编制。

表 17—5　分区婚姻登记情况（2019 年）

地　　区	内地居民登记结婚对数（对）	内地居民准予登记离婚对数（对）
全　　市	74515	53272
玄　武	5617	3686
秦　淮	6538	5346
建　邺	6577	4279
鼓　楼	9800	7785
浦　口	3820	2462
栖　霞	5104	4245
雨花台	3870	3054
江　宁	12517	9527
六　合	6161	3178
溧　水	3971	1980
高　淳	2936	1467

注：本表数据由市民政局提供。浦口区、六合区未包括江北新区数字。

表17—6 分区地区生产总值（2019年）

计量单位：亿元

地区	地区生产总值	第一产业增加值	第二产业增加值	#工业增加值	第三产业增加值
玄　武	1030.75	0.00	20.81	7.47	1009.94
秦　淮	1158.86	0.00	80.70	69.41	1078.16
建　邺	1055.89	0.00	338.80	253.67	717.09
鼓　楼	1630.72	0.00	136.37	27.60	1494.35
浦　口	420.09	43.60	128.11	82.56	248.38
栖　霞	1535.18	7.79	906.86	717.07	620.53
雨花台	885.06	0.56	169.56	139.14	714.94
江　宁	2371.41	70.83	1233.09	1031.91	1067.49
六　合	477.36	65.82	169.67	129.73	241.87
溧　水	852.37	48.48	419.38	351.59	384.51
高　淳	476.77	44.17	210.66	91.25	221.94
江北新区直管区	1800.99	6.58	1016.30	930.74	778.11

注：浦口和六合为剔除江北新区直管区后的小口径。

表 17—7　分区地区生产总值发展速度（2019 年）

计量单位：%

地　区	地区生产总值	第一产业增加值	第二产业增加值	#工业增加值	第三产业增加值
玄　武	7.9		-9.9	2.4	8.3
秦　淮	7.8		3.0	3.8	8.2
建　邺	8.2		5.6	4.9	9.4
鼓　楼	8.0		3.8	2.7	8.3
浦　口	8.2	-0.2	10.0	10.8	8.7
栖　霞	8.2	-2.3	6.8	5.5	10.5
雨花台	7.2	-14.5	0.0	0.3	9.1
江　宁	8.0	1.4	8.1	7.1	8.2
六　合	7.5	1.6	9.4	12.1	7.9
溧　水	8.4	1.9	9.9	11.2	7.7
高　淳	5.0	-0.8	4.1	-3.3	7.0
江北新区直管区	13.2	-3.9	12.7	12.8	14.2

注：本表发展速度按可比价计算。

表17—8　分区一般公共预算收入（2019年）

计量单位：亿元

地　区	2019年	2019年为上年%
玄　武	93.03	116.5
秦　淮	100.03	111.2
建　邺	143.70	118.3
鼓　楼	164.37	139.6
浦　口	62.02	120.3
栖　霞	148.14	110.8
雨花台	80.30	102.0
江　宁	265.56	104.1
六　合	41.18	110.6
溧　水	70.51	111.8
高　淳	34.50	110.1
江北新区直管区	186.61	108.1

注：本表数据由市财政局提供。

表 17—9　分区城镇居民人均可支配收入（2019 年）

计量单位：元

地　　区	2019 年	2019 年为上年%
玄武区	71371	108.4
秦淮区	65379	108.4
建邺区	62721	108.5
鼓楼区	70423	108.5
浦口区	59807	108.7
栖霞区	62742	108.6
雨花台区	62397	108.5
江宁区	62491	108.7
六合区	57984	108.5
溧水区	56863	108.5
高淳区	57721	108.2
江北新区直管区	61894	108.8

注：浦口区和六合区收入不包含江北新区直管区部分。

表17—10　分区私营和个体从业人员（2019年）

计量单位：人

地　区	私营企业从业人员	个体从业人员
全市	3359859	1370486
市工商局登记	1017349	22
江北新区直管区	226508	128750
玄武	136381	71412
秦淮	236383	177064
建邺	131254	74345
鼓楼	271158	109841
浦口	107237	66660
栖霞	220201	94608
雨花台	121489	105835
江宁	410435	319244
六合	103683	92277
溧水	132215	82504
高淳	188815	47916
经济技术开发区	44960	4

注：本表数据来自市市场监督管理局。各区数据均不包含在市市场监督管理局登记企业，栖霞区数据不包含经济技术开发区的数据，下同。

表 17—10　分区私营和个体从业人员（2018 年）（续表）

计量单位：人

地　　区	私营企业从业人员	个体从业人员
全市	3967511	1239272
市工商局登记	1459528	0
江北新区直管区	250870	105249
玄武	157483	64329
秦淮	277274	154705
建邺	141544	65148
鼓楼	248191	106588
浦口	113224	68805
栖霞	235762	86358
雨花台	133337	93131
江宁	435664	293053
六合	116361	88214
溧水	153773	68471
高淳	199670	45221
经济技术开发区	44830	0

表 17—11 农村经济概况（2019 年）

指标	全市	其中			
		江北新区直管区	浦口	栖霞	雨花台
一、基本情况					
镇数（个）	6				
村民委员会数（个）	352	8	26	26	
户籍总人口（万人）	709.82		76.49	52.99	30.69
#乡村人口（万人）	195.42	7.53	18.95	6.44	2.26
乡村总户数（万户）	63.06	2.54	5.99	2.19	0.83
年末乡村从业人员（万人）	112.29	3.95	9.38	3.73	1.22
#农林牧渔业从业人员（万人）	21.42	0.56	1.71	1.11	0.09
工业从业人数（万人）	35.12	1.43	2.79	1.22	0.49
二、农业					
1．生产条件					
耕地灌溉面积（千公顷）	221.30		29.80	7.61	0.50
节水灌溉面积（千公顷）	161.37		20.60	4.73	0.50
农业机械总动力（万千瓦）	233.40	3.35	26.31	5.01	0.53
机耕面积（千公顷）	195.54	3.41	11.99	4.06	0.05
机播面积（千公顷）	121.62	3.06	4.33	3.81	0.05
机电灌溉面积（千公顷）	175.08	2.95	11.99	2.87	0.05
机收面积（千公顷）	138.52	3.09	4.34	4.01	0.05
化肥施用量（折纯量）（吨）	56918	2612	2755	1647	247
农药使用量（吨）	1219	19	18	40	4
地膜使用量（吨）	2430	88	91	218	2
农村用电量（万千瓦小时）	317403	4968	21229	7272	12457

注：本表中耕地灌溉面积、节水灌溉面积来源于市水务局。农业机械总动力、机耕面积、机播面积、机电灌溉面积、机收面积来源于市农业农村局。

表 17—11　农村经济概况（2019 年）（续表 1）

指　标	江宁	六合	溧水	高淳
一、基本情况				
镇数（个）		1	3	2
村民委员会数（个）	72	47	39	134
户籍总人口（万人）	116.48	94.25	44.68	45.03
#乡村人口（万人）	45.91	43.87	32.46	38.00
乡村总户数（万户）	15.10	13.36	10.78	12.27
年末乡村从业人员（万人）	27.99	26.01	18.14	21.87
#农林牧渔业从业人员（万人）	5.11	5.12	3.68	4.04
工业从业人数（万人）	10.73	7.05	5.65	5.76
二、农业				
1、生产条件				
耕地灌溉面积（千公顷）	50.27	57.53	38.33	37.26
节水灌溉面积（千公顷）	37.60	45.00	28.68	24.26
农业机械总动力（万千瓦）	52.22	56.84	34.48	54.66
机耕面积（千公顷）	35.06	61.13	41.61	38.23
机播面积（千公顷）	26.48	49.30	23.36	11.23
机电灌溉面积（千公顷）	38.99	64.61	41.20	12.42
机收面积（千公顷）	30.04	56.50	29.27	11.22
化肥施用量（折纯量）（吨）	8602	22203	8725	10127
农药使用量（吨）	332	262	305	239
地膜使用量（吨）	683	333	541	474
农村用电量（万千瓦小时）	86754	61106	78884	44733

表 17—11　农村经济概况（2019 年）（续表 2）

指　　标	全市	其中			
		江北新区直管区	浦口	栖霞	雨花台
2、农作物总播种面积（千公顷）					
粮食	133.73	2.84	4.52	4.01	0.05
小麦	44.71	1.35	1.95	1.5	
稻谷	79.80	1.22	1.87	1.31	0.05
玉米	3.29	0.16	0.28	0.35	
大豆	3.21	0.12	0.21	0.77	
油菜籽	13.00	0.24	0.63	0.30	0.02
棉花	0.80				
苎麻	0.21				
糖料	0.11		0.01		
蔬菜（含菜用瓜）	80.16	2.64	7.11	5.31	0.06
3、农林牧渔业产品产量（吨）					
粮食	965643	18544	29652	23375	330
小麦	222264	6572	9626	7437	
稻谷	696857	10678	16275	11430	330
玉米	21585	949	1961	2290	
大豆	8526	336	592	1956	
油菜籽	32181	611	1650	738	31
棉花	1033				
苎麻	509				
糖料	4636		31		
蔬菜（含菜用瓜）	2799120	73397	256853	111112	1836
茶叶	1508	2	103	1	39
园林水果	168292	5900	14037	2720	
猪牛羊肉总产量	18294.05	350.38	3851.72	24.57	
#猪肉产量	17597.43	339.32	3774.07	21.84	
牛奶产量	16595	30			
水产品产量	165879	4392	20017	2632	1632

注：本表中茶叶、园林水果、水产品产量来源于市农业农村局。

表 17—11 农村经济概况（2019 年）（续表 3）

指　　标	江宁	六合	溧水	高淳
2、农作物总播种面积（千公顷）				
粮食	27.98	57.74	28.06	8.53
小麦	7.28	22.35	8.34	1.94
稻谷	18.91	33.30	17.10	6.04
玉米	0.38	1.29	0.62	0.21
大豆	0.63	0.50	0.81	0.17
油菜籽	4.33	2.21	3.02	2.26
棉花	0.56	0.01	0.21	0.02
苎麻			0.21	
糖料	0.04		0.04	0.02
蔬菜（含菜用瓜）	27.74	19.66	12.22	5.41
3、农林牧渔业产品产量（吨）				
粮食	218730	405288	203682	66042
小麦	35435	113147	41113	8934
稻谷	173235	280553	149933	54423
玉米	2590	8452	3866	1477
大豆	1781	1279	2132	450
油菜籽	10182	5697	7579	5693
棉花	706	10	299	18
苎麻			509	
糖料	2162		1643	800
蔬菜（含菜用瓜）	982734	695929	429827	247432
茶叶	500	80	381	400
园林水果	38071	33692	35688	12800
猪牛羊肉总产量	1734.47	6774.34	4767.17	791.39
#猪肉产量	1634.37	6631.59	4450.65	745.59
牛奶产量		16565		
水产品产量	27830	33000	29605	46771

表 17—11　农村经济概况（2019 年）（续表 4）

指　标	全市	江北新区直管区	浦口	其中 栖霞	雨花台
4、农林牧渔及服务业总产值（现价）（万元）	4725028	100412	727806	113731	11012
农业	2407657	69680	385062	89250	1442
林业	201697	1785	51886	890	8723
牧业	243524	8235	38270	5420	0
渔业	1538883	15743	196331	12451	847
农林牧渔服务业	333267	4969	56257	5720	0
农林牧渔及服务业增加值（现价）（万元）	3072352	68654	470609	80895	5625
三、农村居民人均收入和支出情况					
（一）农村居民人均可支配收入（元）	27636		28068		
1、工资性收入	18768		15352		
2、经营净收入	4285		8683		
3、财产净收入	1351		1763		
4、转移净收入	3232		2270		
（二）农村居民人均消费支出（元）	19980		21131		

表17—11 农村经济概况（2018年）（续表5）

指　　标	江宁	六合	溧水	高淳
4.、农林牧渔及服务业总产值（现价）（万元）	1146220	1053350	800299	772198
农业	551538	643880	463700	203105
林业	32042	51744	32570	22057
牧业	48843	61706	51079	29971
渔业	429101	230018	185720	468672
农林牧渔服务业	84696	66002	67230	48393
农林牧渔及服务业增加值（现价）（万元）	755451	697074	522335	471709
三、农村居民人均收入和支出情况				
（一）农村居民人均可支配收入（元）	28369	26934	27082	27587
1、工资性收入	20396	21739	15698	13978
2、经营净收入	4062	1871	6876	10307
3、财产净收入	1587	806	2273	1267
4、转移净收入	2324	2518	2235	2035
（二）农村居民人均消费支出（元）	22596	20424	19101	20267

注：浦口区和六合区居民收入不含江北新区直管区部分。

表 17—12　分区规模以上工业企业主要经济指标（2019 年）

计量单位：万元

地　区	企业单位数（个）	#亏损企业	资产总计	流动资产	固定资产原价	累计折旧
全 市	2707	505	129442825	72574004	65595424	32053025
玄 武	8	2	542549	153015	436808	125793
秦 淮	26	5	3468845	1480283	1815802	634229
建 邺	9	5	2875285	2342527	618371	305313
鼓 楼	20	1	1350018	1095096	246569	174951
浦 口	134	34	5091453	2718735	2605765	845158
栖 霞	269	62	25769338	12764755	16134230	7326024
雨花台	66	11	4302620	1651770	4683415	2728129
江 宁	809	148	38233787	24659096	11052417	5111260
六 合	247	41	3634274	2265544	1248698	535379
溧 水	508	91	7957122	5474356	2365889	939659
高 淳	167	27	2703446	1564084	824789	320194
江北新区直管区	443	78	32709795	16378114	22190321	12090575

表 17—12 分区规模以上工业企业主要经济指标（2019 年）（续表）

地　区	负债	流动负债	主营业务收入	税金及附加	盈亏相抵后利润总额	从业人员平均人数（万人）
全 市	68676991	52972194	113689366	4732790	6467327	57.00
玄 武	296008	275077	287008	966	19126	0.21
秦 淮	1894386	1141297	1587755	7156	74854	0.98
建 邺	504221	301058	2437554	1485893	339317	0.25
鼓 楼	764685	669496	721162	4331	85958	0.64
浦 口	3096257	1564309	2269384	28830	139550	1.76
栖 霞	14152949	10662912	29861110	1650088	5945	10.60
雨花台	2129356	1879980	4051638	23307	104496	1.66
江 宁	20573645	16844192	28506377	423407	2890026	18.78
六 合	1952842	1389963	2617956	14206	119083	3.52
溧 水	5045985	3472937	6341540	35313	584057	6.04
高 淳	1677602	1308597	1717112	9429	65683	2.07
江北新区直管区	16149358	13132236	32992091	1036145	1988053	10.35

表 17—13　分区全社会固定资产投资（2019 年）

计量单位：亿元

地　　区	全社会固定资产投资	# 工业投资	#房地产开发投资
玄　武	148.30	0.36	78.43
秦　淮	236.80	1.23	126.99
建　邺	441.25	0.02	343.81
鼓　楼	299.22	0.09	194.27
浦　口	552.19	69.57	302.91
栖　霞	522.48	110.67	333.00
雨花台	305.94	0.15	223.64
江　宁	777.48	178.98	320.03
六　合	219.65	34.00	128.43
溧　水	363.20	123.31	151.78
高　淳	202.37	54.54	60.03

表 17—14　分区社会消费品零售总额（2019 年）

计量单位：亿元

地　区	2019 年	2019 年为上年%
全　市	7136.32	105.3
玄　武	1023.00	105.1
秦　淮	1151.42	106.0
建　邺	389.18	105.3
鼓　楼	1000.87	105.1
浦　口	137.36	106.0
栖　霞	432.42	106.1
雨花台	549.74	105.2
江　宁	945.80	106.1
六　合	257.42	105.7
溧　水	344.33	105.0
高　淳	233.27	106.9
江北新区直管区	671.51	106.2

注：为全国第四次经济普查调整数，浦口、六合为剔除掉江北新区直管区的数据。

表 17—15 分区出口总额（按经营单位口径）（2019 年）

计量单位：万美元

地 区	2019 年	2019 年为上年%
全 市	4353320	114.9
玄 武	326962	108.2
秦 淮	599573	94.4
建 邺	106503	109.3
鼓 楼	464389	119.2
浦 口	99796	205.3
栖 霞	636350	126.7
雨花台	302430	112.6
江 宁	1203138	113.8
六 合	56650	124.9
溧 水	94394	107.3
高 淳	97092	129.5
江北新区直管区	342788	123.5

注：本表数据由市商务局提供。

表 17—16　分区新批三资企业数（2019 年）

计量单位：个

地　区	2019 年	2019 年为上年%
全　市	744	118.7
玄　武	26	130.0
秦　淮	54	186.2
建　邺	43	89.6
鼓　楼	52	120.9
浦　口	66	115.8
栖　霞	69	72.6
雨花台	58	148.7
江　宁	178	130.9
六　合	27	158.8
溧　水	37	102.8
高　淳	24	96.0
江北新区直管区	110	134.1

注：本表数据由市投资促进委员会提供。

表 17—17　分区实际使用外资（2019 年）

计量单位：万美元

地　区	2019 年	2019 年为上年%
全　市	410058	106.4
玄　武	22213	110.5
秦　淮	30058	133.2
建　邺	29307	112.2
鼓　楼	26565	101.8
浦　口	39316	116.1
栖　霞	87487	116.3
雨花台	22498	106.7
江　宁	91900	109.2
六　合	15826	117.6
溧　水	25109	122.4
高　淳	24100	167.4
江北新区直管区	80099	117.5

注：本表数据由市投资促进委员会提供。

表 17—18　分区对外承包劳务实际完成营业额（2019 年）

计量单位：万美元

地　区	2019 年	2019 年为上年%
全　市	345065	99.0
玄　武	21995	65.2
秦　淮	5319	319.7
建　邺	17760	98.7
鼓　楼	148949	119.3
浦　口	15156	174.4
栖　霞	31250	94.3
雨花台	2491	—
江　宁	77295	78.8
六　合	19950	80.1
溧　水	4900	93.3
高　淳	0	—

注：本表数据由市商务局提供。

表17—19　中小学、幼儿园分区学校数（2019年）

计量单位：所

地　　区	普通中学		小　学	幼儿园
	高中	初　中		
全　　市	57	189	373	987
玄　武	5	12	25	54
秦　淮	8	11	34	77
建　邺	4	10	23	56
鼓　楼	8	16	46	96
浦　口	2	29	41	111
栖　霞	5	15	35	86
雨花台	5	8	22	66
江　宁	9	32	44	189
六　合	5	29	43	96
溧　水	3	15	29	88
高　淳	3	12	31	68

注：本表数据由市教育局提供。

表 17—20　中小学、幼儿园分区在校学生数（2019 年）

计量单位：人

地　　区	普通中学		小学	幼儿园
	高中	初中		
全　　市	84868	175755	446597	256821
玄　武	8813	13746	25507	12789
秦　淮	9240	15081	35726	18699
建　邺	4972	9573	25169	16262
鼓　楼	13563	23460	58411	25046
浦　口	4855	17641	52985	31078
栖　霞	4531	12853	39880	26328
雨花台	4604	10164	24917	18944
江　宁	13410	30917	87758	54907
六　合	9606	21782	46443	25880
溧　水	5755	10520	26855	14816
高　淳	5519	10018	22946	12072

注：本表数据由市教育局提供。

表 17—21　中小学、幼儿园分区专任教师数（2019 年）

计量单位：人

地　区	普通中学	小学	幼儿园
全　市	25591	30137	18933
玄　武	1889	1718	1054
秦　淮	2416	2469	1625
建　邺	1559	2055	1321
鼓　楼	3460	3720	1953
浦　口	2344	3460	2189
栖　霞	2068	2985	1952
雨花台	1393	1736	1399
江　宁	4267	5776	3913
六　合	3139	3068	1831
溧　水	1643	1783	905
高　淳	1413	1367	791

注：本表数据由市教育局提供。

表 17—22　分区公共文化设施数（2019 年）

计量单位：个

地　　区	图书馆	文化馆	文化站	博物馆	美术馆
全　市	15	14	100	66	4
玄　武	1	1	7	18	1
秦　淮	2	2	12	12	2
建　邺	2	1	6	3	
鼓　楼	1	2	13	10	1
浦　口	1	1	9	1	
栖　霞	1	1	9	2	
雨花台	1	1	6	5	
江　宁	1	1	10	8	
六　合	2	2	12	3	
溧　水	2	1	8	1	
高　淳	1	1	8	3	

注：本表数据由市文化和旅游局提供。

表17—23　分区卫生机构情况（2019年）

计量单位：个

地　区	机构数	医　院	疾病预防控制中心（防疫站）	社区卫生服务中心、卫生院	妇幼保健所（站）
全　市	3242	248	17	136	14
玄　武	235	21	2	10	1
秦　淮	378	38	1	14	1
建　邺	187	12	1	8	1
鼓　楼	415	42	5	14	2
浦　口	307	18	1	11	1
栖　霞	239	20	1	10	2
雨花台	184	17	1	7	1
江　宁	615	37	1	23	1
六　合	326	17	2	22	2
溧　水	167	11	1	9	1
高　淳	189	15	1	8	1

注：本表数据由市卫健委提供。

表 17—24　分区卫生机构床位和人员情况（2019 年）

地　区	床位数（张）	卫生人员（人）	执业医师和助理医师（人）	注册护士（人）
全　市	59046	114608	35735	42461
玄　武	3722	8628	2790	2932
秦　淮	9406	17850	5753	6978
建　邺	2571	6659	1927	2150
鼓　楼	18313	33678	9705	14259
浦　口	3067	6791	2233	2317
栖　霞	3237	6468	2097	2240
雨花台	2005	3657	1245	1230
江　宁	8358	14818	4683	4748
六　合	3844	7799	2321	2713
溧　水	2301	4253	1341	1474
高　淳	2222	4007	1295	1418

注：本表数据由市卫健委提供。

表17—25　分区社会福利单位、床位和社区服务设施基本情况（2019年）

地　区	社会福利收养性单位数（个）	社会福利收养性单位床位数（张）	社区服务设施数（个）
全　市	59	16552	7461
市本级	5	4423	23
玄　武	0	0	645
秦　淮	0	0	230
建　邺	1	180	460
鼓　楼	0	0	1494
浦　口	5	774	525
栖　霞	4	366	1159
雨花台	0	0	599
江　宁	10	2494	1105
六　合	14	2845	435
溧　水	9	2322	337
高　淳	11	3148	449

注：本表数据由市民政局提供。

表 17—26　分区健身场地设施建设情况（2019 年）

计量单位：　个

指标名称	各类健身场地设施数	全民健身活动中心	乡镇体育健身工程	村级农民体育健身工程	全民健身路径工程	器材数（件）	其它场地设施
全市	732	2	16	54	362	3189	298
玄武区	8	0	0	0	7	70	1
秦淮区	78	0	0	0	5	50	73
建邺区	17	0	0	0	12	120	5
鼓楼区	3	0	0	0	3	44	0
栖霞区	31	0	1	0	23	230	7
雨花台区	42	0	0	0	12	120	30
江宁区	129	1	4	24	80	800	20
浦口区	84	0	2	2	34	215	46
六合区	51	0	0	1	23	230	27
溧水区	76	0	6	27	8	80	35
高淳区	89	0	3	0	82	500	4
江北新区直管区	124	1	0	0	73	730	50

注：本表数据由市体育局提供。

中国统计出版社有限公司最新图书简目

(仅供参考,以实际出版为准)

统计资料

中国统计年鉴　中国统计摘要　中国第三产业统计年鉴
中国第三次全国农业普查综合资料　国际统计年鉴　金砖国家联合统计手册
中国-东盟国家统计手册　中国农村统计年鉴　中国县域统计年鉴
中国农产品价格调查年鉴　中国城市统计年鉴　中国价格统计年鉴
中国贸易外经统计年鉴　中国零售和餐饮连锁企业统计年鉴　中国商品交易市场统计年鉴
大中型批发零售和住宿餐饮企业统计年鉴　中国住户调查年鉴　中国工业统计年鉴
中国环境统计年鉴　中国能源统计年鉴　中国建筑业统计年鉴
中国房地产统计年鉴　投资领域统计年鉴　中国对外直接投资统计公报
中国人口和就业统计年鉴　中国劳动统计年鉴　中国社会统计年鉴
中国科技统计年鉴　中国高技术产业统计年鉴　全国企业创新调查年鉴
中国文化及相关产业统计年鉴　2018年时间利用调查资料　中国妇女儿童状况统计资料
中国基本单位统计年鉴　中国教育统计年鉴　中国教育经费统计年鉴
中国民族统计年鉴　中国残疾人事业统计年鉴　长江经济带发展统计年鉴

省级综合统计年鉴系列

北京 天津 河北 山西 内蒙古 辽宁 吉林 黑龙江 上海 江苏 浙江 安徽 福建 江西 山东 河南 湖北 湖南 广东 广西 海南 重庆 四川 贵州 云南 西藏 陕西 甘肃 青海 宁夏 新疆 新疆生产建设兵团

市(县)级综合统计年鉴系列

滨海新区 石家庄 唐山 邯郸 保定 沧州 邢台 廊坊 承德 衡水 秦皇岛 张家口 太原 大同 阳泉 长治 晋城 朔州 晋中 运城 忻州 临汾 吕梁 呼和浩特 鄂尔多斯 包头 沈阳 大连 长春 延吉 四平 白山 通化 哈尔滨 齐齐哈尔 黑龙江垦区 上海浦东新区 南京 无锡 徐州 常州 苏州 南通 连云港 淮安 盐城 扬州 镇江 泰州 宿迁 江阴 丹阳 海门 张家港 杭州 宁波 温州 嘉兴 湖州 绍兴 金华 衢州 舟山 台州 丽水 合肥 安庆 福州 厦门 宁德 漳州 龙岩 莆田 泉州 三明 南平 南昌 九江 上饶 新余 抚州 赣州 景德镇 济南 青岛 枣庄 潍坊 聊城 郑州 洛阳 平顶山 三门峡 南阳 商丘 信阳 济源 汝州 武汉 十堰 荆州 宜昌 荆门 咸宁 黄冈 长沙 鹰潭 广州 深圳 惠州 东莞 汕尾 湛江 肇庆 南宁 柳州 桂林 贵港 梧州 来宾 河池 防城港 海口 三亚 儋州 成都 内江 贵阳 黔南 毕节 昆明 文山 德宏 西安 延安 安康 铜川 汉中 商洛 银川 兰州 庆阳 乌鲁木齐 昌吉 阿勒泰 兵团一师、二师、三师、四师、六师、七师、八师、十师、十三师、十四师

调查年鉴系列

天津 内蒙古 上海 河南 湖北 湖南 广东 广西 重庆 四川 云南 甘肃 宁夏 南宁 贵港 昆明

统计方法应用/实用手册

Python数据分析基础（第二版）　非参数统计（第五版）　现代金融投资统计分析（第四版）
国民经济核算初级教程（第二版）　国民经济核算教程（第五版）　概率统计基础
全国统计专业技术资格考试系列考试用书：统计业务知识（第四版修订版）　统计业务知识学习指导与习题
全国统计专业技术资格考试系列考试用书：统计相关知识（第四版）　统计相关知识学习指导与习题

统计通俗读物/统计科普图书

领导干部统计知识问答　统计公文写作及会议办理实用手册　大数据在统计工作中的应用案例汇编
中国国民经济核算知识问答（修订版）　地区生产总值核算国际比较研究　新中国统计制度方法的发展与改革

重点图书

中国农业统计资料1949-2019　第四次全国经济普查地图集　中国经济普查年鉴2018
新编英汉汉英统计大词典　中国国民经济核算体系2016　国民经济行业分类注释
挑大学选专业2020—考研择校指南　挑大学选专业2020—高考志愿填报指南　中华医学统计百科全书

发行部电话：（010）63376907　63376908　63376909　同椙行书店电话：（010）68783171　68783172
地址：北京市丰台区西三环南路甲6号　邮政编码：100073　网址：http://www.zgtjcbs.com